Manuel
de savoir-vivre
à l'usage des rustres
et des malpolis

Dictionnaire superflu
à l'usage de l'élite
et des bien nantis

Chroniques de la haine ordinaire

Pierre Desproges

Manuel de savoir-vivre à l'usage des rustres et des malpolis

Dictionnaire superflu à l'usage de l'élite et des bien nantis

Chroniques de la haine ordinaire

FRANCE LOISIRS
123, boulevard de Grenelle, Paris

Pierre Desproges

Manuel
de savoir-vivre
à l'usage des rustres
et des malpolis

Dictionnaire superflu
à l'usage de l'élite
et des bien nantis

Chroniques de la haine ordinaire

FRANCE LOISIRS
123, boulevard de Grenelle, Paris

Édition du Club France Loisirs, Paris,
avec l'autorisation des Éditions du Seuil.

ISBN 2-7242-4002-2

I

Les bonnes manières à la guerre

Quand un Inférieur croise un Supérieur, l'Inférieur doit saluer le Supérieur.

Cette charmante coutume s'appelle le salut. Pour saluer, l'Inférieur porte sa main droite là, en mettant les doigts comme ça. Quand un Supérieur entre dans la chambre d'un Inférieur, ce dernier doit saluer en bombant le torse. S'il n'a plus de torse, comme cela arrive à la guerre, il doit bomber les genoux, ou n'importe quoi de bombable. C'est la position du garde-à-vous. Dans le garde-à-vous, on doit mettre le petit doigt sur la couture du pantalon, et les pieds comme ça.

Attention : avant de saluer un Supérieur, il faut être sûr que c'est un Supérieur. Un Supérieur est un Gradé. Un Gradé se reconnaît au nombre de ses burettes [1]. Plus le Gradé a de barrettes, plus le salut doit être servile.

Le salut est très joli. L'Inférieur doit y mettre beaucoup de respect pour le Supérieur, sauf en cas d'attaque thermonucléaire, où le salut pourra être effectué un peu plus vite.

Après le salut, il arrive que le Supérieur s'adresse à l'Inférieur. Celui-ci doit alors répondre en tournant humblement son béret dans ses doigts gourds.

1. Attention typo : je dis « barrettes ».

A un général, on dit « mon général ».
A un colonel, on dit « mon colonel ».
A un adjudant, on dit « mon adjudant ».
A un deuxième classe, on dit « ta gueule », à condition d'être adjudant.

L'ennemi : pour quoi faire ?

A la guerre, l'ennemi est très important, pour ne pas dire irremplaçable. C'est même l'élément le plus totalement irremplaçable de la guerre.

En cas de pénurie de tromblons, on pourra avantageusement s'entre-tuer au glaive, au bazooka, à l'énergie nucléaire, voire à coups de microbes pathogènes. Car les armes, Dieu merci.

— Y a pas de quoi !

— Mais si, mais si. Car les armes sont remplaçables. Mais pas l'ennemi.

Sans l'ennemi la guerre est ridicule.

Une guerre sans ennemi c'est comme un match de football sans ballon : l'homme ne sait sur qui taper, et il s'étiole, et il se ravale bientôt au rang de la bête, et c'est ce qui s'appelle la paix, du nom de la rue du même nom, qui est d'ailleurs elle-même assez souvent ravalée.

Comment reconnaître l'ennemi ?

Il est très important de reconnaître l'ennemi. Un ennemi qu'on ne reconnaît pas, c'est comme pas d'ennemi du tout, j'en frémis rien que d'y penser.

Le général Gamelin, qui faillit mourir à la guerre, avait coutume de dire à sa soubrette Josiane, dont il n'a jamais reconnu l'enfant qu'il lui fit : « Un homme qui ne reconnaît pas l'ennemi est un con. » Après quoi, il avait coutume de lui faire un autre enfant qu'il ne reconnaissait pas non plus.

Voici quelques critères de base permettant à coup sûr de reconnaître l'ennemi :

L'ennemi est bête : il croit que c'est nous l'ennemi, alors que c'est lui ! J'en ris encore !

L'ennemi a des oreilles.

L'ennemi n'est pas contagieux.
D'accord, mais il est héréditaire.

L'ennemi est sournois : quelques fois l'ennemi est dans l'escalier, pour faire croire que c'est la concierge qui revient de suite.

L'ennemi devrait consulter son dentiste.

L'ennemi s'appelle Reviens.
Ah non, pardon, c'est ma gomme.

L'ennemi se déguise parfois en géranium, mais on ne peut pas s'y tromper, car, tandis que le géranium est à nos fenêtres, l'ennemi est à nos portes.

L'ennemi a un uniforme ridicule.

L'ennemi ne sait pas se tenir dans le monde. Quand on invite l'ennemi à la campagne, il égorge nos filles et nos compagnes jusque dans nos bras.

MADAME GUERRE MONDIALE

Cher Gonzague,
C'est affreux : les Russes arrivent.
— Et alors ?
— Et alors, je n'ai rien à me mettre.

NOUVELLES DU FRONT

Mitterrand a encore perdu
un cheveu.

UN FOIE, DEUX REINS.

TROIS RAISONS

D'UTILISER LA BAÏONNETTE.

En inventant l'arme prestigieuse qui porte son nom, Césarien de la Baïonnette a plus fait pour la guerre que Sœur Teresa pour les pauvres.

Les grandes étapes de la vie édifiante de Césarien de la Baïonnette :

Le 11 novembre 1914-18, naissance à Bayonne de Césarien de la Baïonnette. Son père était tailleur, mais sa mère était là, c'est le principal.

A six mois, il perce sa première tétine avec une épingle.

A onze mois, il perce sa première dent.

A huit mois, il perce sa première coccinelle avec une fourchette à escargots.

A onze ans, il perce sa deuxième dent. « Petit, tu iras loin », lui dit son père qui était tailleur, mais là il était revenu exprès pour lui dire : « Petit, tu iras loin. »

(Cette phrase, extraordinairement émouvante de sensibilité poignante, devait être reprise beaucoup plus tard par Louis Jouvet, qui aimait bien pincer paternellement l'oreille de François Périer en lui disant : « Petit, tu iras loin. » C'est en tout cas ce que François Périer prétend. Bernard Blier aussi. Même Madeleine Renaud, mais elle, c'est pour faire croire qu'elle est plus jeune que Louis Jouvet.

Tous ces gens-là ont d'ailleurs fini par percer, ce qui nous ramène en droite ligne à notre sujet alors ne me dites pas que je m'égare en digressions oiseuses.)

A treize ans, il perce sa troisième dent.

A quatorze ans, il perce sa quatrième dent, et il redouble sa sixième.

A dix-neuf ans, il perce sa belle-sœur.

A vingt ans, il perce à jour le secret de l'affaire Markovic.

A vingt et un ans, il perce son beau-frère.

A vingt-quatre ans, il perce un escargot avec une fourchette à coccinelle.

A quarante et un ans, contrairement aux autres sommités qui ont tendance à mourir à la suite d'une longue et cruelle maladie, il meurt à la suite d'une courte maladie rigolote.

Dans tout ça on se demande où il a encore pu trouver le temps d'inventer la baïonnette.

Césarien de la Baïonnette était un homme réservé pour tous pays, y compris l'URSS. Mais sous ses dehors discrets d'éventreur mondain, il cachait une putain d'âme de poète délicat.

II

Comment déclencher poliment une bonne guerre civile

« Ce qu'il nous faudrait, c'est une bonne guerre ! »

Nombreux sont autour de nous les gens qui lâchent cette petite phrase en soupirant. Mais l'instant d'après, ils retournent vaquer à leur petite vie mesquine et n'y pensent plus. Or, si nous voulons vraiment la guerre, il ne suffit pas de l'appeler de nos vœux en levant les yeux au ciel d'un air impuissant. Pour qu'un sang impur abreuve de nouveau nos sillons, il nous faut semer véhémentement l'idée de la guerre. Faute de quoi, cette drôle de paix qui a envahi la France voici près de quarante années finira par nous encroûter totalement, les vraies valeurs seront de plus en plus bafouées, les jeunes d'aujourd'hui seront de moins en moins ce que c'était, ma pauvre dame, et le respect se perdra de plus en plus dans les usines du grand-père de Souchon.

Comment faire, alors pour être sûr d'avoir la guerre ? A l'échelon planétaire, l'équilibre de la terreur est tel qu'on ne peut guère espérer un conflit mondial avant plusieurs semaines, à moins d'un court-circuit, ou d'une défaillance humaine. Mais combien de chances avons-nous de voir un sous-officier ivre mort se casser la gueule juste sur le petit bouton rouge de la force de frappe ?

Non, ne rêvons pas : la Troisième Guerre mondiale n'aura pas lieu ces jours-ci.

Pourquoi n'organiserions-nous pas une guerre FRANÇAISE, dans laquelle les forces en présence seraient toutes françaises ? Réfléchissons un instant ; prends ta tête à deux mains mon cousin. Pour que l'idée de guerre germe dans le cœur de l'homme, il suffit que l'homme entretienne en lui la haine de l'autre. En 1914 (tiens, 14-18 : ça, c'est de la guerre), les jeunes soldats français croyaient dur comme fer que les Allemands avaient les pieds crochus, sentaient le purin, et qu'ils n'arrêtaient de boire de la bière que pour venir jusque dans nos bras égorger nos filles et nos compagnes. Grâce à quoi, à cette époque, les jeunes Français avaient les cheveux courts et ne fumaient pas des saloperies que la morale réprouve. D'accord, ils sont morts, mais les cheveux courts !

En ces conditions, pourquoi ne pas déclarer une fois de plus la guerre à l'Allemagne direz-vous ? C'est une très mauvaise question, je ne vous remercie pas de me l'avoir posée. Déclarer une guerre à l'échelon européen, ce serait défier l'équilibre anti-apocalyptique déjà précaire, édifié par les deux ogres détenteurs de la force totale. Or, ces deux titans se sont arrogé de longue date l'exclusivité de la solution finale du problème « homme » par la méthode dite du champignon définitif.

Ils ne nous laisseront pas faire.

Non. La seule guerre raisonnablement envisageable, c'est la guerre cent pour cent française, entre Français. Et puisque la haine est le moteur de la guerre, apprenons à nous haïr entre nous. Ah ! certes, il est plus facile de haïr les Arabes ou les Anglais dont les mœurs incroyablement primitives ont de quoi nous révulser. Est-ce que je mange du gigot à la menthe en me tournant vers La Mecque, moi ? Non ! Je suis normal : je mange des cuisses de grenouilles en me tournant vers Guy Darbois.

Ainsi, pour bien nous haïr entre Français, nous devons tenter d'oublier ce qui nous unit, et mettre l'accent sur ce qui nous sépare. Chaque région de ce pays a ses rites et coutumes qui ne sont pas les mêmes que ceux de la région d'à côté. Apprenons à les connaître, apprenons à les détester. C'est à ce prix que nous aurons la guerre civile franco-française, ultime recours pour nous sortir de la crise.

Les Béarnais sont-ils des gens comme nous ? Je dis non.

J'ai sous les yeux un pot de sauce béarnaise. Vous voulez savoir ce qu'ils mettent dans la sauce béarnaise, les Béarnais ? C'est une honte : « Huile de soja 63 %, farine de maïs 0,9 %, estragon, cerfeuil 1,9 %, excipient E 312, 0,2 %. A consommer de préférence avant le 6 mars 1984. Pas d'utilisation prolongée sans avis médical. »

Huile de soja 63 % ! d'où vient tout ce soja ? Mais de Chine, bien sûr. De là à prétendre que les Béarnais ont signé un pacte secret avec la Chine rouge il n'y a qu'un pas. Allons-nous hésiter à le franchir allégrement ? Non !

D'autre part, de Pau à Foix et de Foix à Pau, on ne rencontre que des dégénérés alcooliques détruits jusqu'à l'os par les abus de jambon de Bayonne que ces gens-là trempent en tranches épaisses dans leurs grands bols pleins d'alcool de pruneaux, à jeun bien sûr. Ainsi ceux de Pau ont des maladies de foie, ceux de Foix ont des maladies de peau, c'est dégueulasse.

Sus mes preux ! mort aux Béarnais !

Les Bourguignons sont-ils des gens comme nous ? Je dis non.

D'abord, dans la fondue bourguignonne, ils mettent de la sauce béarnaise ! Ce sont donc des collabos, n'ayons pas peur des mots. D'autre part, les Bourguignons ont-ils jamais été capables de produire quoi que ce soit de bon à partir du sol de la Bourgogne ? « Certes, non ! » me disait justement l'autre jour un ami, vigneron près de Bordeaux. Certes, quelques régions de Bourgogne donnent une humble piquette que les uns boivent à Dijon et que les aut'pissent de Beaune. Mais peut-on appeler ça du vin ?

Quant aux Dijonnais eux-mêmes, leurs mœurs sont une

insulte permanente à la mémoire de Louis XI, qui fut à la fois le père de la réunification de la Bourgogne, qui commença par le traité d'Arras en 1482, et l'amant de Charles Martel qui commença par le traiter de connasse en 1483.

La nuit, les mœurs des Dijonnais sont tellement dissolues qu'on n'entend plus les couinements de leurs chats ; ils les couvrent de leurs hurlements d'extase impure qui montent sataniques et lugubres vers la lune, quand la nuit tombe et que l'amour tarde, de Dijon.

Sus mes preux ! mort aux Burgondes !

Les Bordelais sont-ils des gens comme nous ? Je dis non.

Certains habitants du Bordelais boivent du vin de Bourgogne. Ce sont des collabos, n'ayons toujours pas peur des mots.

Les Bordelais sont très laids. Au reste, dans « Bordelais » il y a « laid », de même que dans « Pinochet » il y a « hochet ». Comment se fait-il que les Bordelais soient si laids alors que leurs femmes sont girondes ? C'est un grand mystère et une nouvelle occasion de nous esbaudir devant l'impénétrabilité des desseins du Seigneur. C'est une raison de plus pour déclarer la guerre à ces gens : « Trucidus et Fornicae mamellae guerrae sunt » : Tuer et violer sont les deux mamelles de la guerre.

Mais, Seigneur, que les Bordelais sont laids ! Avez-vous vu à quoi ressemble le duc de Bordeaux ?

Sus mes preux ! mort aux Bordelais !

Les Normands sont-ils des gens comme nous ? Je dis non.

Les Normands sont fourbes aux yeux bleus. Ils doivent cette particularité psycho-anatomique aux retombées de la guerre de Cent Ans qui fit rage en France pendant de longues semaines, et qui mit face à face les Anglais, venus d'Angleterre, et les Français, venus du bistrot. En 1420, les Anglais s'étaient rendus entièrement maîtres du duché de Normandie. Ils se mirent à genoux pour remercier Dieu, puis à plat ventre pour violer les Normandes, en vertu du code de bonnes manières toujours en usage dans les guerres dignes de ce nom. Or, nous le savons, et pas seulement de Marseille, tous les Anglais sont fourbes aux yeux bleus. Et tous les bâtards de ces fornications guerrières, dont les descendants peuplent aujourd'hui la Normandie, héritèrent de ce double caractère grâce auquel on peut sans peine reconnaître un Normand d'un communiste, car le communiste est fourbe, certes, mais avec les yeux rouges.

Donc les Normands sont anglais, alors que, ne l'oublions jamais, l'Anglais est l'ennemi héréditaire intérimaire, en alternance avec l'Allemand. (En attendant la Troisième Guerre mondiale grâce à laquelle le Russe deviendra le troisième ennemi héréditaire : l'homme aura ainsi atteint le plus haut degré de la civilisation, puisqu'il pourra enfin faire les trois huit à Verdun.)

Autre preuve que les Normands sont anglais : ils mangent du gigot à la menthe. Sans menthe, direz-vous ? D'accord. Et alors ? Quand le duc d'Édimbourg mange des patates à la braise, il ne mange pas la braise, que je sache. Est-ce que ça prouve qu'il n'est pas anglais ?

Sus mes preux ! mort aux Normands !

Les Bretons sont-ils des gens comme nous ? Je dis non.

Le Breton est têtu. Sinon pourquoi dirions-nous d'un Breton : « Il est têtu comme un Breton » ? Alexandre Vialatte, le plus grand écrivain français, avant Dutour et Poulidor, disait que : « Le loup est appelé ainsi à cause de ses grandes dents. » De la même façon, le Breton est appelé ainsi parce qu'il est têtu. Je n'en démordrai pas.

On a pu prouver scientifiquement que le Breton était têtu. Les travaux des plus éminents chercheurs du CNRS ont démontré théoriquement que le Breton trempé est encore plus résistant aux fortes pressions que l'acier trempé. Pour passer de la théorie à la pratique, il suffirait de porter un Breton à ébullition. Mais jusqu'à ce jour aucun Breton contacté pour aider la science dans ce domaine n'a voulu prêter son concours. Donc le Breton est têtu. Par sa faute, la recherche française marque le pas. Et c'est navrant, quand on songe que les Américains, dans leurs laboratoires d'Atlanta, nous ont une fois de plus rattrapés, puisqu'ils ont d'ores et déjà réussi à démontrer que les nègres étaient solubles dans l'acide sulfurique.

Mesdames, messieurs, le temps qui m'est imparti touche à sa femme, mais dans un prochain chapitre nous chercherons les bonnes raisons d'attaquer la Seine-et-Marne.

III

Les enfants sont des cons

Double V. C. Fièlds (je dirai « DA-BELL-YOU-CI FILDS » le jour où les Américains diront « CHAMPS-ÉLYSÉES » au lieu de « TCHEMPZILAÏZIZ »).

Double V. C. Fièlds disait : « Quelqu'un qui n'aime pas les enfants ne peut pas être tout à fait mauvais. » Je ne sais pas si Monsieur Fièlds a raison. Tout ce que je sais c'est que le bon Dieu l'a puni en lui donnant un prénom de chiottes. C'est bien fait.

Et d'abord qu'est-ce qu'un enfant ? Comment reconnaître un enfant d'un adulte, à part la taille ? D'autant que la taille est un indice et non une preuve, ainsi que le faisait remarquer le nain Pieral au gorille du Porno-Palace qui lui donnait une fessée pendant l'entracte de *Ça glisse au pays des Merveilles.*

C'est sur le plan purement psychologique que nous devons nous situer pour pouvoir reconnaître un enfant d'un adulte. En un mot, nous résumerons la différence essentielle entre l'adulte et l'enfant à partir de l'axiome suivant : « Les adultes sont des gens sérieux. Les enfants sont des gens pas sérieux. » Axiome que corrobore magnifiquement le fameux théorème de Zavatta : « Au plus qu'on est moins grand, au moins qu'on est plus petit. »

Les preuves du non-sérieux de l'enfant et du sérieux de l'adulte sont innombrables. En voici quelques-unes particulièrement évidentes.

Quand un enfant veut s'amuser, il ramasse un bout de bois, il dit « Poum-Poum », et son copain tombe par terre les bras en croix, en disant « Damned », s'il a appris le français dans *Tintin*, ou « ARRG ! » s'il a appris le français dans *Spirou*. Puis le copain se relève en disant : « On dirait que j'en suis un autre. » Puis il sort de sa poche un cadeau Bonux et le braque sur l'ennemi en disant : « On dirait que c'est mon rayon laser. » Puis il ajoute : « BZZZZ ». Et l'enfant tombe en arrière en disant : « Vive la République » s'il a appris le français en lisant *Démocratie française*, ce qui serait très surprenant. Enfin, les deux enfants repartent vers Jupiter, après avoir bu une grenadine en grimpant sur le tabouret de la cuisine pour pouvoir attraper la bouteille.

En revanche, quand un adulte veut s'amuser, il ne ramasse pas un bout de bois. Pas con, l'adulte. Il prend un fusil qui fait « Poum-Poum » pour de vrai. Et qui fait pour de vrai des trous dans le ventre de l'autre adulte qui tombe en arrière en criant : « Vive la France » (l'Allemagne, le roi ou la République. Rayez les mentions inutiles, et à mon avis elles le sont toutes).

Après quoi, son sang coule pour de vrai tout autour de lui, et il meurt doucement dans la boue. Puis les autres adultes ramassent les atomes et ils s'amusent de plus en plus sérieusement. A la fin, il y a deux camps, et le chef du premier camp dit à l'autre : « La concentration de missiles anti-missiles sur votre territoire nous contraint à renforcer notre sécurité en construisant de nouveaux missiles anti-missiles, anti-missiles, bisque bisque rage. » Et le chef du deuxième camp répond : « Si la concentration de missiles anti-missiles sur notre territoire vous contraint à renforcer votre sécurité en construisant de nouveaux missiles anti-missiles anti-missiles, nous n'hésiterons pas à renforcer la nôtre en construisant de nouveaux missiles anti-missiles anti-missiles anti-missiles, lalalèreu. » Et le chef du premier camp répond : « C'est çui qui le dit qu'y est », et la terre explose une bonne fois pour toutes. Donc, les adultes sont plus sérieux que les enfants.

Par ailleurs, la naïveté grotesque des enfants fait peine à voir, surtout si l'on veut bien la comparer à la maturité sereine qui caractérise les adultes. Par exemple, l'enfant croit au Père Noël. L'adulte non. L'adulte ne croit pas au Père Noël. Il vote.

IV

Sachons reconnaître une femme d'un homme

La femme n'est pas l'égale de l'homme, sinon elle courrait le cent mètres en dix secondes deux dixièmes, ou dix secondes trois dixièmes à la rigueur.

Mais alors, direz-vous, comment reconnaître un homme d'une femme, en dehors d'une piste de course à pieds ? C'est une excellente question, je vous remercie de me l'avoir posée.

Physiquement, il existe de nombreux points de repère permettant à un observateur averti de reconnaître l'homme de la femme.

Généralement, dans nos régions, et même en Seine-et-Marne, l'homme est plus grand que la femme. C'est une anomalie de la nature dans la mesure où, toute sa vie, la femme a besoin de s'appuyer sur l'homme. A-t-on jamais vu un vieillard ou un infirme s'appuyer sur une canne plus grande que lui ? Il y a comme ça des jours où on se demande si Dieu ne boit pas.

On reconnaît l'homme à la rugosité brutale de son teint buriné, et la femme à l'incomparable fraîcheur de son teint scandinave.

Déshabillons un homme et une femme. La première chose qui saute aux yeux c'est que l'homme a des seins grotesques et ridiculement embryonnaires par rapport à la Vénus de Milo. C'est une indication, pas une preuve. Pour être sûr de ne pas nous leurrer, approchons-nous... encore un peu..., n'ayez pas peur. Pinçons légèrement le sein de la personne. Si la personne dit : « Oh ! oui Albert, sois mien ! », c'est une femme. Si la personne dit : « Alors Albert mon pote, ça va pas la tête ? », c'est un homme.

Dans le cas où l'homme et la femme renâcleraient à l'idée de se mettre nus pour que vous leur testiez les seins (c'est une éventualité dont il faut tenir compte, à notre époque d'incommunicabilité et d'indifférence où plus personne ne veut plus aider son prochain), sachez qu'on peut reconnaître l'homme de la femme à son vélo. Le vélo de l'homme est comme ça, voir figure 1. Le vélo de la femme est comme ça, voir figure 2.

Pourquoi cette différence ? Personne ne le sait vraiment, ce qui prouve une fois de plus que les desseins du Seigneur, à l'instar de ceux de Wolinski, sont impénétrables.

De nombreuses hypothèses ont été échafaudées. D'après Verlaine, qui était à la pédale ce que Vatel fut à la queue, c'est-à-dire un maître, le vélo n'est pas conçu ainsi par hasard (revoir figure 1 ; mais moins vite cette fois. Sachons prendre notre temps. Pourquoi courir ? Pourquoi voir la figure 1 à toute vitesse ? Quoi que nous fassions, la mort est au bout de la route de chacun de nous ! Alors pourquoi s'affoler ? Revoyons la figure 1). « Non, ce n'est pas par hasard », crie Verlaine dans « Les sanglots longs des vélos de l'automne », si la divine providence, dans son infinie sagesse, a conçu ainsi le vélo de l'homme, c'est pour qu'il puisse se cogner les noisettes au moment de l'enfourcher. « Car la douleur est rédemptrice. Bienheureux ceux qui souffrent, car le Royaume des Cieux et le Parc des Princes est à eux ! »

Cette explication est fort séduisante, car on comprend alors pourquoi le vélo de la femme n'a nul besoin de comporter le même handicap, et pourquoi le cadre, dans le vélo féminin, est en bas. Au reste, que penseriez-vous d'une femme que l'on verrait enfourcher un cadre supérieur dans la rue ?

Donc la femme est légèrement inférieure à l'homme.

En voulez-vous d'autres preuves ? Oui ? Bon !

Dès l'enfance, on peut toucher du doigt la différence. Soient une poupée et un fusil. Soient aussi un petit garçon que nous appellerons Paul, par convention, et une petite fille que nous appellerons Claudine, par respect pour sa grand-mère qui voulait qu'on l'appelât Claudine.

Donnons la poupée à Claudine. Aussitôt, elle lui chante une berceuse en lui caressant la tête. Donnons-lui maintenant le fusil. Elle le jette. Et même, en grandissant, elle continuera à jeter les fusils qu'on lui tend. C'est pourquoi il y a si peu de femmes dans l'armée. N'est-ce pas un signe flagrant d'infériorité fondamentale, que de ne pas être dans l'armée ?

En revanche, si nous présentons le fusil et la poupée à Paul, il va tuer un maximum de communistes et souffler dans la poupée, la guerre et la poupée gonflable étant les deux mamelles de la virilité, si l'on en croit Sully qui n'avait pas peur des métaphores hardies.

Quand vient la saison des amours, l'homme frotte la rugosité brutale de son teint buriné contre l'incomparable fraîcheur du teint scandinave de la femme, et leurs corps se mêlent dans un élan d'amour puissant et magnifique, mais il ne faut pas non plus exagérer vu que finalement c'est pareil pour les cochons, les vaches et même les phacochères. Au bout d'un laps de temps plus ou moins long, la femme dit : « Oh oui olala » et l'homme allume une cigarette. On dit alors que la femme est « heureuse ». Neuf mois plus tard, pendant que la femme accouche, elle tient la main de son mari. Ainsi il a moins peur, et il souffre moins.

En politique, les femmes sont généralement nulles. Lors d'une élection présidentielle suivant le suffrage universel, par exemple, la femme choisira le candidat le plus beau ! Alors que l'homme choisira le candidat le plus honnête.

En sport, les équipes féminines sont lamentables, comparées aux équipes masculines ou est-allemandes. Enfin, pour être complets, nous dirons que les femmes françaises sont quand même moins nulles que les femmes étrangères qui mettent des bigoudis pour aller chercher le pain et qui ont les pieds trop longs. Comme l'écrivait si justement dès 1895 Louis Martin dans son ouvrage remarquable : *L'Anglais est-il un juif ? :* « Non seulement la Japonaise est la négation la plus absolue de la femme, mais elle est aussi la négation la plus absolue de la beauté grecque [1]. »

1. Cité par Jean-Claude Carrière et Guy Bechtel dans leur indispensable *Dictionnaire de la bêtise.*

V

Comment aborder une jolie femme ? Pourquoi aborder une femme laide ?

Comment aborder une jolie femme ?

Pourquoi aborder une femme laide ?

Il y a un seul cas où il est convenable d'aborder une femme laide. C'est pour lui demander si elle ne connaît pas l'adresse d'une jolie femme. C'est tout ce qu'il y a à dire sur ce sujet.

Pour aborder une jolie femme, il faut à tout prix éviter les lieux communs de la drague, qui vont de : « Vous habitez chez vos parents ? » à : « Vous venez souvent ici ? » en passant par : « T'en as déjà vu des comme ça ? » La jolie femme, très courtisée, est bien évidemment sur-saturée de ces invites qui frisent la vulgarité. Naguère, quand j'étais encore plus jeune et encore plus beau qu'aujourd'hui, j'abusais de ces formules toutes faites : je n'y ai gagné que déboires et coups de pied dans des endroits que la morale réprouve. Je pense notamment au jour où j'ai dragué une louloute à l'hôpital Cochin. Elle était dans un poumon d'acier. « Vous venez souvent ici ? » risquai-je.

Tout cela est d'une platitude navrante. Visez plus haut, plus noble, plus choc. Wolfgang Amadeus Mozart, qui fut un grand séducteur, au point que même à Francfort on l'appelait « La Saucisse de Salzbourg », était en outre un être exquis et raffiné, lui aussi. (Je dis lui aussi, parce que moi-même, si je ne me retenais pas...) Pour aborder une femme, comme pour aborder la musique, il recherchait la pureté, l'élégance et nul aussi bien que lui ne savait atteindre la grandeur à travers la simplicité et la grâce. La première fois qu'il aborda Elizabeth Maria-Josepha von Grossen-Furstenberg, qui allait devenir sa femme sous le nom de Nénette Mozart, il lui dit simplement : « Madame, la flûte enchantée c'est moi ! » Eh hop, les voilà partis vers leur destin, les yeux dans les yeux et la zigounette dans le pilou-pilou. Pour l'anecdote (car cela n'a rien à voir avec le sujet grandiose qui nous préoccupe aujourd'hui), savez-vous pourquoi ses parents avaient eu l'idée incongrue de le prénommer Wolfgang Amadeus ? Quand il était petit, Mozart avait un prénom normal, comme tout le monde. Il s'appelait Jean-Edern Mozart. C'était un enfant extrêmement turbulent, sale et désordonné. Il aimait particulièrement patauger dans la gadoue en sifflant *la Marche turque.* Après quoi il rentrait se vautrer sur les luxueux fauteuils des galeries von Barbès de Salzbourg de la maison familiale. Chaque fois, sa mère, excédée, lui criait : « Fous le camp ou mets des housses Mozart. » Cette sainte femme avait un fort accent autrichien, comme cela arrive encore assez souvent, surtout en Autriche, « Fous le camp ou mets des housses » devint « Wolfgang Amadeus » [1].

Jean Sébastien Bach fut également un grand séducteur au point que, jusqu'à Salzbourg, on l'appelait « la Saucisse de Francfort ». Bien qu'il fût aussi peu doué pour les choses de l'amour qu'une nageuse est-allemande pour *le Lac des cygnes,* Jean Sébastien Bach savait trouver le mot juste pour aborder les dames. Un jour, alors qu'il écrivait une toccata sur ses genoux dans le parc floral de Achtung-die-Gonessen (en fran-

1. Je souligne la parfaite authenticité de cette manifique leçon d'étymologie : je la tiens de Jean Yanne.

çais : Garges-les-Gonesses), une magnifique blonde parfumée s'assit sur le banc, à côté de lui, et se mit à chantonner d'une voix douce le « Kleine Becasse ist meine cousine » de Chantal Goya. Cette voix qui montait vers le ciel comme un léger cristal bouleversa Jean Sébastien Bach. Il se tourna vers elle et dit : « Je ne sais pas pourquoi cette mélodie me fait penser à Chopin. » La jeune fille tomba aussitôt dans ses bras, puis rentra chez elle en criant : « Maman, ça y est, j'ai eu mon Bach du premier coup. »

De nos jours, une façon très originale d'aborder une femme dans un lieu public consiste à s'esbaudir frénétiquement à la vue de son bébé ou de son chihuahua : « Oh ! Le beau toutou ! Oh ! On est un beau toutou ! Oh Limignoumignou ! Vous aboyez chez vos parents ? »

Bientôt, la dame, bouleversée par tant d'humour raffiné, est prête à fondre. Il ne vous reste plus qu'à lui dire : « Madame, venez donc chez moi, je vous montrerai mon teckel. Il n'a pas de pattes, mais si tu voyais ses roues arrière ! »

Plus subtile encore, la technique d'abordage dite de Jean Gabin, pour la simple raison qu'il en fut l'inventeur. Jean Gabin, qui fut un chaud lapin, avant de devenir un lapin froid (hélas, quel malheur !), poussait la difficulté dans la drague jusqu'à n'aborder que des filles accompagnées de leurs parents. Il entrait dans un salon de thé de sa démarche de moissonneuse-batteuse, se plantait les mains dans les poches devant une table où papa-maman-fifille sirotaient le thé au citron. Il allumait une Gauloise en dodelinant du chef. Regardait la mère. Puis le père. Puis disait à la fille : « T'as de beaux vieux, tu sais. »

J'espère que vous saurez tous tirer profit de ce petit cours d'une grande rigueur scientifique. Sinon, hélas, il ne vous restera plus qu'à aller draguer sur les bancs de l'Association des femmes battues. (Évidemment, elles ne sont pas très belles. Sinon, elles ne seraient pas battues. Un gentleman ne frappe pas une fleur, merde quoi !) Alors là, pour draguer, une seule méthode, dite « méthode Louis XIV » car le Roi Soleil l'utilisait fréquemment quand il chassait le boudin dans la galerie des glaces. Il regardait les courtisanes au fond des yeux (les femmes et la France se draguent pareil), puis il triait les belles des moches, et disait aux courtisans : « Mes amis, servez-vous : les mignonnes c'est pour vous ; les tas, c'est moi ! »

VI

Comment distinguer l'amour des toilettes ?

Comme l'a dit si bien Bergson, le rire est le propre de l'homme. (Quand je dis : « comme l'a dit " si bien " Bergson », j'exagère : en fait, il avait un accent de Clermont-Ferrand absolument épouvantable.)

Pouf, pouf.

Comme l'a dit assez bien Bergson, le rire est le propre de l'homme, fouchtra.

Et l'amour ? L'amour n'est-il point le propre de l'homme ? Quel animal, en dehors de l'homme, est capable d'amour ? La femme, peut-être ? Le Flamand rose, qui est un des rares animaux capables d'amour, à ce détail près qu'il est difficile de trouver un tiroir suffisamment profond pour y loger son cou ? Alors que le canard non, mais peut-on réellement parler d'amour dans le canard de ce matin ? Alors que dans *Ici-Paris* d'hier, oui.

Donc, l'amour est le propre de l'homme. Il est donc extrêmement important de bien reconnaître l'amour.

Quand l'amour pose sur nous son aile tendre et chaude (c'est une image. Oublions un peu les flamands roses, voulez-vous ?), nous nous sentons soudain légers, légers, comme s'il nous poussait des ailes (c'est une autre image. Oublions également les canards).

La sensation d'amour s'accompagne d'autres manifestations psycho-physiologiques très caractéristiques. A la seule vue de l'être aimé, on a comme une boule là, voir figure 1, comme une raideur là, voir figure 2, et comme une autre boule là, comme nous l'avons vu à la figure 1, mais de l'autre côté.

Afin de bien reconnaître l'amour, je vous demanderai d'apprendre ce qui va suivre, par cœur, bien sûr : le cœur n'est-il point le siège de l'amour ? Surtout quand on a la tête lourde, si l'on s'en réfère à la repartie bouleversante d'Alfred de Musset à George Sand : « Cause à mon cœur, ma tête est malade. »

1°) Comment distinguer l'amour des toilettes ?

C'est extrêmement simple : l'amour est enfant de Bohème, alors que les toilettes sont enfant du couloir, à droite.

2°) Entre Napoléon et Bonaparte, peut-on parler d'amour ?

La réponse est catégorique : non. Il n'y a pas eu à proprement parler d'amour entre Napoléon et Bonaparte. A cause, notamment, de la différence d'âge.

Certes, Victor Hugo a écrit :

« ... Ce siècle avait deux ans.

Déjà Napoléon perçait sous Bonaparte. »

Mais c'est une image. Et quand bien même ce ne serait pas une image, si l'on devait être amoureux chaque fois que l'on perce sous quelqu'un, on n'en sortirait pas. (C'est encore une image.)

3°) Si l'on ne peut pas parler d'amour entre Napoléon et Bonaparte, peut-on parler d'amour entre la poire et le fromage ?

Bien sûr que oui. Car la poire n'est point, que je sache, un fruit défendu. En revanche, on ne peut pas parler d'amour entre chien et loup, car le chien, étant le cousin du loup, ne saurait, dans le même temps, être sa tante. Sauf, bien sûr, s'il s'agit d'un loup élevé aux navets. Puisque si mon loup aux navets, on l'appellerait mon oncle.

4°) Peut-on avoir deux amours ?

On cite le cas de Joséphine Baker, une chanteuse qui eut son heure de célébrité entre les trois guerres, c'est-à-dire la guerre de 1914-1918, la guerre de 1939-1945 et la Troisième Guerre mondiale qui, si tout va bien, ne saurait tarder.

« J'ai deux amours », proclama longtemps cette artiste qui fut longtemps la coqueluche du Tout-Paris grâce à son talent et à sa grande beauté. Non seulement ses jambes étaient longues et fines, mais elle en avait deux, ce qui ne gâte rien, surtout quand on a deux amours : « Un amour par jambe », disait Sarah Bernhardt qui mourut monogame. Il est à noter que la plupart des femmes prénommées Joséphine — c'est là une bizarrerie totalement inexpliquée — ont deux amours : c'est valable pour Joséphine de Beauharnais autant que pour Joséphine Baker. Ça l'est moins pour Joséphine de Hautecloque, mais s'appelle-t-elle seulement Joséphine ? Et sait-on seulement quelle est la hauteur de sa cloque ? (Ce jeu de mots impérial d'une grande beauté formelle m'a valu le prix Mongolia 1981 aux jeux Olympiques cérébraux pour handicapés mentaux alpins, au col de l'aut'taré.)

5°) Comment reconnaître l'amour de l'amitié.

Laissons face à face deux personnes nues de sexe opposé dans une chambre tendue de velours rouge, avec des glaces au plafond, de la moquette angora par terre, du champagne dans un seau d'argent et du blues en sourdine. Si au bout d'un quart d'heure, une des deux personnes s'exclame : C'est con. Si on serait trois, on pourrait faire une belote », on ne peut pas parler d'amour. C'est l'amitié.

En revanche, laissons côte à côte deux éboueurs à l'arrière d'une benne à ordure à six heures du matin. Si, au bout d'un quart d'heure, l'un des deux éboueurs regarde l'autre avec intensité en disant : « Ça m'excite de vider les poubelles auprès de vous », on ne peut pas parler d'amitié. C'est l'amour.

6°) Qu'est-ce que l'amour du prochain ?

Le Seigneur a dit : « Tu aimeras ton prochain comme toi-même. » Personnellement, je préfère moi-même, mais je ne ferai pas entrer mes opinions personnelles dans ce débat.

Un jour que Sœur Teresa était venue à Paris pour dépenser le pognon de son prix Goncourt, le bus 46 lui passa sous le nez. « Ça ne fait rien, je prendrai LE PROCHAIN », dit-elle avec cette bouleversante simplicité qui l'a rendue célèbre des faubourgs de Calcutta jusque chez Castel.

C'est cela l'amour du prochain. Car l'amour, c'est comme le bus 46 : quand on le rate, il suffit de prendre le prochain.

7°) Les militaires sont-ils capables d'amour ?

Certes, oui. Notamment les officiers supérieurs qui sont tous homosexuels, comme l'a d'ailleurs fort bien expliqué Peter Ustinov dans *l'Amour des quatre colonels.* Cela dit, les rumeurs d'idylle entre les généraux Massu et Pinochet, dont le journal *le Monde* s'était fait l'écho l'an passé, sont absolument sans fondement. Et comme dit Jean-Paul Sartre : « Sans fondement, il n'y a pas d'amour possible. »

VII

Les gens malheureux ne connaissent pas leur bonheur

Le bonheur. Qu'est-ce que le bonheur ?

C'est une excellente question, mais je ne me remercie pas de me l'être posée, car la réponse ne se trouve pas sous le sabot d'un cheval, bien que les sabots des chevaux portent bonheur pourvu qu'ils soient ferrés, si l'on en croit la rumeur folklorique. A l'instar de la zizette quand il fait grand froid, le bonheur est un sujet difficile à appréhender. C'est une source de réflexions compliquées et abstraites, qu'on ne peut aborder qu'entre personnes distinguées et nanties de sérieuses références philosophiques.

Pour bien parler du bonheur, le mieux est de se tenir la tête à deux mains, près d'un feu de bois, en écoutant la *Tristesse* de Chopin. On pratiquera de même pour parler de Dieu, de la peine de mort, de la magie noire et des chapeaux trop petits. (En ce qui concerne la réflexion sur les chapeaux trop petits, le feu de bois et la *Tristesse* de Chopin sont facultatifs, mais il ne faut surtout pas oublier de vous tenir la tête à deux mains pendant que votre beau-frère tire sur le chapeau.)

Les plus grands penseurs de notre histoire ont dit des choses passionnantes à propos du bonheur : « Le bonheur est fait des malheurs qu'on n'a pas. » (Je ne sais plus très bien si c'est Montaigne ou Malherbe qui a dit cela.) Ou encore : « Les gens malheureux ne connaissent pas leur bonheur. » (Là, je ne sais plus très bien si c'est Descartes ou moi.) Il est toujours malaisé de retrouver les auteurs de pensées aussi profondes, la plupart ayant été galvaudées au fil des siècles. Par exemple, on attribue à Jésus-Christ, un autonomiste palestinien mort en 33 après lui-même, ce mot charmant : « Laissez venir à moi les petits enfants. » Or, dans *Mein Kampf,* Adolf Hitler, un autonomiste allemand mort en 1945 avant moi, dit la même chose, à un mot près : « Laissez venir à moi les petits enfants blonds. »

Pour en revenir au bonheur, nous voyons donc qu'il est difficile de le cerner autrement que par paraboles, et de le décrire autrement que par des exemples. Ainsi, voici quelques cas typiques empruntés à la vie courante qui nous permettront de bien reconnaître le bonheur le jour où il nous tombera dessus à couilles rabattues. Vous allez me dire : quel rapport entre le bonheur et les couilles rabattues ? Je me demande si c'est une bonne question ?

Cas n° 1. Aspect footballistique du bonheur.

A la fin du match Saint-Étienne-Nantes, Saint-Étienne gagne. Si vous êtes de Saint-Étienne, c'est le bonheur. Si vous êtes de Nantes, c'est le malheur. Si vous êtes de Brive, vous vous en foutez : c'est pas du rugby. Comment l'habitant de Saint-Étienne (je pense qu'on dit un Stéphanois, si c'est un homme, et une Bellifontaine, si c'est une Fontainebloise), comment, dis-je, le Stéphanois, au moment où son équipe gagne, ressent-il le bonheur ? Tout d'abord, il est parcouru d'un long frémissement de là à là, voir figure 1 ; il est pris d'un besoin irrésistible de trépigner en agitant les bras spasmodiquement vers le ciel. Ses yeux s'embuent de larmes. Il crie : « Allez les verts. » Il arrive quelquefois qu'une légère érection s'ajoute à ces différents symptômes, mais c'est une manifestation de virilité extrêmement peu répandue dans les milieux sportifs : c'est la femme de l'A.S. Saint-Étienne qui me l'a dit.

On voit bien, à travers cet exemple, combien le bonheur est une sensation étrange et fugace, hélas, car elle ne dure qu'une fraction de seconde. Après quoi, tout retombe.

Cas n° 2. Aspect sentimentalistique du bonheur.

Comme l'argent, l'amour ne fait pas le bonheur, mais il y contribue. Qui ne s'est jamais senti délicieusement transpercé par l'aiguillon du bonheur, auprès de l'être aimé ? Instant fragile et sublime où les amants front contre front, bouche contre bouche, les yeux dans les yeux, les mains dans les mains, la zigounette dans le pilou-pilou, ne pensent plus qu'à ce bonheur ardent qui les transporte jusques aux cieux inconnus de la félicité, alors que leurs regards s'embuent de larmes et que leurs corps frémissent de là à là, voir figure 2.

A cet instant privilégié entre tous dans l'idylle d'un couple, les amants sont seuls au monde, ils oublient tout ce qui n'est pas eux : la faim dans le monde, la guerre qui menace, le cancer, la peur des grandes cités, le terrorisme, la défaite de Saint-Étienne, etc., etc. Alors, le poète s'écrie : « Ô temps suspends ton vol », cri sublime et désespéré de l'homme qui voudrait retenir son bonheur alors même que le vent de la vie l'emporte au loin dans la nuit froide de l'oubli ! Et la mer efface sur le sable les pas des amants désunis comme un p'tit coquelicot mon âme, comme un p'tit coquelicot, voir figure 3.

Cas n° 3. Aspect démocratique du bonheur.

Le bonheur n'est pas réservé à l'élite, encore qu'on puisse le regretter, dans la mesure où, comme le disait si justement saint Vincent de Paul : « Il ne suffit pas d'être heureux. Encore faut-il que les autres soient malheureux. »

L'aile veloutée du bonheur peut même entourer de ses plumes sucrées des êtres frustres et vulgaires qu'on eût crus à première vue plus doués pour les travaux manuels que pour la félicité de l'âme. Certes, chez ces gens-là, le bonheur vole au ras des pâquerettes. Je le dis sans mépris aucun, d'ailleurs la pâquerette n'est-elle point une créature de Dieu, au même titre que l'oiseau, le nuage, la mer, qui couvre les abysses, le mazout, qui couvre la mer ? Même Lecanuet est une créature de Dieu, sauf les dents qui sont de chez Paul Beuscher.

Un être d'élite, armateur ou promoteur immobilier par exemple, est capable de ressentir une forme de bonheur à la vue d'un coucher de soleil flamboyant au-dessus de la baie de Rio ; mais si nous montrons la même féerie à un pauvre, ce dernier ne manifestera au mieux qu'un ennui poli devant la splendeur crépusculaire de l'astre du jour. Au reste, vous en connaissez, vous, des pauvres qui vont à Rio en vacances ? Vous me direz : il y a des pauvres à Rio même. Eh bien, eux non plus ne regardent pas le coucher de soleil. Ils ne lèvent même pas le regard vers le ciel. Forcément : leur bonheur, ils le cherchent tête basse, au fond des poubelles.

Cas n° 4. Aspect évangélistique du bonheur.

Dieu fait le bonheur. N'importe quel chrétien venant de recevoir l'Eucharistie vous le confirmera : « Dieu fond dans la bouche, pas dans la main. » Mais suffit-il de fondre dans la bouche et pas dans la main pour apporter le bonheur autour de soi ? Non. C'est pourquoi le bonheur divin total et définitif ne peut se concevoir qu'après la mort, au Paradis. Qu'est-ce que le Paradis ? Le Paradis est un club privé réservé en priorité aux imbéciles et aux infirmes : « Bienheureux les pauvres d'esprit ! Bienheureux ceux qui souffrent dans leur chair. Le royaume des Cieux leur appartient », dit l'Écriture.

Si l'on n'a pas la chance d'être infirme ou imbécile, on peut tout de même espérer connaître le Paradis à condition d'en baver un maximum sur la Terre avant de mourir cocu et si possible dans la misère, avec le téléphone coupé, et le magnétoscope en panne et tout et tout. Mais, direz-vous, à quoi bon avoir souffert le martyre pendant toute une vie, si c'est pour se retrouver finalement dans un club privé plein d'infirmes et d'imbéciles ? Je vous répondrais qu'il ne faut pas s'étonner de voir la cour des Miracles dans le jardin des délices.

Et puis, au Paradis, on est assis à la droite de Dieu. C'est normal, c'est la place du mort. Et il vaut mieux être assis à la droite de Dieu qu'à la gauche d'Ella Fitzgerald, car Dieu ne prend pas toute la place sur le banc, lui.

VIII

Marions-nous bien poliment

Il y a deux sortes de mariage : le mariage blanc et le mariage multicolore.

Le mariage multicolore est appelé ainsi parce que chacun des deux conjoints en voit de toutes les couleurs, pour employer une expression populaire à la con.

Le mariage blanc est appelé ainsi parce qu'il n'est pas consommé, pour employer une expression bourgeoise, à la con également.

Donc, le mariage blanc, qui n'a d'autre raison d'être que la satisfaction de contrats économiques inter-familiaux au sein d'un consensus, doit être proscrit. (Qu'est-ce qu'un consensus, direz-vous ? Eh bien, un consensus, ça vient de... ça vient de loin.)

Pire que le mariage blanc, il n'y a pas. Sauf, bien sûr, le concubinage nègre, au sein duquel le sang d'un héros de 1789 se mêle au sang des cocotiers au risque d'aboutir à la venue au monde d'un être hideux mi-homme mi-nègre, comme ce sans-culotte à tête de Louis Amstrong, voir figure beurk.

La première phase du mariage normal (non-blanc, mais pas nègre non plus), c'est ce que les spécialistes appellent « le tendre penchant ».

« Le tendre penchant » peut se manifester à tout moment et en tout lieu, au bal, à la fête foraine, dans l'autobus, plus rarement au cours d'une mêlée ouverte dans le Tournoi des cinq nations.

Généralement, c'est au cours d'une valse qu'une tierce personne, camarade des deux parties et donc amie des valseuses...

Pouf, pouf.

Généralement, c'est au bal qu'une tierce personne, amie des deux parties, présente l'un à l'autre chacun des futurs tendres penchés.

Cette présentation doit se faire avec une grande simplicité. Ne pas dire : « Chère Josiane, qu'il me soit permis de vous présenter Albert Lepied, tourneur-fraiseur adjoint aux usines automobiles de l'île de la Jatte. Cher Albert, qu'il me soit permis de vous présenter Josiane Legenou, sténodactylographe intérimaire aux usines d'armement Lamort. »

Il s'agit là d'un langage élégant certes, mais suranné et tombé en désuétude. De nos jours, les présentations se font plus sobrement, on dira donc : « Un copain. Une copine. Une copine. Un copain. »

Comment le tendre penchant se manifeste-t-il entre les deux tendres penchés ? L'orchestre attaque une valse troublante. Les deux tendres penchés virevoltent. Leurs yeux se croisent. Un long frisson étrange les parcourt de là à là.

Bouleversée jusqu'au tréfonds du pilou-pilou, Josiane Legenou se prend pour Romy Schneider dans *Zizi impératif.* Albert Lepied, s'il ne se retenait pas, se prendrait à croire en Dieu tant son bonheur est grand. Il voudrait parler mais sa gorge est sèche. C'est la fin de la période « Tendre penchant », Plus rien ne penche.

Dès le lendemain, Josiane présentera Albert à ses parents, au cours d'une cérémonie d'une extrême simplicité, comme cela se pratique couramment dans les milieux ouvriers où les gens répugnent à manger du caviar tous les jours.

Là encore, les présentations se feront suivant un protocole réduit à sa plus simple expression : « Albert Lepied. Mes vieux. Mes vieux. Albert Lepied. »

A ces mots, des larmes de joie roulent sur les vieilles joues burinées au gros rouge du vieux père et de la vieille mère. Le vieux père pose sa main sur l'épaule de la jeune fille en disant : « Tu seras un homme, ma fille », en hommage à Rudyard Kipling, écrivain anglais né à Bombay (1865-1936), auteur des deux livres de la jungle (1894-1895), et prix Nobel 1907, après Jésus-Christ également.

La cérémonie du mariage proprement dit se déroule en deux temps, à la marie et à l'église.

La célébration à l'église est facultative au regard de la loi, mais S. S. Jean-Paul II et moi-même recommandons instamment aux jeunes gens de s'y soumettre.

En dehors de l'église, le mariage ne signifie rien ; le couple privé de la lumière divine s'étiole et se déchire, et les enfants qui en sont issus grandissent sans foi ni loi dans la rue, dans les bistrots, et même parfois aux Jeunesses Musicales de France.

La cérémonie à la mairie a été simplifiée à l'extrême. Le maire ne dit plus : « Albert Lepied, voulez-vous prendre pour épouse mademoiselle Josiane Legenou ici présente ? Mademoiselle Josiane Legenou, voulez-vous prendre pour époux monsieur Albert Lepied ici présent ? »

Mais simplement : « Lepied voulez-vous prendre Legenou, Legenou, voulez-vous prendre votre pied ? »

A cette question, chacun des deux fiancés répond « oui » s'ils sont vraiment décidés à unir leur amour pour le meilleur et pour le pire, ou « non », s'ils ont oublié d'être cons.

IX

Qui emmener en voyage de noces ?

Moment privilégié dans l'union du couple, le voyage de noces reste, Dieu merci, l'une de nos trop rares vieilles coutumes qui aient survécu à la barbarie moderniste de ce siècle déshumanisé par l'uniformisation des rapports humains, les cadences infernales, l'éducation sexuelle au laser et les vibromasseurs à quartz. C'est pourquoi les jeunes mariés modernes se doivent de respecter ce rite, doucement suranné en apparence, mais dont les conséquences psycho-sociologiques bénéfiques sur l'avenir du couple sont inestimables.

Au départ, afin de mettre toutes les chances de votre côté pour que votre voyage de noces soit un succès total sur le plan touristique, sentimental et sexuel, la première chose à faire est de partir SEUL.

En effet — et sur ce point les plus grands spécialistes mondiaux des problèmes du couple sont d'accord —, il est indispensable, pour assurer la pérennité et la réussite d'un mariage, que chacun des deux époux sache se garder un jardin secret, un petit coin de vie autonome où l'autre n'a pas accès, afin d'éviter le dangereux piège de l'habitude où s'ensablent à tout jamais trop d'idylles conjugales, pourtant bien commencées sous le double signe de la tendresse et des guili-guili-tout-partout.

Or, il n'est jamais trop tôt pour lutter contre les mauvaises habitudes. C'est pourquoi, en vérité, je vous le redis : « Partez tout seul en voyage de noces. »

Ce conseil vaut évidemment autant pour l'époux que pour la jeune mariée. Encore que, à la réflexion, on peut se demander ce qu'irait raisonnablement faire une jeune femme seule à Venise, avec toute cette vaisselle qui s'accumule à Paris (ou à Vierzon ; mais Paris c'est encore pire car c'est plus loin de Venise que Vierzon). C'est une excellente question, et je me remercie de me l'être posée. Et je me réponds aussi sec : « Halte-là, mon garçon, point de misogynie ! » (Quand je suis tout seul, j'avoue qu'il m'arrive de m'appeler « mon garçon ». Je m'appelle beaucoup moins souvent « ma fille » : ça m'excite et ça me retarde dans mon travail.)

Non ! point de misogynie. Le plus simple, pour savoir lequel du mari ou de la femme va partir en voyage de noces, n'est-il pas de tirer au sort ?

Si ? Bon.

Si le sort désigne le mari, il aura le bon goût de ne pas montrer une allégresse excessive au moment de demander à sa jeune femme de préparer sa valise, surtout s'il s'agit d'une jeune femme hypersensible ou violemment monogame.

Si le sort désigne l'épouse, on procédera à un second tirage au sort.

Si le second tirage au sort désigne l'épouse, on procédera à un troisième tirage au sort.

Si le troisième tirage au sort désigne l'épouse, pourquoi, après tout, ne partiriez-vous pas avec elle ? Elle en meurt d'envie.

Le moment idéal pour un voyage de noces à Venise, c'est incontestablement le mois d'avril. C'est pourquoi je me suis marié en décembre : je déteste Venise : il faut faire des kilomètres avant de trouver un flipper. D'autre part, on nous dit que c'est une ville chargée de souvenirs, mais en fait, c'est plein d'impasses où circulent des mongoliennes, et de lacunes où voguent des mongoliers.

Le plus célèbre de ces mongoliers s'appelle Toto Rialto.

C'est un doux crétin inoffensif qui vit dans une vieille barcasse sous un pont vénitien, où il passe le plus clair de son temps à ricaner sottement chaque fois qu'il surprend un jeune couple tendrement enlacé. Tous les amoureux du monde connaissent bien Toto Rialto, puisque ce sont eux qui l'ont surnommé, si judicieusement, « le Con des Soupirs ».

Il est très difficile, pour ne pas dire impossible, de trouver à Venise un bon restaurant. J'ai oublié le nom du soi-disant meilleur restaurant vénitien ; d'ailleurs c'est un nom italien. Je me souviens seulement de l'air ahuri du maître d'hôtel quand je lui ai simplement demandé un pichet de beaujolpif et un far breton. Donc, les Vénitiens sont xénophobes. On ne compte plus les déboires des touristes français à Venise. Récemment, les joueurs de l'ASPTT de Romorantin ont clairement discerné des regards hostiles parmi la population locale, alors qu'ils disputaient une bien inoffensive partie de Football dans le Palais des Doges, en nocturne.

Quant au Club des joyeux chasseurs solognots, ils ont eu récemment le plus grand mal à obliger un épicier vénitien rétif à leur vendre une boîte de petits pois destinée à accompagner une trentaine de pigeons qui leur appartenaient pourtant de droit : ils les avaient tués eux-mêmes à la boule, au cours d'une partie de pétanque sur la place Saint-Marc.

Dieu merci, Venise n'est pas que cela. Comme le disait si gentiment Heinrich Himmler en visitant Auschwitz sous la pluie : « Ne boudons pas notre plaisir. »

Venise reste malgré tout, ne l'oublions jamais, l'une des villes les plus extraordinairement pittoresques du monde, avec ses quatre-vingt-dix églises, ses ensembles architecturaux magnifiques, et la grâce tranquille de ses innombrables canaux où s'étirent, au cours des printemps toujours recommencés, les amours tranquilles des enfants du monde. Et puis, surtout, ne l'oublions jamais, à Venise, on reçoit très bien Antenne 2.

Dans un prochain chapitre si je veux, nous aborderons ensemble le problème des voyages de noces à trois.

X

L'hétérosexualité ? pour quoi faire ?

Comment assumer son hétérosexualité ?

De plus en plus souvent, de nos jours, on rencontre dans les salons mondains des gens qui, à la question : « Qu'est-ce que vous faites dans la vie ? », se mettent à bomber le torse en disant : « Je suis hétérosexuel. »

Une précision d'ordre grammatical, en passant. On ne dit pas : « Je suis " H " étérosexuel » avec un " H " aspiré. Au reste, il est interdit, en France, d'aspirer du " H ".

Non. On fait la liaison : « Je suis-Z-hétérosexuel. »

Dans les quartiers bourgeois, les gens bien élevés ne disent pas : « Je suis-Z-hétérosexuel », mais : « Je suis-Z-aller-au-sexuel. » Il s'agit là d'une tournure surannée. Nous éviterons de l'employer devant nos employés, et de la servir à nos serveurs.

En revanche, on ne dira pas :

« Je suis-Z-été aux Seychelles », mais : « Je suis-Z-allé aux Seychelles » ; exemple :

« Je suis hétérosexuel et je suis allé aux Seychelles. »

Et non pas :

« Je suis pédé. Je suis été à Marnes-la-quiquette. »

Ceci étant posé — c'est une image : rien n'est posé. Il n'y a même pas de commode — posons-nous autre chose, c'est-à-dire une question. Quelle question ? C'est une excellente question.

Qu'est-ce qu'un hétérosexuel ?

Pour le savoir, adressons-nous à un spécialiste, le petit Larousse qui est avec le petit Robert.

Pouf pouf.

Le *Petit Larousse* qui est, virgule, avec le *Petit Robert,* virgule, l'un des dictionnaires les plus rigoureux sur le plan de la rigueur.

HÉTÉROSEXUEL(LE) : nom ou adjectif. Se dit de celui ou de celle qui éprouve une attirance sexuelle pour le sexe opposé. Exemple : la femme pour l'homme, la jument pour le cheval, la tontaine pour le tonton, la chèvre pour le légionnaire, la gorgonne Nana pour le gorgon Zola, etc., etc.

Comment reconnaître un(e) hétérosexuel(le) ?

Voulez-vous que je vous dise ? Ce n'est pas pour me vanter, mais c'est une excellente question. Et j'irai probablement en hélicoptère pour y répondre. En tout cas, je n'irai pas par quatre chemins. Vous avez vu les bouchons sur les périphs ? Françaises, Français, faites comme moi. Pour répondre aux excellentes questions, n'y allez pas par quatre chemins : prenez l'hélicoptère.

Pour bien reconnaître un (ou une) hétérosexuel(le), il suffit de demander. Exemple :

— Bonjour, madame... Mademoiselle, peut-être ?

— Mademoiselle... peut-être ! ? Hi ! Hi ! Hi !

— Ah bon. Euh... Je voudrais euh... donnez-moi une demi-baguette bien cuite, s'il vous plaît.

— Voilà. Ça nous fait un quatre-vingt-dix, hi ! hi ! hi !

— Euh... mademoiselle euh... vous venez souvent ici ?

— Ben vous êtes drôle vous ! Je viens ici tous les jours ! c'est ma boulangerie ! hi ! hi ! hi !

— En effet. Pardonnez-moi... Vous êtes très belle. Et... l'éclat purpurin de votre peau bronzée met un baume à mon cœur meurtri de beau jeune homme solitaire. Vous êtes-Z-hétérosexuelle ?

— Non, mais je suis-Z-été aux Seychelles, dans une ferme

à vaches. C'est pourquoi ma peau bronzée a l'éclat pur purin...

Cette façon un peu directe d'aborder les gens peut choquer certains. Mais, heureusement, Dieu me tripote, il existe une méthode moins brutale qui consiste à demander aux gens non plus : « Vous êtes hétérosexuel(le) ? » mais « Vous êtes homosexuel(le) ? », l'homosexuel étant celui (ou celle) qui éprouve une attirance sexuelle non plus pour le sexe opposé, mais pour son camarade de bureau.

Exemple : Le maire pour l'adjoint au maire, la jument pour la jument, la tontaine pour la tata, la chèvre pour la légionnaire, le commissaire Maigret pour le commissaire Bourrel ou la gargouille Zolie pour la gorgonne Zola.

A cet égard, on raconte à Londres une histoire exemplaire. (Moi, on me l'a racontée à La Motte-Beuvron, mais, je vous le demande, est-ce que ça prouve qu'on ne la raconte pas à Londres ? Non ? Bon alors.)

Dans un pub élégant de Mayfair, un gentleman fort bien mis déguste un vieux bourbon sur un tabouret de bar. Entre un autre gentleman tout aussi distingué qui s'accoude à côté du premier, commande un scotch, fait tourner le verre dans sa main pour faire fondre les glaçons, tout en regardant son voisin avec intensité :

— Pardon, monsieur. Je ne voudrais pas être indiscret, mais... vous êtes homosexuel ?

— Non !

— Dommage !

Certains de nos lecteurs pourront s'offusquer et renâcler à l'idée de poser ces questions. Je pense notamment aux lecteurs naturellement noués, coincés, chafouins ou scouts de France qui me lisent par milliers. Salut, les p'tits loups. Youkaïdi, Youkaïda, Ribidiki, Ribidika, oua, oua, oua. J'ai moi-même été scout de France. Nous jouions comme de jeunes chiens fous sous la tente. C'est fatigant finalement, les camps scouts. Je tiens à le dire aux parents qui hésitent à y inscrire leurs enfants : les scouts, c'est bien, mais attention, pas d'utilisation prolongée sans avis médical.

Donc, à l'intention des inhibés complexoïdes qui n'osent pas interpeller leurs semblables dans la rue pour savoir si c'est du pain blanc ou de la brioche maudite, il existe un moyen infaillible de reconnaître un homosexuel d'un hétérosexuel : à sa façon de se tenir à table.

Ça vous en bouche un coin, comme disait Jean-Baptiste Vaquette de Gribeauval. (Je ne sais plus en quelle circonstance Jean-Baptiste Vaquette de Gribeauval a dit « Ça vous en bouche un coin » ? Mais, comme personne, à part moi, ne sait qui était Jean-Baptiste Vaquette de Gribeauval, je ne risque pas d'être contredit ! De toute façon, il est tout à fait ridicule de dire : « Ça vous en bouche un coin », sans préciser le nom de l'auteur de cette phrase sublime, c'est comme si on disait : « Pardonnez-leur parce qu'ils ne savent pas ce qu'ils font » sans citer Jésus-Christ, ou : « Merde » sans citer Cambronne, ou : « Oulala, c'est cuit ! » sans citer Jeanne d'Arc, ou : « La mer qu'on voit danser » sans citer Balnéaire.)

Alors, bon. Comment reconnaître un hétérosexuel d'un homosexuel à sa façon de se tenir à table ? C'est bien simple : l'homosexuel, quand il met le couvert, met le couteau à droite, la fourchette à gauche, et le verre là, voir figure 1.

Vous allez me dire : « L'hétérosexuel, lui aussi, met le couteau à droite, la fourchette à gauche, l'assiette entre le couteau et la fouchette, et le verre là, revoir figure 1, on ne s'en lasse pas, elle est superbe. Alors ? »

Alors ?

Alors, servons à ce bel inconnu une banane flambée. S'il regarde la banane flambée sans piper, c'est un hétérosexuel. Mais s'il regarde la banane flambée en lui disant : « Comment tu t'appelles ? », c'est une autre paire de manches, comme disait Jean-Baptiste Vaquette de Gribeauval, qui voyait des paires partout.

XI

Les bonnes manières au lit

Ne soyons pas malpolis au lit.

Au temps de nos grands-mères — au temps des miennes en tout cas, on ne m'a pas présenté les vôtres ; d'ailleurs je m'en fous totalement, à chacun son problème : *«Velocipedus memera ?»,* disait Euclide (« Est-ce que je te demande si ta grand-mère fait du vélo ? »).

Au temps de mes grands-mères, donc, les gens qui se mettaient ensemble dans un lit pour la première fois étaient assez malpolis. Ils ne se disaient même pas bonjour.

Cette attitude pour le moins cavalière (et je pèse mes chevals) peut nous paraître surprenante aujourd'hui. Elle s'explique par le fait qu'à cette époque, les gens se connaissaient la plupart du temps AVANT de coucher ensemble. Certains même attendaient d'être mariés pour zigounipiloupiler.

De nos jours, aspirés par la vie trépidante de ce siècle infernal, nous n'avons point le temps de nous dispercer en salamalecs avant de nous mettre au lit avec nos contemporains. C'est pourquoi il est de bon ton de souhaiter le bonjour et de se présenter avant de se glisser dans les draps, ou sous l'évier, selon qu'on est litophile ou éviériste.

Ces présentations devront être simples et dépourvues d'emphase. Toute attitude pompeuse apparaîtrait déplacée. (C'est une image : ne prenez pas l'expression « attitude pompeuse » au pied du lit. Au pied de la lettre, pardon.)

Présentez-vous simplement, en ajoutant un petit mot gentil, même banal, qui sera toujours bien reçu pourvu qu'il ne s'écarte pas des limites du bon goût.

Exemple : « Bonjour ! Je m'appelle Robin des Bois. Tu la sens ma grosse flèche ? »

Doit-on éteindre la lumière avant de zigounipiloupiler ?

Au temps de mes grands-mères,la décence exigeait que l'on mouchât les chandelles, que l'on soufflât les bougies, et que l'on éteindasse les lampes à pétrole, bien que je me demande si éteindre fait bien éteindasse à l'imparfait du subjonctif.

Mes grands-mères étaient horribles, ce qui peut expliquer en partie que mes grands-pères, leurs camarades de tranchée et leurs livreurs de crinolines, aient pris ainsi l'habitude d'éteindre la lumière avant de les transporter au quatorzième ciel. (Deux fois sept, quatorze : il y a DEUX grands-mères.) Mais, enfin, je n'ai pas la prétention de croire que ce sont mes seules grands-mères qui ont créé la mode.

Il existe une autre explication nettement plus scientifique de l'extinction des chandelles en tant que rite prénuptial inhérent à l'immédiat après-guerre de 1870. Nous devons cette explication au professeur Jean-Edern von Saint-Bris qui sait de quoi il parle, puisqu'il fut chandelier du Troisième Reich avant de remporter Paris-Nice en 1924, l'année où l'arrivée de cette course se disputa dans un bougeoir. Des immenses travaux du professeur von Saint-Bris, il ressort en substance que la disparition de la coutume de l'extinction a des raisons purement ludiques. En effet, une fois la bougie éteinte, elle pouvait avantageusement devenir un amusant compagnon de jeu au lit. Alors qu'avec une ampoule on peut se blesser. Surtout avec une ampoule à vice. Et la baïonnette ?...

Quels mots employer au lit (ou dans le placard à balais pour les manchophiles) pour manifester son autosatisfaction, si l'on est un homme, ou pour dire merci, si l'on est une femme ?

L'homme pourra avantageusement dire : « Oh oui oh lala

ah oui ah oui » puis, deux secondes plus tard, appuyé sur un coude au-dessus de la femme pantelante, il dira : « Alors, heureuse ? » en lui soufflant sa fumée de Gauloise dans la gueule.

La femme pourra avantageusement dire : « O oui oh lala ah oui ah oui ah oui, encore, encore, apothéose ! » Afin de ménager la sensibilité de l'homme, elle aura intérêt à ajouter : « Oh ! Albert, c'est la première fois que je connais un tel bonheur dans les bras d'un homme. » Une simple petite phrase comme celle-ci suffit à ensoleiller la journée d'un honnête homme, sauf s'il ne s'appelle pas Albert.

Est-il convenable d'être plus de deux dans le même lit ?

J'ai personnellement connu une jeune femme qui se refusait systématiquement à partager son lit avec plus de douze personnes. Elle était terriblement superstitieuse et répétait à qui voulait l'entendre le vieux dicton berrichon :

« Treize au plumard.
Neuf mois dans le tiroir »,

manière élégante d'exprimer les dangers de la treizicitude zigounipiloupilienne.

Pour finir, je terminerai par le début, en répondant à la question qui est sur toutes les lèvres bien que vous l'ayez sur le bout de la langue. Avant d'entrer dans le lit, l'homme, à l'instar de la plupart des mâles vertébrés supérieurs, doit-il encore, de nos jours, délimiter son territoire de quelque manière que ce soit ?

Personnellement, la dernière fois que j'ai baisé au Ritz, j'avais pris préalablement la peine de pisser autour de la chambre.

Je me suis fait jeter.

C'est ce que je dis toujours : les traditions se perdent.

XII

Il est temps, pour nous, d'observer ensemble, si vous le voulez bien, une minute de silence

Il y a exactement 125 ans, à deux ou trois mois près, qu'Albert La Sourdine, le génial inventeur de la minute de silence, s'éteignait sans bruit, dans son discret appartement insonorisé de la place Tagueule à Paris. Pour commémorer ensemble le glorieux souvenir de ce grand Français, je demanderai exceptionnellement aux lecteurs de bien vouloir observer une minute de silence : ....

....

....

....

....

....

....

.... [1] ....

(1) Kof, kof.

....

....

.... (2)......................

....

...... (3) ....

....

....

....

....

....Merci.

C'est en assistant tout à fait par hasard à l'enterrement de saint Eloi, qu'Albert La Sourdine eut l'idée grandiose de la minute de silence qui allait hisser son nom vers les sommets radieux de l'immortalité.

On sait que saint Eloi mourut étouffé dans la culotte du roi Dagobert, au cours d'une surprise-partie mérovingienne assez olé-olé, dans des circonstances fort mystérieuses, car Dagobert n'était pas franc. Lors des obsèques de saint Eloi, les amis du ministre, à peine dessoûlés de la fameuse surprise-partie, suivaient le cercueil en chantant : « Non non non saint Eloi n'est pas mort » (bis). Je ne me rappelle plus très bien le texte dans lequel il est plus ou moins question de la raideur cadavérique partielle du défunt, mais peu importe. « Vous ne pouvez pas la fermer une minute ! » cria alors Albert La Sourdine qui passait par là... Alors, miracle ! le cortège s'immobilise dans un silence immense, sublime, follement émouvant. Plus personne ne bouge, sauf un clochard que tend sa sébile, car il mande, car il mande encore.

(2) Prout.
(3) Vos gueules.

La minute de silence était née. Albert La Sourdine, qui alliait au respect des corbillards un sens inné des affaires, courut aussitôt la déposer à la Société des Auteurs, afin que, chaque fois qu'une minute de silence était diffusée sur les ondes de la radio et de la télévision, il pût toucher quelques maigres écus, grâce auxquels il pouvait voyager de par le monde, afin de divulguer aux quatre vents sa grandiose invention.

Hélas, les gens sont méchants. C'est pourquoi, chaque fois qu'une minute de silence est diffusée à la radio ou à la télévision, les responsables de l'émission, mesquins et jaloux, font tout ce qu'ils peuvent pour l'interrompre avec la dernière grossièreté, sous des prétextes purement fallacieux. Exemple :

(... silence...) « Ah ! Je pense que nous avons un petit problème avec la technique. »

Ou encore :

(... silence...) « Ah ! il me semble que nous avons un léger incident avec le télé-cinéma. Allo ? Je vous prie de m'excuser ? Oui ? Ah ! Bien. On me fait savoir que, dans quelques instants, nous serons en mesure de vous diffuser le reportage sur " les Pleureuses du Pirée ", de Raoul Sanglot... Bien. En attendant, dans le cadre de notre série " La télé c'est à moi, j'aurais tort de ne pas en profiter à trois mois des élections ", le président de la République est allé fayoter hier auprès des vieux gâteux de l'hospice de Trifouilly-les-Urnes, etc., etc. »

Merci ! Merci à toi, Albert La Sourdine, toi qui as su nimber de tant de dignité les émouvantes cérémonies de nos monuments aux morts ! Merci pour ces grandioses minutes de silence à peine troublées par le bruissement du vent dans les cyprès ou le rot caverneux de quelque adjudant-chef éthylique.

Merci à toi, Albert La Sourdine, toi qui as su prendre ton bâton de pèlerin muet pour aller porter aux quatre coins du monde ton éblouissante trouvaille, afin de répandre jusqu'aux tréfonds des Amériques incultes et de l'Afrique obscurantiste la flamme éteinte du génie français, dont la torche à jamais brandie scintille au firmament de l'esprit. C'est grâce à toi, Albert La Sourdine, que la cérémonie de jonction du lac Erié et du lac Ontario eut un tel éclat, lors de l'inauguration des fameuses chutes du Niagara par le président Albert Lebrun en 1937.

Quand ce grand homme ouvrit d'une main leste la vanne qui allait libérer les eaux en furie, un grand silence d'une minute, à peine troublé par le bruit de la cataracte, étreignit les cœurs et les âmes. C'est en souvenir de ce grand instant que l'on baptisa ainsi ce haut lieu touristique : « Les chut ! du Niagara. »

C'est grâce à des hommes comme toi, cher Albert La Sourdine, que le vieux royaume des Indes, croulant de faim et d'ennui sous les vieilles coutumes orientales désuètes, retrouva son éclat dans la découverte de la culture occidentale coloniale. Avant la colonisation, quand un maharadjah mourait, des fakirs primitifs et extrêmement vulgaires (ils n'avaient même pas de cravate) poussaient des cris sauvages autour du cercueil tandis que les femmes se frappaient convulsivement la poitrine en criant : « Radjah Hourri Hourri Ratapo » (c'est-à-dire : « Radjah salaud le peuple aura ta peau ! »). Depuis qu'Albert La Sourdine a imposé sa minute de silence aux Indes (par la force, mais c'est le seul langage que ces gens-là comprennent), les obsèques princières ont acquis dans ce pays une dignité remarquable, comme on n'en rencontre que chez nous, à l'enterrement d'Edith Piaf ou de Cloclo, par exemple.

A Calcutta, j'ai assisté moi-même à la cérémonie funèbre de la grande prêtresse Indira Tamère. Tout autour du cercueil, les pleureuses et les pleureurs professionnels avaient été remplacés par des disciples d'Albert La Sourdine, véritables professionnels du silence, qu'à Calcutta on appelle à juste titre les silenciers du Bengale.

En ce qui me concerne, chers lecteurs, je pense qu'il est temps que je la ferme.

XIII

L'autre façon d'être un con

COMMENT RECONNAÎTRE UN CON ?

Le mot « con » appartient à la langue française et à elle seule. Aucune langue étrangère ne peut se flatter de posséder un mot tout à fait équivalent au mot « con ». Cette carence grammaticale est d'autant plus surprenante que, nous le savons depuis toujours, les étrangers sont TOUS des cons.

Y A-T-IL DES TÊTES DE CONS ?

Bien sûr. Retournez-vous. Si vous êtes seul, un simple miroir de poche fera l'affaire. Si vous ne possédez pas de miroir de poche, allez dans n'importe quelle administration. Quand le préposé vous demandera de remplir le formulaire C 112, alinéa 18, déclamez-lui trois vers de Verlaine. Observez-le bien : il exprime sous son front bas une sourde consternation : il a l'air con.

Est-ce à dire que tous les préposés des guichets administratifs sont des cons ? Non.

Ah, si, finalement.

EXISTE-T-IL DES SIGNES EXTÉRIEURS DE CONNERIE ?

Certes, oui. On peut reconnaître un con rien qu'à sa façon de s'habiller. La caractéristique vestimentaire du con consiste en un besoin irrésistible de s'habiller comme tout le monde. Faites le test suivant : mettez dix personnes dans une pièce.

Observez bien ces dix personnes. Sur ces dix personnes, il y en a au moins une qui est habillée comme les neufs autres : c'est un con. C'est scientifique. Quand quarante personnes s'habillent comme un con c'est l'ACADÉMIE FRANÇAISE. Quand mille personnes s'habillent comme un con, c'est l'ARMÉE FRANÇAISE.

PEUT-ON RECONNAÎTRE UN CON À SA DÉMARCHE ?

Oui, la démarche d'un con est très caractéristique, quoique fort difficile à décrire par le seul moyen du vocabulaire. On peut, cependant, en un mot, si l'on veut bien excuser le manque de rigueur scientifique de l'expression, décrire la démarche caractéristique du con en disant que QUAND IL PART ON DIRAIT QU'IL REVIENT.

Et les cons infirmes direz-vous ? Eh bien... ils vont à Lourdes.

QUELLES DIFFÉRENCES Y A-T-IL ENTRE UN IMBÉCILE ET UN CON ?

Il existe une différence essentielle entre l'imbécile et le con, qui tient en une seule formule d'une grande simplicité : L'IMBÉCILE LIT « FRANCE-DIMANCHE », LE CON ÉCRIT « ICI-PARIS ».

LES CONS ONT-ILS BON MORAL ?

Oui. Ils sont très contents de l'évolution de la situation internationale. Les cons aiment rire. On en rencontre souvent dans les sous-bois, car ils adorent les plaisanteries de derrière les fagots. L'optimisme du con fait plaisir à voir. Par exemple, les cons croient VRAIMENT que si la chemise de Paul est plus blanche que la chemise de Jacques, c'est grâce à PERSIL ANTI-REDÉPOSITION. Par ailleurs, les cons, après rasage, s'aspergent avec BRUTE DE LA JUNGLE, POUR NOUS LES HOMMES. BRUTE DE LA JUNGLE. L'AUTRE FAÇON D'ÊTRE UN CON.

COMMENT VIVENT LES CONS ?

L'hiver, les cons se massent sur des gradins et crient : « Allez les verts ! » Le fait de se tasser sur des gradins en criant « Allez les verts ! » est un signe irréfutable de connerie. D'autant que cette année, à mon avis, c'est Nantes qui va gagner.

L'été, les cons foncent têtes baissées vers les plages où ils aiment à s'agglutiner pour ne pas perdre une miette de la chaleureuse promiscuité immobilière de la ville. Ils forment ainsi un conglomérat de fourmis, ténu et continu, de Calais à Hendaye et de Port-Vendres à Nice. D'où l'expression : « Être un peu con SUR LES BORDS ».

Au printemps, les cons ne vont pas « CHEZ » le coiffeur, ils vont « A » Lourdes.

A l'automne, les cons reviennent de Lourdes, sauf ceux qui se sont noyés en s'approchant trop près du Manneken Pis.

LES CONS MILITAIRES SONT-ILS PLUS DANGEREUX QUE LES AUTRES ?

Affirmatif. Ils sont féroces et poussent des cris de bête. Entendez-vous dans nos campagnes MUGIR ces féroces soldats ? Oui ? C'est des cons !

LES ENFANTS PEUVENT-ILS ÊTRE CONS ?

Oui. Pas les miens : ils sont à l'école libre. Mais cela peut arriver. J'ai personnellement observé, lors d'une visite à l'Hôpital des Enfants malades de Paris, deux enfants paralysés des deux jambes se moquer grassement d'un autre enfant prisonnier d'un poumon d'acier : « Y peut pas bouger la tête-euh ! Lalalalère-euh ! »...

La relève de la connerie est donc assurée.

Y A-T-IL DES CONS CÉLÈBRES ?

Oh oui ! Hélas, la liste en est beaucoup trop longue. Je citerai celui qui, à mon humble avis, est le roi des cons. J'ai nommé le célèbre mathématicien Euclide qui affirme sans rire, je cite : « La ligne droite est le plus court chemin d'un point à un autre. » Quelle connerie ! Chacun sait en effet que la ligne droite NE PEUT ÊTRE le plus court chemin d'un point à un autre. SAUF, évidemment, si les deux points sont bien en face l'un de l'autre.

XIV

Et l'intelligence c'est du poulet ?

Qu'est-ce que l'intelligence ?

La grande différence entre l'homme et la bête, c'est l'intelligence. Comme le rire, l'intelligence est le propre de l'homme, et beaucoup plus rarement de la femme, mais c'est de moindre importance car la femme, pour peu qu'elle soit belle, n'a guère besoin d'être intelligente. Pour peu qu'elle soit moche, elle a encore moins besoin d'être intelligente.

A ce propos, je citerai le mot admirable de Louis XIV, à la veille de son mariage avec l'infante d'Espagne.

« Sire, dit Marie-Thérèse, ne souffrez-vous point que l'on vous donne pour épouse si pauvrette damoiselle ? Car point jolie ne suis, et point non plus ne brille par l'esprit.

— Madame, répondit Louis, c'est très bien ainsi. Car s'il y a un truc qui ne va pas avec le boudin, c'est bien la cervelle. »

Donc, l'intelligence distingue l'homme de la bête. Pour s'en convaincre, livrons-nous à une petite expérience fort simple. Prenons un homme que nous appellerons Albert. (S'il ne vient pas lorsque nous l'appelons Albert, appelons-le René ou Sigismond, ça n'a absolument aucune espèce d'importance. Personnellement, je m'en fous complètement.) Je disais : « Prenons un homme que nous appellerons Albert » par pure convention. D'ailleurs, je n'avais même pas terminé ma phrase. Je voulais dire : « Prenons un homme que nous appellerons Albert et un chien que nous appellerons Kiki. » (Ce sont juste des appellations arbitraires que je choisissais au hasard pour aider à la compréhension de cette expérience.) Bien. Prenons un homme que... (Si vous préférez appeler le chien Albert et l'homme Kiki, je m'en fous, vous pouvez pas savoir à quel point. Simplement... c'est ridicule. Aucun chien ne s'appelle Albert. Aucun homme ne s'appelle Kiki. Seuls les chiens et les femmes s'appellent Kiki. Kiki Caron, par exemple.) Bon. Prenons un homme... (Je sais bien que Kiki Caron c'est un nom qui n'évoque plus rien aux moins de soixante ans. C'était une nageuse. Pas dans l'équipe est-allemande. Une femme.) Bon, trêve de digressions oiseuses. Revenons à l'intelligence, car je sens qu'on s'en écarte.

Donc, soit un homme qui répond au nom d'Albert... (S'il ne répond pas pas au nom d'Albert, ne nous affolons pas, c'est peut-être qu'il est sourd. Pardon. Qu'il est malentendant. Je ne voudrais surtout pas vexer les aveugles qui nous lisent par milliers.)

Donc, soit un homme qui répond au nom d'Albert et un chien qui répond au nom de Kiki. Pour démontrer que l'homme est beaucoup plus intelligent que le chien, il nous suffira de les conduire tous les deux au front à Verdun alors que le combat fait rage et que les obus font des trous dans les jeunes gens qui poussent des petits cris désespérés en ramassant leurs intestins dans la boue des tranchées.

Au moment où le capitaine crie : « A l'assaut les p'tits gars ! », lâchons simultanément l'homme qui répond au nom d'Albert et le chien qui répond au nom de Kiki. Qu'observons-nous ?

Alors que le chien file se planquer dans le sous-bois, l'homme court se faire éventrer en criant : « Mort aux Boches ! »

N'est-ce pas la preuve que l'homme est plus intelligent que le chien ?

Comme l'échelle de monsieur Richter ou le thermomètre de monsieur Centigrade, l'intelligence de l'homme peut se situer à plusieurs degrés. Au degré le plus haut se situe l'intellectuel qui est un être d'exception : « intellectuel » vient du latin « intel », qui veut dire « tout le monde » et « ectuelus », qui veut dire « je ne suis pas ». Donc : « intellectuel » signifie littéralement « je ne suis pas comme tout le monde ».

En effet, l'intellectuel est un être d'exception qui passe son temps à penser et à réfléchir à la place des autres.

Comment reconnaître un intellectuel ? Extérieurement, l'intellectuel porte une salopette avec des bretelles quand il va manger une salade au crabe à la Coupole. A première vue, on pourrait penser que l'intellectuel s'habille ainsi pour se moquer des ouvriers. C'est faux ; généralement, il n'a jamais vu d'ouvrier d'assez près pour savoir comment ça s'habille. Au reste, comme disait Bagnol et Fargeon : « On ne doit pas juger les gens sur leur mine. L'habit ne fait pas le moine. Soulevez la soutane du pape, vous serez surpris. »

Bien qu'il n'ait jamais vu d'ouvrier (il n'y en a pratiquement pas à la Coupole), l'intellectuel écrit des choses pleines d'idées généreuses et de substantifs abscons sur la condition ouvrière, puis il résout la crise au San Salvador dans un article pour un journal de cadres, puis il s'interroge sur les responsabilités de l'Occident dans la malnutrition du Tiers-Monde, puis il reprend une deuxième salade au crabe, puis il va revoir pour la septième fois *la Veuve joyeuse* de Lubitsch dans la version anglophone, parce que le travail du second assistant machino lui semble plus fouillé que dans la version francophone où, d'autre part, Maurice Chevalier s'exprime en français, langue extrêmement vulgaire. (Pour un intellectuel, une langue vulgaire c'est une langue qu'on comprend.)

Au plus bas degré de l'intelligence, il y a l'imbécile, c'est-à-dire tout le monde, c'est-à-dire vous et moi. Surtout vous. Moi, je ne peux pas être vraiment un imbécile, car je suis un être différent. C'est marqué dans mon journal : « Après chaque rasage, utilisez BRUT de Mèmène, l'after-shave au céleri rave. Vous serez un être différent. »

Nous sommes ainsi des milliers en France à être des êtres différents. Il ne faut pas nous confondre avec les imbéciles qu'on reconnaît aisément : les imbéciles ne se mettent rien sur la figure après chaque rasage, et, d'autre part, leur chemise est moins blanche que la chemise de mon mari. Mais il ne faut pas désespérer des imbéciles. Avec un peu d'entraînement, on peut arriver à en faire des militaires.

XV

Résistance ou Collaboration. Que choisir ?

Que choisir ? Tout, dans la vie, est affaire de choix. Cela commence par : « La tétine ou le téton ? » Et cela s'achève par : « Le chêne ou le sapin ? » D'ici à là, de sa naissance à sa mort, l'homme est en permanence confronté à des choix. (Quand je dis « l'Homme », je dis l'Homme en tant qu'espèce. Encore que la femme soit moins souvent confrontée à ces choix, dans la mesure où elle a intérêt à s'écraser en restant obscure passive et réservée, selon la formule chère aux vrais Hommes, c'est-à-dire ceux qui prennent leur petite bistouquette à la fois pour un bâton de maréchal et pour un diplôme de chef de rayon aux galeries de la femme battue.)

Que choisir ? Fromage ou dessert ? La cigale ou la fourmi ? La bourse ou la vie ? Jacob ou Combaluzier ? Le sabre ou le goupillon ? Labourage de crâne ou pâturage de dents ? La gauche ou Mitterrand ? Un baril de merde ou deux barils d'une lessive quelconque ? Le bœuf ou l'âne gris ? La valise ou le cercueil ? La liberté ou la mort ? La guillotine ou le garrot ?

Au cours de ma vie, qui n'a été qu'une féerie d'aventures extraordinaires et de rebondissements sur des sommiers dont j'ai oublié le nom, j'ai eu l'occasion d'être confronté à des choix terribles.

J'avais trente-cinq ans en 1940. C'est vrai. J'en ai soixante-seize aujourd'hui. Je sais, je ne les fais pas. Mais j'ai un secret.

Si j'ai su, jusqu'à aujourd'hui, conserver ce teint de jeune fille, c'est que j'utilise pour ma toilette intime la brosse à dents « Chignole » aux rayures rouges en vente partout dix francs. Pas d'utilisation prolongée sans avis médical. D'autre part, je prends toujours soin de retarder le vieillissement de mes cellules en menant une vie d'ascète, et en apaisant mes ardeurs printanières avec Calmolive, le savon des stars, qui calme aussi les prunes. J'ajouterai que je me flatte de retarder ma sénilité tout en contribuant à une grande cause nationale en mangeant des bananes, car la banane vaut un bifteck. Encore que je préférerais un cheval entier, à cause de la beauté de son regard, qu'on ne retrouve pas dans la banane. Enfin, j'arrive à rester bronzé été comme hiver sans jamais sortir de chez moi grâce au vin des Branchés, le velours de la Tronche, qui donnera à votre couperose ce teint éclatant que vous envieront bien des chiottes entartrées. Légèrement aphrodisiaque comme son nom l'indique, le vin des Branchés, qui nettoie tout du sol au plafond, est le décapant idéal du système digestif. Pas d'utilisation prolongée sans avis médi... hic... al.

Que choisir quand on a trente-cinq ans en 1940 ? écrivais-je, lorsque je fus, une fois de plus, interrompu par moi-même malgré mes remarques réitérées.

Eh bien, en ce qui me concerne, en 1940, j'ai longtemps hésité entre la Résistance et la Collaboration.

Il faut bien voir qu'en une période troublée comme le fut celle-ci, les courses de chevaux du dimanche étaient fréquemment annulées ; et la seule façon de se distraire après la messe, c'était de faire ou de la Résistance ou de la Collaboration. Mais que choisir ?

La Collaboration, c'était le bon droit, la respectabilité, le costume-cravate, du sucre, un prie-Dieu à Saint-Honoré d'Eylau.

Oui, mais, la Résistance, c'était la vie au grand air, youkaïdiyoukaïda, la chasse aux girolles et les feux de camps sous la lune avec les copains.

Oui, mais, la Collaboration, c'était la possibilité d'apprendre une jolie langue étrangère à peu de frais.

Oui, mais, dans la Résistance on s'amuse : Boum ! le train ! Boum ! la voie ferrée ! Boum ! le petit viaduc !

Oui, mais, dans la Collaboration, on ne fait pas sauter des ponts, mais on peut sauter des connes.

Oui, mais, dans la Collaboration, pour bien gagner sa vie, il faut dénoncer des Juifs. Ce n'est pas très marrant de dénoncer des Juifs.

Oui, mais, dans la Résistance, on ne dénonce pas les Juifs, mais il faut vivre avec. Ce n'est pas très marrant non plus.

En bref, à force de tergiverser, je n'avais toujours pas pris de décision le 25 août 1944 quand je vis soudain des centaines de chars débouler dans la rue de Rivoli. Je me rappelle très bien ce matin-là. Il faisait un temps splendide, je me promenais sous les marronniers en fleur des Tuileries. Le fracas des chaînes des tanks faisait trembler la poussière. Une jeune inconnue s'approcha de moi. Elle était blonde et belle, au regard bleu.

— Monsieur ! Monsieur ! s'écria-t-elle en me pressant le bras, avec des larmes de joie dans les yeux. Monsieur, regardez ! Ce sont les Américains ! Et les Français aussi ! Votre pays est libéré, Monsieur !

— Pourquoi dites-vous « votre » pays ?

— C'est que je suis citoyenne helvétique, de Berne.

En effet, elle avait un assez fort accent germanique. J'ai juste eu le temps de la tondre. Les FFI arrivaient.

XVI

Comment vieillir sans déranger les jeunes

Comme le disait si justement le général de Gaulle peu de temps avant de couler : « La vieillesse est un naufrage. »

Oui, hélas, la vieillesse est un naufrage, et nous sommes tous sur le même bateau, mes frères. Et nous voguons insouciants, jusqu'au jour où le miroir nous renvoie les premiers signes avant-coureurs de la dégradation du temps ; à moins que nous préférions les découvrir d'abord chez les autres : un jour, comme ça, par hasard, on voit Guy Béart chanter en duo avec Jeanne Moreau à la télévision, et tout à coup l'on se demande lequel est le grand-père de l'autre...

Vieillir... « Mourir, la belle affaire, mais vieillir ! » soupirait le chanteur éclatant qui mourut jeune. Certes, il est pénible de vieillir, mais il est important de vieillir bien, c'est-à-dire sans emmerder les autres. C'est une simple question de bonne éducation.

Même Diogène en son temps l'avait déjà compris, qui eut le bon goût de mourir au fond d'un tonneau, dans le seul but de ne pas déranger ses enfants légitimement gérontophobes. Car la jeunesse est le levain de l'humanité. Elle a besoin de dormir dans le calme, loin des insupportables gémissements des grabataires arthritiques égocentriques qui profitent de leur oisiveté pour agoniser tambour battant, même la nuit, alors que, nous le savons tous, il est strictement interdit de mourir bruyamment après vingt-deux heures.

Vieux parents, vous tous qui déclinez en parasites, accrochés à vos familles, vieux oncles, vieilles tantes, si vous voulez bien vous donner la peine de respecter les simples conseils qui vont suivre, vous saurez alors comment vous éteindre sans bruit, comme un réfrigérateur qui cesse de trembloter quand on le débranche, et vos chers enfants émus pourront vous rendre ainsi l'ultime hommage posthume : « Tiens ! le chat n'est plus sur Mémé, sans doute qu'elle est froide. »

Tout d'abord, pour vieillir discrètement sans gêner les jeunes, persuadez-vous une bonne fois pour toutes que les vieux, sans être à proprement parler des sous-hommes, constituent humainement et économiquement la frange la moins intéressante d'une population.

C'est pourquoi les gouvernements ne se préoccupent de réajuster le minimum vieillesse qu'à la veille des élections. Vous devez bien comprendre que les problèmes inhérents à vos vieux os cliquetants sont nettement moins préoccupants que (par exemple) la très douloureuse et très angoissante question de la vignette moto qui a bouleversé durement toute une partie de notre belle jeunesse bourrée d'idéal vroum-vroum. Un vieux peut vivre avec cinq cents calories. Un jeune ne peut pas vivre sans sa cinq cents Kawasaki.

Donc, chers vieux, chères vieilles, pendant que vous vous tassez doucement, profitez-en pour vous écraser mollement. Chez vos enfants sachez cacher habilement votre décrépitude. N'oubliez jamais que votre détresse humaine est légèrement ennuyeuse pour votre entourage. Certes, les chiffres des instituts nationaux de statistiques nous disent que le nombre des dépressions nerveuses est fort élevé chez les vieillards. Certains même, dit-on, auraient peur de mourir ! A leur âge ! Laissez-moi rire ! Un peu de décence tout de même : le stress et le mal de vivre, c'est comme le jean et le disco : chez les vieux c'est grotesque. Laissez cela aux jeunes, voyons !

En toutes circonstances, effacez-vous, gémissez doucement, claudiquez sans à-coups, emmitouflez vos vieux os, gantez vos arthrites métacarpiennes disgracieuses, étouffez vos tristes toux matinales, minimisez vos cancers.

Si votre petit-fils vous demande : « Qu'est-ce que t'as là grand-mère ? », ne dites pas : « C'est un cancer récidiviste qui me ressort par le genou. » Dites : « Ça, c'est la grosse bouboule sur la papatte à Mémé ! ouh ! La grosse bouboule ! Aguiliguili la bouboulsulapatamémé ! »

De la même façon, si vous piquez, n'embrassez pas les nouveau-nés dans les berceaux. Une poignée de main suffira.

A table, broutez sobrement, sans forcer sur les protides qui sont hors de prix.

Si vous êtes parkinsonien, molletonnez votre assiette pour l'insonoriser. Mieux : mangez sur du polystirène avec une fourchette en skaï ; pour picorer des brisures de riz, c'est bien suffisant.

N'oubliez pas que le tilleul, dont le prix ne cesse de grimper depuis l'attentat de Sarajevo, est un redoutable excitant, surtout sucré.

Ne soyez pas un poids mort pour vos chers enfants. Rendez-vous utiles dans la maison :

Profitez de vos insomnies pour rentrer le charbon, ou pour repeindre votre chambre qui sera bientôt transformée en salle de jeux quand vous ne serez plus là.

Si vous tremblez, ne faites pas la vaisselle, faites les cuivres, et mettez au point un numéro de maracas ou de castagnettes, qui vous permettra de faire une apparition remarquée à la fin des repas de famille.

Quand votre fille reçoit, déguisez-vous en bonne à tout faire et servez à table.

Répondez au téléphone en imitant l'accent espagnol, ou mieux, l'accent anglais (pour essayer d'avoir une voix de fille au pair à quatre-vingts ans, un bon truc : remplacez carrément le tilleul par de l'eau chaude, ça lave les cordes vocales).

Si vous dormez dans la chambre contiguë à celle de vos chers enfants, amusez-vous à ronfler bruyamment : c'est un exercice qui égayera vos insipides insomnies tout en permettant à vos chers enfants de faire l'amour en poussant des cris stridents sans appréhender que vous les entendiez. Les jeunes ont leur pudeur.

Enfin, si vous n'êtes pas trop moche, offrez votre corps à la science pour éviter les frais d'enterrement. Et surtout, dès que vous sentirez venir la mort, ôtez vos dents en or. C'est une simple question de délicatesse.

P.S. : Maman, si tu me lis, tout ça, c'est pour de rire. Viens à la maison. J'ai fait les cuivres.

XVII

Sachons mourir sans dire de conneries

Comment mourir sans avoir l'air d'un con ?

C'est la grande question. En effet, mourir ce n'est pas le vrai problème. C'est à la portée du premier venu. Moi qui vous parle, j'ai même vu mourir des imbéciles.

Ce qui compte, c'est de bien mourir, c'est-à-dire de mourir sans dire de conneries.

Je garde un excellent souvenir du récent décès d'un ami. (Je dis « un excellent souvenir », car le buffet était très bien. On a eu : rillettes d'oie, saumon fumée, croque-monsieur ; c'était fort amusant comme idée, car mon ami se mourait d'une morsure de berger allemand !) Mais ses dernières paroles, quel bide :

« Je quitte cette vallée de larmes sans regret. Je pense avoir bien mérité de ma famille et de mon pays. Que ma chère femme et mes chers enfants gèrent avec courage et ténacité notre chère entreprise de vidange en gros, tel est mon dernier vœu avant d'aller au ciel. »

Voilà bien une façon de mourir qui frise le ridicule. Mon ami aurait eu avantage à dire exactement la même chose avec beaucoup moins de mots, afin que sa dernière phrase y gagnât en efficacité :

« Je meurs content. Ma famille est dans la merde. »

Au reste, les gens qui ont la chance de mourir dans leur lit sont tout à fait impardonnables de ne pas soigner leurs dernières paroles, dans la mesure où, il faut bien le dire, ils n'ont rien d'autre à faire qu'à s'y préparer.

Ainsi, le grand écrivain normand Fontenelle (1657-1757) (c'est dire à quel point il était centenaire) n'a-t-il eu aucun mérite, au regard de l'Histoire, d'avoir lancé à son médecin : « En somme, docteur, je meurs guéri ! » : il avait passé vingt ans à répéter sous les draps.

De même, les fusillés, les guillotinés, ou les électrocutés qui ont la chance d'être prévenus quelquefois des semaines, des mois, voire des années avant leur exécution. Je pense notamment à Caryl Chessman, qui a passé sa détention à gratter, gratter, mais qui, finalement, nous a quittés sans rien dire de vraiment rigolo. Ou au maréchal Ney, cet imbécile, qui s'est dressé comme un coq face aux fusils braqués sur lui avant de brailler : « Soldats, visez droit au cœur ! » Comme s'ils allaient lui tirer dans les fesses.

Nul doute que la fin de ce somptueux héros de l'Empire eût acquis une autre dimension si, au moment où l'officier avait crié : « En joue, feu ! », il avait simplement rétorqué : « Ah ! Dur, dur ! », comme dans l'émission de divertissement télévisuel dont je tairai le nom pour ne pas faire de publicité à Collaro.

A la guerre, certes, les combattants qui meurent au champ d'honneur sont le plus souvent pris de court, et le temps qui leur est imparti est malheureusement écoulé avant qu'ils n'aient le réflexe de lancer quelque chose d'inoubliable à la postérité. Nous ne leur jetterons pas la pierre (on achève bien un cheval blessé, on ne jette pas un vieux jean usé, je ne vois pas pourquoi on jetterait la pierre à un mec déjà perforé à la baïonnette).

En cas de conflit nucléaire généralisé, le temps de réflexion est encore plus court, mais de toute façon, à quoi bon, dans ce cas précis, tenter de jeter quelque chose d'inoubliable à la postérité, puisqu'il n'y aura plus jamais de postérité ? Encore que, au Japon, on cite un cas étonnant de dernières paroles sublimes qui furent prononcées par un paysan des environs d'Hiroshima, cher lecteur, et non pas « des environs d'Hiroshima, mon amour ».

C'était donc dans la campagne autour d'Hiroshima, le 6 août 1945, dans la matinée. Le paysan en question rentrait à la maison avec un panier bourré de girolles (c'est le nom japonais de la chanterelle). Du seuil, en ôtant ses grolles (c'est le nom japonais de l'écrase-merde), il héla sa femme : « Eh ! dis donc, Tsin Tsin... » (Tsin Tsin ça veut dire Bibiche en japonais.) « Eh ! dis donc, Tsin Tsin, t'as vu le beau champignon ? »... Et BOUM !

Quelle belle leçon d'humour, surtout venant d'un peuple réputé sombre, âpre au gain, dur à la tâche, légèrement boche sur les bords, et imperméable à l'humour débridé.

Dans un tout autre ordre d'idée, pour apporter de l'eau au moulin de l'esprit nippon, je rappellerai la joviale supplique que l'empereur du Japon fit à Jacqueline Kennedy, lors du voyage de cette dernière à Tokyo, au début des années soixante. Il l'invita à partager le petit déjeuner impérial, et lui tendant la cafetière de porcelaine ancienne, qui lui venait de sa grand-mère la reine Hiro-Hita, il lui dit : « Tu veux du kawa, Zackie ? »

Une autre façon de mourir fort répandue chez nos peuplades européennes, c'est, bien sûr, la mort au volant, qui frappe bon an mal an entre quinze et vingt mille personnes en France chaque année, grâce aux effets conjugués des paupiettes au confit d'oie et des vins issus de nos meilleurs cépages. C'est marqué sur l'étiquette : « Ce vin, pur et naturel, a été mûri au chaud soleil du Midi, et c'est toute la chaleur de la Provence qui est dans le... BOUM », dans le platane ! Les dernières paroles des tués au volant sont généralement décevantes. C'est le plus souvent du style : « Ah ! Merde, j'ai fait tomber ma ciga... BOUM », ou encore : « Ah ! Merde, on va rater Guy lux, faut foncer sinon AAAH ! BOUM ! »

Un conseil donc, avant de prendre la route le week-end prochain, apprenez par cœur le texte de vos dernière paroles, ou inscrivez-le carrément sur l'étiquette de la bouteille, afin de l'avoir sous les yeux jusqu'au dernier moment.

XVIII

Comment se suicider sans vulgarité

Qu'est-ce que le suicide ?

C'est une excellente question à dix francs, je vous remercie de me l'avoir posée pour pas un rond.

Le suicide, c'est la vraie différence entre l'homme et la bête. Nous ne devons pas croire à ces soi-disant suicides d'animaux, observés par des explorateurs junglophiles imbibés de bourbon, ou par de douteux entomologistes de squares, plus préoccupés de voyeurisme que de réelle recherche de la petite bête. L'un d'eux, je ne sais plus si c'est Jean-Henri Fabre ou Walt Disney, a cru voir un scorpion se suicider en se pinçant frénétiquement la queue jusqu'à ce que mort s'ensuive. Peut-on sérieusement parler de suicide ? Pour le savoir, pinçons-nous frénétiquement le genou, puisque nous n'avons point de queue ? La mort s'ensuit-elle ? Que nenni ! Alors ? Pourquoi le scorpion meurt-il ? Parce que le scorpion crache son venin par le bout de la queue, alors que l'homme mange très proprement avec une fourchette, ou des baguettes s'il est batteur ou chinois. La mort du scorpion n'est point un suicide. Elle est purement accidentelle, car le scorpion, contrairement à mon beau-frère qui est gémeaux, ne sait même pas que sa queue est venimeuse.

S'il est vrai, comme je viens de le démontrer par le biais de cet argument caudal fulgurant — caudal, du latin « cauda » : qui a trait à la queue ; ex : la nageoire caudale = la nageoire de la queue ; le wagon caudal = le wagon de queue. Le concours caudal etc., etc. — s'il est vrai, dis-je, que le suicide est la seule différence entre l'homme et la bête, on peut affirmer également que le suicide est la seule différence entre l'homme et le chrétien. En effet, la religion chrétienne, dont la discipline est quasiment laxiste en ce qui concerne la longueur de la soutane dont l'opportunité du port est laissée au libre choix de chacun, alors qu'il est interdit par l'Islam (le porc, pas la soutane), la religion chrétienne, disais-je avant de n'en plus finir entre deux virgules, la religion chrétienne est résolument hostile au suicide. Un chrétien qui se suicide, c'est comme un oranger sur le sol irlandais, ou une fourmi de dix-huit mètres traînant un char plein de pingouins et de canards : ça n'existe pas. On ne verra jamais un chrétien se suicider. Ou alors, c'est qu'il est très malheureux et qu'il a envie de mourir.

Les causes de suicides sont multiples ; je ne les dirai pas toutes, vous vous jetteriez par la fenêtre avant que j'aie fini. Citons en vrac : la baisse du dollar, la trahison de l'être aimé, la mort d'un enfant (d'un enfant sympathique, bien sûr), l'incurabilité d'une longue et cruelle maladie, ou d'une courte maladie rigolote, la hausse du dollar, l'arrivée des Russes par la Porte des Lilas, la chute du franc suisse, pour un Belge, la remontée du franc belge, pour un Belge également, la compromission dans l'affaire Ben Barka, la dépression nerveuse, les dettes, la faillite frauduleuse, la défaite de Saint-Étienne devant Sochaux, le refus de la sénilité diminutive et humiliante dite « syndrôme de Montherlant », la destruction de la récolte par le mildiou, la défaite de Sochaux devant Saint-Étienne, et enfin, la peur de la mort.

Paradoxalement, en effet, la peur de la mort est une cause fréquente de suicide. Notamment chez les vieillards. Qu'un vieillard ait peur de la mort, c'est déjà anormal, mais qu'il mette fin à ses jours en se pendant dans la grange pour juguler sa trouille dans le même mouvement, voilà qui frise le mauvais goût.

Quelles sont les différentes méthodes de suicide ?

La pendaison. Fort utilisée à la campagne, comme nous venons d'y faire allusion, parce que c'est très bon marché et qu'il y a des poutres partout. Inconvénient : la mort par pendaison s'accompagne d'une certaine raideur caudale légèrement ridicule, mais comme dit à peu près Brassens : « La pendaison papa, ça ne se commande pas. »

Le pistolet. Très viril et sans douleur, donc très apprécié des militaires et autres meneurs d'hommes, qui savent partir la tête haute et la cervelle par terre en laissant à leurs proches des dernières lettres bouleversantes : « Adieu. Je quitte cette terre ingrate. Je ne pouvais plus supporter ma douleur, ni le concerto en Fa de Schönberg, ni les défaites répétées de Saint-Étienne. »

Le gaz. Totalement indolore, recommandé plus particulièrement aux suicidaires égoïstes qui se foutent complètement que l'immeuble explose après leur mort, et aux humoristes de l'école Roland Barthes, puisque, je le rappelle, c'est en 1961 que Roland Barthes, observant à la télévision les gendarmes mobiles lançant des grenades lacrymogènes sur des excités OAS, s'écria pour la première fois au monde : « Ah ! le gaz part ! »

La lame de rasoir. Idéale pour fainéants pas pressés amateurs de mort lente. Utilisez de préférence le rasoir Gilette à deux lames : la première lame coupe le poil sans arracher la peau. La deuxième lame tranche l'artère sans arracher le poil.

Le saut de la tour Eiffel. Très chic, très parisien. L'avantage du suicide depuis le troisième étage de la tour Eiffel, c'est que la durée de la chute, précédant la réception sous forme de bouse, permet au suicidé de réfléchir et bien souvent de changer d'avis en cours de route.

Il existe mille autres formes de suicide dont certaines sont assez vulgaires, comme l'absorption de barbituriques ou l'autopropulsion sous l'autobus 42. La plus originale reste celle de Jean-Jacques Dutronc, un marin marseillais qui se scia lui-même en deux à la tronçonneuse, en apprenant avec désespoir que Gaston Defferre était réélu maire de Marseille. Le malheureux a d'ailleurs survécu, au-dessus du nombril. Mais c'est une histoire de cul-de-jatte : elle est donc sans fondement. Soyons sérieux, comment croire raisonnablement qu'un monsieur Dutronc soit devenu cul-de-jatte uniquement parce que Deferre a repassé.

Mais, Dieu me tripote, voilà-t-il pas que ce discours sombre au plus profond de la sinistrose la plus sibérienne qui puisse se rencontrer à l'est d'Éden ?

A l'heure où j'écris ces lignes, je me trouve effectivement à l'est d'Éden. Pour plus de compréhension, je demanderais à ceux de nos lecteurs qui se trouvaient à l'ouest, au nord ou au sud d'Éden, de se tourner par là, voir figure 1 ; par là, voir figure 2 ; ou par là. Mais alors, direz-vous, où est passée la figure 3 ? C'est un excellente question, mais je n'y répondrai qu'en présence de mon avocat, car je sens bien qu'à compter de cette minute tout ce que je pourrais dire peut à tout moment se retourner contre moi, y compris ce missile anti-missiles qui siffle au-dessus de ma tête dans cet air lourd et pesant surchargé d'électricité et de parfums étranges, sentir figure 4.

Mais, nous nous écartons du sujet et je dis halte-là, car à force de nous écarter du sujet ne courons-nous point le risque de nous retrouver à Éden même ? Et je vous le demande, qu'irions-nous faire à Éden ? Y a-t-il seulement des gonzesses et des flippers à Éden ?

C'est trop triste. Revenons plutôt au suicide qui est la plus noble conquête de l'homme, tout de suite après le cheval, la femme et les diamants, qui sont tous les trois d'excellents amis de l'homme, pour peu qu'ils soient bien montés. Nous avons déjà suggéré à nos sympathiques lecteurs plusieurs moyens d'en finir avec la vie et son cortège de misères (la faim dans le monde, la peur atomique, le cancer qui gagne, Saint-Étienne qui perd, etc. etc.). Nous avons vu comment nous jeter dans le vide (voir plus bas) ou comment nous pendre (voir plus haut). Nous étudierons plus particulièrement maintenant la dynamique propulsive de l'autodestruction pluri-négative inhérente au suicide, à travers quelques suicidés célèbres. Qu'est-ce que la dynamique propulsive de l'autodestruction pluri-négative ? Eh bien, selon Glucksmann et Lévy, qui furent les premiers à l'utiliser lors du premier symposium des Nouveaux Falots de la Nouvelle-Falosophie, cette expression ne veut rien dire, mais comme disait le regretté Roland Barthes, si on n'écrivait que des choses compréhensibles, on ne pourrait plus faire les préfaces des œuvres complètes de Marx et Engels, les Marius et Olive du Socialisme à poil dur.

Nous n'évoquerons pas le suicide de Robert Boulin qui est encore trop frais, ni celui de Markovic qui est déjà trop pourri ni même celui de Montherlant qui partit superbe, en giflant son gâtisme en pleine gueule, encore moins celui de Jean-Louis Bory, papillon fragile empêché de voler par le carcan de la Normalité Universelle.

Penchons-nous plutôt du côté des suicidés comiques comme Vatel ou Adolf Hitler, par exemple.

Pour nos plus jeunes lecteurs, que préoccupent essentiellement la carrière de Plastic Bertrand et l'avenir de la vignette moto, je précise que Vatel était cuisinier dans le civil, et Hitler, boucher dans l'armée. (Qu'on excuse l'expression pléonastique « boucher dans l'armée », la seule raison d'être des militaires depuis le début de l'humanité étant de trancher dans la viande.)

Vatel était au service du Grand Condé son plus jeune âge. Jusqu'à sa mort, il régna en maître sur les cuisines immenses du château de Chantilly, où vivait le Grand Condé, gueulasse en semaine, mais le dimanche il mettait un pourpoint propre. Un jour, le Grand Condé sira recevoir le roi Louis (le Grand, le quatorzième, celui qui faisait caca en direct à la fin du Conseil des ministres). C'était en 1671, c'est-à-dire plus de trois cent sept ans avant la victoire de Poulidor dans Paris-Nice, je le précise au cas où il y aurait des coureurs cyclistes qui en auraient entendu parler (pourquoi les coureurs cyclistes n'en auraient-ils point entendu parler, hein ? Ce n'est quand même pas la pédale qui rend sourd).

La conscience professionnelle de Vatel et le grand respect qu'il avait de son métier ne se retrouvent plus guère de nos jours que chez certains hommes politiques qui vendraient leur mère pour plaire aux cons, ou chez quelques promoteurs efficaces qui s'usent la santé à déloger des vieux pour faire pousser des merdes. Apprenant que Louis XIV, alias Loulou Létassélui, venait dîner à Chantilly, Vatel envoya mander à Paris par cocher-express les plus beaux homards et les plus fins turbots qui se puissent trouver. Quand le roi arriva, il autorisa Vatel à lui lécher les semelles, honneur habituellement réservé à la seule noblesse d'épée. Vatel ne se sentit plus de joie. Tout en chantant son allégresse, il confectionna la plus belle mayonnaise melba du monde, avec des morceaux de betterave entiers dedans (pas d'utilisation prolongée sans avis médical). Hélas, la marée n'arrivait pas. A huit heures et demie du soir, la marée n'était toujours pas à Chantilly. Alors Vatel, dégainant son épée, s'en transperça le cœur en criant : « Vive le Roué », avec l'accent de Chantilly qui est dans le 78 ou même dans le 60, en tout cas, c'est pas des gens comme nous.

Quant à Adolf Hitler, célèbre homme d'État allemand de la première moitié du vingtième siècle, il n'aimait pas beaucoup les 78 non plus. Aujourd'hui encore, dans certains milieux intellectuels judéo-ploutocratiques plus ou moins manipulés par les francs-maçons, on le taxe parfois de racisme. Pourtant, il était très correct, il aimait beaucoup les chiens et il embrassait les petites filles à bouquet en disant : « Laissez venir à moi les petits enfants. Non, pas celui-là, le blond, là, avec les yeux bleus. Tu viens chéri ? »

Adolf Hitler s'est donné la mort dans sa cave, le 30 avril 1945, parce qu'il ne voulait pas faire le circuit de Nuremberg. Au même moment, les Russes arrivaient dans Berlin : des fois, quand ils traversent la Pologne, ils ne peuvent pas freiner.

XIX

Exemple de recette de cuisine : le cheval-melba

Comme le dit si bien mon camarade David Hamilton : « Pour être écrivain, on n'en est pas moins Zoom. » Je prie le lecteur de bien vouloir me pardonner ce lapsus linguae totalement inexplicable. Je le précise à l'intention des milliers de Français qui ne font pas de photo, un zoom c'est un machin qui peut être grand comme ça et large comme ça, voir figure 1. On utilise le zoom dans des cas exceptionnels. Par exemple, si la chèvre est trop loin, on sort son zoom... « Clic, Clac, merci biquette ! » Je dis ça pour les amateurs de photos de chèvres, qui sont légion. Mais on n'est pas obligé de tirer... le portrait... on n'est pas obligé de photographier que des chèvres. Personnellement, je préfère photographier des militaires. C'est moins con qu'une chèvre. C'est vrai ; à un militaire vous dites : « Ne bougeons plus », il ne bouge plus. Alors que je connais des chèvres qui se débattent.

Le plus beau militaire à photographier, c'est le Cosaque, « car il a des bottes, il a des bottes bottes bottes, il a des bottes bottes bottes il a des bottes pointues ». Pour bien prendre le Cosaque, il faut lui laisser ses bottes. Le Cosaque est le plus beau militaire du monde. Dommage qu'il soit communiste. Le Cosaque est un cavalier exceptionnellement doué. Il ne monte que quand il est franchement bourré à la vodka au poivre. Alors, il met sa belle chéchia d'un beau rouge bolchevik, et c'est parti, les chevaux abordent à présent le virage des tribunes, Chalia et Roqué sont en tête. (Le nom entier c'est Chaliapine et Roquépine, mais je sais que Jean-Paul II me lit.) Donc : « Les chevaux abordent le virage des tribunes et c'est... Une de merde qui passe le poteau en tête, montée par Yves Saint-Martoff, ivre mort : toque rouge, cosaque noir ! »

Alors, bon.

Pour bien photographier votre Cosaque, vous lui laissez ses bottes mais vous virez le cheval. Vous mettez le cheval de côté, et vous le laissez mariner là pendant toute une nuit. S'il se sauve, faites-le revenir avec deux échalotes et une pointe d'ail dans un mélange de beurre et d'huile végétale. Il faut un beau cheval. Comptez mille huit cents kilos pour un goûter de trois mille personnes environ. Laissez-le bien dorer. Puis passez au chinois. Ou au nègre si vous n'avez pas de chinois. Prenez un immense fait-tout grand comme ça, voir figure 3 ; aujourd'hui je ne fais pas de figure 2, j'ai la flemme. Prenez un immense fait-tout grand comme ça, et remplissez-le d'eau jusque-là, voir figure 5 ; excusez-moi, je suis vraiment crevé ; mettez votre cheval dont vous aurez eu soin d'ôter les yeux pour que bébé lui aussi puisse jouer au tennis sans danger : un œil de cheval dans la gueule, ça fait même pas mal. Mettez votre cheval dans le fait-tout.

Quand l'eau frémit, le cheval aussi. A l'aide d'une écumoire, chassez le naturel. S'il revient au galop, c'est que votre cheval n'est pas assez mort. De mon temps on achevait bien les chevaux, mais les jeunes d'aujourd'hui ne savent pas bien tuer leur cheval. Je regardais l'autre jour un abattage de chevaux public. Je ne sais plus si c'était à Vincennes ou à Longchamp : on voit bien les jockeys filer des coups de godasse dans le bide des chevaux, on ne peut pas dire qu'ils n'y mettent pas d'ardeur, mais il faudrait des jockeys plus grands et des éperons plus pointus en Teflon inusable. « L'éperon Téfal à double lame, pour nous les cracks. La première lame rentre dans le bide sans arracher le poil. La deuxième lame sort du bide sans arracher le foie. Téfal : l'autre façon d'être à cheval. »

Alors bon.

Poursuivons cette délicieuse recette du cheval Melba qui me vient d'un dîner de belles têtes chez Paul Beau-cul. Je disais que pour bien tuer un cheval, il y a des méthodes plus rapides que la course à Longchamp. La corrida est nettement plus expéditive, et on voit le cheval saigner, ce qui présente en outre l'avantage de faire trembloter d'une ultime jouissance la cellulite fessière des mémères emperlouzées engoncées dans leur gaine à la cinquo de la tarde. On peut également essayer de tuer un cheval en le faisant tourner comme un con autour d'une piste de cirque, mais il y faut plusieurs années et la viande est un peu dure. (Dans ce dernier cas, pensez à plumer le cheval avant de le cuire.)

Alors, bon.

Quand l'eau a bouilli pendant vingt minutes, retirez le cheval. Attention : s'il est rouge, c'est un homard. Et si c'est un homard... j'arrive, je suis pas raciste. Voilà, voilà un jeu de mots spirituel : si c'est un homard j'arrive. Omar Shariff. Voilà un bicot sympa. Et sa femme ! Voilà une femme fidèle ! C'est la femme d'un seul homme. Contrairement à toutes ces chiennes qui couchent à droite à gauche. Et encore. Si elles couchaient à droite ou à gauche avec le même. Madame Shariff, c'est un modèle de fidélité conjugale. Elle me l'a dit hier encore : « Non, Pierre, je vous en prie : je n'accepte de bise que de omar. »

Alors, bon.

Pour la photo du Cosaque, vous ôtez le cheval, vous laissez les bottes, vous zoomez, ouverture à 2/8, tâchez de cadrer un bout du Don, on y est ? Ne bougeons plus... « Clic, Clac, merci Cosaque ! »

XX

Comment répondre poliment à une lettre du Trésor public

Pierre Desproges
à Paris

à

TRÉSOR PUBLIC
Trésorerie Principale
Paris Cedex 09
P 14B 7624

Mon Trésor,

Merci de ta gentille lettre P 14B 7624, elle m'a fait bien plaisir.

Pour les 1,30 franc que tu me dois, tu serais sympa de les virer à mon compte bancaire le plus vite possible. Ce serait pour acheter une demi-baguette à 1,90 franc avant que ça augmente encore. Avec les 5 centimes en trop, je pourrais avoir un roudoudou ou deux carambars, à moins que je décide d'aider la recherche contre le cancer.

Ici, il fait un temps dégueulasse.

J'espère qu'à Cedex 09 vous avez beau temps.

Je te prie d'agréer, Mon Trésor, l'expression de mes sentiments distingués.

Pierre Desproges.

TRÉSOR PUBLIC

075-014

TRÉSORERIE PRINCIPALE
de PARIS
(9e arrondissement, 1re division)
82, rue Saint-Lazare
75436 PARIS CEDEX 09

Tél. 874.80.47
C.C.P. 9002-73 M Paris

AVIS DE REMBOURSEMENT

PMB : 7624

le 29.6.78

Monsieur

Je suis heureux de vous faire savoir que le Trésor doit vous rembourser une somme de un franc vingt centimes

par suite de trop versé foncier 77 D 662

Les sommes inférieures à 1 500 F peuvent être payées en numéraire. Dans ce cas, vous vous présenterez à mon bureau, muni du présent avis et d'une pièce d'identité, ou vous remettrez cet avis, après avoir signé dans le cadre « ACQUIT », à une personne qui en percevra le montant. Celle-ci devra alors présenter, en outre, une pièce d'identité établie à votre nom et revêtue d'un spécimen de votre signature, ainsi qu'une pièce d'identité établie à son nom.

Quel que soit leur montant, même inférieur à 1 500 F, les remboursements peuvent être effectués par :

☐ virement postal à votre compte n° :
centre de chèques postaux de :

☒ virement bancaire à votre compte n° : [redacted]
banque Société générale agence : [redacted]

☐ mandat-carte payable à domicile, frais déduits.

☐ chèque sur le Trésor.

Dans les quatre derniers cas, il convient de me renvoyer le présent avis, annoté de votre choix en marquant d'une croix la case correspondante.

Si la somme qui vous est due est inférieure à 1 000 F, et à défaut de réponse de votre part dans le délai de deux mois, je procéderai d'office au remboursement par mandat-carte, les frais d'expédition étant comptés à votre charge.

Dans l'attente de votre réponse, je vous prie d'agréer l'assurance de mes sentiments distingués.

1 237 8.

XXI

Ceci est mon testament

Je vais mourir ces jours-ci. Il y a des signes qui ne trompent pas :

1°) Quand je fais ça, j'ai mal ici, voir figure 1, et quand j'appuie là, ça m'élance d'ici à là, ouille, figure 2.

2°) Le docteur est venu hier. En m'auscultant, il a dit : « Oulalalala ! mon pauv'vieux. »

3°) J'ai mon jupiter dans le poisson.

4°) Ma femme chante plus fort dans la cuisine.

Sur le plan purement clinique, le signe irréfutable de ma fin prochaine m'est apparu hier à table : je n'ai pas envie de mon verre de vin. Rien qu'à la vue de la liqueur rouge sombre aux reflets métalliques, mon cœur s'est soulevé. C'était pourtant un grand saint-émilion, un Château-Figeac 1971, c'est-à-dire l'une des plus importantes créations du génie humain depuis l'invention du cinéma par les frères Lumière en 1895. J'ai soulevé mon verre, j'ai pointé le nez dedans, et j'ai fait : « Beurk ». Pire, comme j'avais grand soif, je me suis servi un verre d'eau. Il s'agit de ce liquide transparent qui sort des robinets et dont on se sert pour se laver. Je n'en avais encore jamais vu dans un verre. On se demande ce qu'ils mettent dedans : ça sent l'oxygène et l'hydrogène. Mais enfin, bon, j'en ai bu. C'est donc la fin.

C'est horrible : partir comme ça, sans avoir vécu la Troisième Guerre mondiale avec ma chère femme et mes chers enfants courant nus sous les bombes. Mourir sans savoir qui va gagner : Poulidor ou Hinaut ? Saint-Étienne ou Sochaux ?

Mourir sans avoir jamais rien compris à la finalité de l'homme. Mourir avec au cœur l'immense question restée sans réponse : Si Dieu existe, pourquoi les deux tiers des enfants du monde sont-ils affamés ? Pourquoi la terre est-elle en permanence à feu et à sang ? Pourquoi vivons-nous avec au ventre la peur incessante de l'holocauste atomique suprême ? Pourquoi mon magnétoscope est-il en panne ? Je ne sais pas ce qu'il a, quand on appuie sur « lecture », ça marche. Mais, au bout de dix secondes, « clic », ça se relève tout seul ! Alors, bon, j'appuie sur le bouton « retour rapide ». La bande se recule au début. Je rappuie sur « lecture ». Et là, ça marche !

Pourquoi, pourquoi, pourquoi ? qui sommes-nous ? Où allons-nous ? D'où venons-nous ? Quand est-ce qu'on mange ? Seul Woody Allen, qui cache pudiquement sous des dehors comiques un réel tempérament de rigolo, a su répondre à ces angoissantes questions de la condition humaine ; et sa réponse est négative : « Non seulement Dieu n'existe pas, mais essayez de trouver un plombier pendant le week-end. »

J'en vois d'ici qui sourient. C'est qu'ils ne savent pas reconnaître l'authentique désespérance qui se cache sous les pirouettes verbales. Vous connaissez de vraies bonnes raisons de rire, vous ? Vous ne voyez donc pas ce qui se passe autour de vous ? Si encore la plus petite lueur d'espoir nous était offerte ! Mais non : c'est chaque fois la même chose : j'appuie sur le bouton « lecture », ça marche. Mais, au bout de dix secondes, « clic », ça se relève tout seul ! alors, bon, j'appuie sur le bouton « retour rapide ». Ça se recale au début. Je rappuie sur « lecture ». Et là, ça marche ! Pourquoi ? Pourquoi ? Pourquoi ?

Comme le disait si judicieusement mon amie Eva l'autre

jour, alors que nous tentions de travailler ensemble : « Si ça se relève chaque fois que tu appuies sur le bouton, on n'est pas sortis de l'auberge. »

Avant de mourir, je voudrais remercier tout particulièrement la municipalité de Pantin, où je suis né, place Jean-Baptiste-Vaquette-de-Gribeauval. Et, comme je suis né gratuitement, je préviens aimablement les corbeaux noirs en casquette de chez Roblot et d'ailleurs que je tiens à mourir également sans verser un kopeck. Écoutez-moi bien, vampires nécrophages de France : abattre des chênes pour en faire des boîtes, guillotiner les fleurs pour en faire des couronnes, faire semblant d'être triste avec des tronches de faux-cul, bousculer le chagrin des autres en leur exhibant des catalogues cadavériques, gagner sa vie sur la mort de son prochain, c'est un des métiers les moins touchés par le chômage dans notre beau pays.

Mais moi, je vous préviens, croque-morts de France : mon cadavre sera piégé. Le premier qui me touche, je lui saute à la gueule.

Dictionnaire superflu
à l'usage de l'élite
et des bien nantis

Voici le plus petit dictionnaire du monde.

Il existe sur le marché des dictionnaires imprimés tout menu. Mais, à y regarder de plus près, ils comportent, sous un format réduit, un très grand nombre de mots. Celui-ci est le seul à ne comporter qu'un seul mot par lettre de l'alphabet. A titre de comparaison, je signalerai au lecteur que la dernière édition du *Petit Robert* comporte 2 000 pages, soit, à raison d'une moyenne de 20 mots par page, 40 000 mots ! Ce qui revient à dire que le *Dictionnaire superflu à l'usage de l'élite et des bien nantis* comporte 39 994 mots de moins que son plus sérieux concurrent.

Des chiffres qui se passent de commentaires et qui expliquent le prix relativement élevé de cet ouvrage hors du commun.

En parcourant le *Dictionnaire superflu à l'usage de l'élite et des bien nantis,* le lecteur sera d'emblée frappé par la clarté de l'ouvrage, à tous points de vue. C'est en effet par souci de clarté qu'il ne comporte que 52 mots, à savoir 26 mots communs et 26 noms propres, séparés par des pages roses pour faire joli. C'est encore par souci de clarté que ces mots ont été répertoriés suivant l'ordre alphabétique, a avant b, b avant c, c avant d, et ainsi de suite jusqu'à z.

Il va de soi que les mots écartés du *Dictionnaire superflu à l'usage de l'élite et des bien nantis* ne l'ont pas été arbitrairement, mais à la suite d'un choix réfléchi et en étroite collaboration avec les plus hautes autorités morales, politiques et religieuses qui se puissent rencontrer dans mon bureau, c'est-à-dire moi et mon chat sur les genoux car octobre est frisquet.

Les mots communs volontairement écartés du *Dictionnaire superflu à l'usage de l'élite et des bien nantis* peuvent se diviser en cinq catégories :

1. *les gros mots,* comme bite, couille, liberté, etc.
2. *les mots incompréhensibles,* comme zérumbert, galipoute, honk, cancéropaf, etc.
3. *les mots imprononçables,* comme pneumnomnie, afctuel, bcnht, etc.
4. *les mots qu'on sait pas si y a deux n,* comme conard, cannard, etc.
5. *les mots qui font de la peine,* comme enculé.

En ce qui concerne les noms propres, mon choix, totalement serein et exempt de toute objectivité, m'a été essentiellement dicté par l'indifférence à peine polie que m'inspirent couramment les artistes inoubliables, les monuments impérissables, les villes gorgées d'histoire et les grands révolutionnaires qui se sont fait couper la tête pour que les ouvriers puissent aller s'emmerder au Tréport en attendant septembre.

L'auteur.

Alunissage raté.

a

Alunissage n. m., du latin *luna,* la lune, et du préfixe a, très joli également.

Procédé technique consistant à déposer des imbéciles sur un rêve enfantin.

Les accessoires utiles à l'alunissage, outre les imbéciles, sont :

1. La fusée, sorte de véhicule autopropulsé comportant de nombreux aménagements sophistiqués.
2. La terre, pour partir.
3. La lune, pour témoin.

Fin 1984, on évaluait à un, environ, le nombre des alunissages. L'Union soviétique, pourtant surdéveloppée techniquement puisqu'on y produit en moyenne chaque année une chaussure de pointure 42 et une bombe thermonucléaire par habitant, n'a jamais procédé au moindre alunissage. Il faut voir, dans cette attitude antiscientifique de l'URSS, une volonté de respecter les rêves des enfants, qui ne manquera pas de surprendre, venant d'un pays dont le but idéologique avoué est d'établir une société comprenant plus de censeurs que de censurés, sans brûler les juifs.

Exemple de soutane bleue (ici en noir).

b

Bleu,e adj. et n. m. [bloï, blo, blef, blou, bloue, blau, bla. XIe s.].

Qui est d'une couleur voisine du rouge, mais pas très : un ciel bleu, des yeux bleus, les flots bleus, une Opel Kadett bleue. *Fig.* Bouch. : un steak bleu ; s'emploie pour désigner un steak rouge. *Fig.* Mar. : bizut ; « Faut pas me prendre pour un bleu » (RACKHAM-LE-ROUGE).

Essayage de chaussures sacerdotales.

C

Chaussure n. f. Objet que l'on porte à son pied dans le but de l'isoler des sols froids ou grumeleux.

La pénurie de chaussures désoblige le grincheux.

Directeurs mexicains déposant leur bilano.

d

Directeur n. m., du latin *di,* la première porte, et *rectus,* à droite.

Depuis l'aurore de l'humanité, et jusqu'à la semaine prochaine si les troupes du pacte de Varsovie ne se foutent pas sur la gueule avec celles de l'OTAN, le mot « directeur » a toujours désigné un personnage important. Alors qu'une blanche vaut deux noires, un directeur vaut douze Berrichons au moins.

On ne dit pas « un petit directeur », on dit « un chef de rayon ». On ne dit pas « un grand directeur », on dit « un chef de diamètre ».

Il y a en moyenne beaucoup plus de directeurs dans une administration que dans un orchestre de jazz.

Le féminin de « directeur » est « la femme du directeur ».

Endiviers ruinés par la grande sécheresse de 1864.

e

Endive n. f. Sorte de chicorée domestique que l'on élève à l'ombre pour la forcer à blanchir. La caractéristique de l'endive est sa fadeur : l'endive est fade jusqu'à l'exubérance.

Sa forme, qu'on peut qualifier de n'importe quoi, genre machin, est fade.

Sa couleur, tirant sur rien, avec des reflets indescriptibles à force d'inexistence, est fade.

Son odeur, rappelant à l'amnésique qu'il a tout oublié, est fade.

Son goût, enfin, puisque, dit-on, de nombreux pénitents mystiques préfèrent en manger plutôt que de crapahuter sur les genoux jusqu'à Saint-Jacques-de-Compostelle, atteint dans la fadeur gastronomique des sommets que le rock mondial frôle à peine dans la pauvreté créatrice.

L'endive, en tant que vivante apologie herbacée de la fadeur, est l'ennemie de l'homme qu'elle maintient au rang du quelconque, avec des frénésies mitigées, des rêves éteints sitôt rêvés, et même des pinces à vélo. L'homme qui s'adonne à l'endive est aisément reconnaissable, sa démarche est moyenne, la fièvre n'est pas dans ses yeux, il n'a pas de colère et sourit au guichet des Assédic. Il lit *Télé 7 Jours*. Il aime tendrement la banalité. Aux beaux jours, il vote, légèrement persuadé que cela sert à quelque chose.

Sans femme, l'homme s'étiole.

f

Femme n. f., du latin *femina.* Être humain de sexe non masculin.

« La femme est le produit d'un os surnuméraire », disait Bossuet qu'on ne saurait taxer de misogynie eu égard à l'exquise compréhension qu'il afficha toute sa vie à l'endroit de la gent féminine, huguenotes et catins exceptées.

Cette définition toute nimbée de délicatesse semble aujourd'hui quelque peu restrictive. La femme, à y regarder de plus près, est beaucoup plus qu'une excroissance osseuse. La femme est une substance matérielle organique composée de nombreux sels minéraux et autres produits chimiques parés de noms gréco-latins comme l'hydrogène ou le gaz carbonique, qu'on retrouve également chez l'Homme, mais dans des proportions qui forcent le respect.

Diversement amalgamés entre eux en d'étranges réseaux cellulaires dont la palpable réalité nous fait appréhender l'existence de Dieu, ces tissus du corps féminin forment les viscères. Certains sont le siège de l'amour.

La femme est assez proche de l'Homme, comme l'épagneul breton. A ce détail près qu'il ne manque à l'épagneul breton que la parole, alors qu'il ne manque à la femme que de se taire. Par ailleurs, la robe de l'épagneul breton est rouge feu et il lui en suffit d'une.

Dépourvue d'âme, la femme est dans l'incapacité de s'élever vers Dieu. En revanche, elle est en général pourvue d'un escabeau qui lui permet de s'élever vers le plafond pour faire les carreaux. C'est tout ce qu'on lui demande.

La femme ne peut se reproduire seule, elle a besoin du secours de l'Homme, lequel, parfois, n'hésite pas à prendre sur ses heures de sommeil pour la féconder. Des observateurs attentifs affirment que la femme prend un vif plaisir dans cette satisfaction de sa viviparité.

La gestation, chez la femme, dure deux cent soixante-dix jours, au cours desquels elle s'empiffre, s'enlaidit, gémit vaguement, tout en contribuant à faire grimper les courbes de l'absentéisme dans l'entreprise.

Au bout de ces neuf mois, le petit d'Homme vient au monde. L'accouchement est douloureux. Heureusement, la femme tient la main de l'Homme. Ainsi, il souffre moins.

« A la porte du gynécée » (E. Delacroix, détail).

g

Gynécée n. m., du grec *gunaïkos,* la femme. Appartement de femmes à Athènes et à Rome, dans l'Antiquité, ou à Vierzon, dans le Cher, mais là ça ne compte pas, c'est un bordel.

On retrouve également le terme gynécée dans le vocabulaire arabe littéraire classique, où il prend un sens nettement différent, « gynécée » signifiant ici — littéralement — « non-connaissance », comme le souligne son utilisation dans ce dialogue extrait des *Contes des mille et une nuits :*

« Ou kilé li misée di Lôvre ?

— Gynécée pas. »

Divers stades d'évolution de l'hémiplégie.

h

Hémiplégique adj. et n. Relatif à l'hémiplégie. Personne atteinte d'hémiplégie, c'est-à-dire de la paralysie de la moitié du corps provoquée le plus souvent par une lésion cérébrale dans l'hémisphère Nord, où les nuits sont plus fraîches.

« Qu'on soit de gauche ou qu'on soit de droite, on est hémiplégique », dit un jour Raymond Aron à Jean-Paul Sartre qui lui répondit : « Je ne vois pas très bien ce que vous voulez dire par là. Par là non plus. »

Remarque : certains grammairiens dignes de foi pensent que le « H » des mots Hémiplégique, Haricot, Havet sont en réalité des « N » dont la barre centrale aurait été culbutée par les Huns. Hypothèse qui ne manquera pas de séduire ; le bon usage voulant que l'on dise un Némiplégique, un Naricot, un Navet. Exemple : « Oh ! le beau navion » (NELLY COPTÈRE, *Le « H » à Spirou,* éditions Dupuis).

Les ravages de la puce à curés en Amérique du Sud.

i

Insecte n. m., du latin *insectus,* sous le tabouret. Ainsi le mot insecte désigne-t-il un animal si petit qu'il peut (à l'aise) passer sous un tabouret sans ramper, alors que le python, si. Les insectes sont des invertébrés de l'embranchement des articulés. Il n'y a pas de quoi se vanter. Leur corps, généralement peu sensible à la caresse, est entouré d'une peau à chitine d'aspect volontiers dégueulasse. Il se compose de trois parties :

1. La tête, avec deux antennes que l'enfant aime à couper au ciseau pour tromper son ennui à la fin des vacances, deux gros yeux composés à facettes et peu expressifs au-delà du raisonnable, et une bouche très dure garnie d'un faisceau redoutable de sécateurs baveux dont la vue n'appelle pas le baiser.

2. Le thorax, lisse et brillant, affublé d'un nombre invraisemblable de pattes et le plus souvent garni de deux paires d'ailes dont la finesse des nervures ne manque pas de surprendre, chez un être aussi fruste. C'est grâce à ses ailes que

l'insecte peut vrombrir, signalant ainsi sa présence au creux de l'oreille interne de l'employé de banque assoupi.

3. L'abdomen, divisé en gros anneaux mous et veloutés et percé sur les côtés de maints trous faisant également office de trachées pulmonaires. (« Ce qui est étrange, chez la libellule, c'est qu'elle respire par où elle pète », MAURICE GENEVOIX, *Humus*.)

Il existe plusieurs millions d'espèces d'insectes. Certains vivent en Seine-et-Marne, au Kenya, ou sur un grand pied, tel le cafard landais qui, comme le berger du même nom, vit juché sur des échasses pour dominer fièrement les ordures ménagères dont il est friand.

Certains insectes, comme la mouche des plafonds, possèdent des ventouses sous les pattes qui leur permettent de se coller aux ptères.

Pie XII repoussant le juif (Chapelle Sixtine, détail).

j

Judaïsme n. m. Religion des juifs, fondée sur la croyance en un Dieu unique, ce qui la distingue de la religion chrétienne, qui s'appuie sur la foi en un seul Dieu, et plus encore de la religion musulmane, résolument monothéiste.

Un kamikaze égaré se pose à Mexico (Ph. Harcourt).

k

Kamikaze n. m. (mot japonais signifiant *tempête providentielle*). Exemple : « Après dissipation des brumes matinales, les kamikazes viendront réchauffer l'atmosphère au large des côtes. »

Par extension, le mot « kamikaze » a désigné, pendant la Seconde Guerre mondiale, les pilotes-suicide japonais qui venaient s'écraser sur les porte-avions américains pour vérifier le principe d'Archimède dans la rade d'Hawaii.

En temps de paix, le kamikaze s'étiole. N'ayant nul porte-avions sur lequel s'abattre, il se sent inutile à la société. L'envie de se suicider l'étreint et, croyez-moi, pour quelqu'un dont la raison de vivre est de mourir, l'idée de mort est invivable. Je ne sais pas si je suis clair, mais ça m'est égal.

Quand l'envie de se suicider étreint le kamikaze, nous devons l'aider à affronter gaiement son autodestruction. Il est du devoir du chrétien d'assister son frère nippon aux portes de l'Au-delà, sans compter qu'un militaire de moins, c'est toujours ça de pris.

Pour aider un kamikaze désespéré à en finir, il suffit de le mettre au bord d'une falaise et d'imiter le cri du porte-avions. Aussitôt, le malheureux se jettera dans le vide, les bras en croix, en imitant le cri du chasseur-bombardier équipé d'un moteur de 960 CV, et en hurlant : « Banzaï ! », ce qui signifie littéralement : « Hop ! »

La femelle du kamikaze s'appelle la kamikazette. Plus fluette que le mâle, il suffit de la pousser du haut d'un tabouret pour qu'elle plonge sur la moquette en imitant le cri de l'ULM et en hurlant les mêmes conneries, mais un ton au-dessus.

Pour se reproduire, le kamikaze, après une danse d'amour assez fastidieuse et suintante de simagrées extrême-orientales, dispose la kamikazette au centre du lit nuptial. Puis il grimpe sur l'armoire Henrito II et se jette dans le vide en criant : « Bito, bito », ce qui signifie littéralement : « I love you. » Quand le lit casse, on dit que l'hiver sera rigoureux.

Pleureuses lazaristes à la Saint-Sombrero.

l

Lazariste n. m. Nom donné aux membres de la Société des prêtres de la Mission, fondée en 1625 par saint Vincent de Paul, et appelés ainsi parce qu'ils adoraient la gare Saint-Lazare, alors qu'il n'y a pas de quoi.

Le seul intérêt de la gare Saint-Lazare réside dans sa capacité à contenir des trains. L'un d'entre eux, baptisé « Train pour Lisieux » sous prétexte qu'il va à Lisieux, présente la particularité — comme son nom l'indique — d'aller à Lisieux.

Comme les francs-maçons ou les Haré-Krishna, les lazaristes se réunissent en douce la nuit dans des caves où ils se déguisent en n'importe quoi avant de psalmodier de dérisoires incantations à Jean-Baptiste Locomotive, l'inventeur du chemin de fer, qui sera probablement canonisé avant que ça me reprenne.

J.-Y. Cousteau mimant le mégathérium aux Journées médicales de Mexico.

m

Mégathérium n. m., du grec *méga,* grand, et *thérion,* bête. Mammifère de l'ordre des édentés, qui vivait au début du quaternaire en Amérique du Sud et dont la taille pouvait dépasser quatre mètres cinquante.

Une étude détaillée du squelette du mégathérium nous permet de penser que cet animal était vivipare et que, par le fait, il avait tendance à se reproduire comme mon cousin Christian.

Le seul ancêtre connu du mégathérium est le maximégathérium, dont la taille pouvait atteindre vingt-cinq mètres. On peut raisonnablement penser qu'il ne s'entendait même pas péter.

En 1892, le paléontologue suisse Jean Christian Lexumet a découvert dans la Pampa le squelette parfaitement conservé d'un mégathérium de neuf mètres vingt ! Un an plus tard, à l'automne 93, mourait Jules Ferry. Bien qu'il n'y ait aucun rapport de cause à effet entre ces deux événements, nous ne saurions manquer une si belle occasion de ricaner une fois de plus sur la tombe de cette baderne colonialiste à qui nous-mêmes et nos enfants devons de voir les plus belles heures de nos jeunes existences totalement gâchées en indigestes bourrages de crâne, cependant que, de l'autre côté des fenêtres grises de l'école sombre, le papillon futile lutine la frêle papillonne dont le cri de joie fait frémir le gazon tendre où perle encore la rosée, fragile et discret témoin de la jouissance émue jaillissant des humus à l'aube printanière.

Goering implore le pardon de l'abbé Lévy (Archives Nuremberg).

n

National-socialisme n. m. Doctrine fondée par Adolf Hitler pendant les années folles. En abrégé, on dira plus volontiers « nazisme », c'est plus joli.

Le nazisme, tombé en désuétude en 1945 – excellente année pour les bordeaux rouges, encore qu'on puisse lui préférer 1947 –, prônait le racisme, le militarisme, le progrès social et l'assiduité aux carnavals métalliques avec flambeaux et oriflammes à grelots.

Décidés à étendre le territoire allemand au nom de la théorie de l'espace vital, les nationaux-socialistes (en abrégé on dira plus volontiers « nazis », c'est plus pimpant) avaient cru remarquer accessoirement que la race germanique engendrait des surhommes beaux, grands, blonds, sobres en humour et élégamment bornés. Forts de quoi, ils s'obstinèrent pendant des années à exterminer les petits bruns dont certains véhiculaient sournoisement le virus du coryza, voire un atavisme austro-polonais douteux ou une prédilection suspecte pour la carpe farcie et les poivrons à l'huile.

Pour attirer les petits bruns, les nazis avaient imaginé de les emmener à la campagne dans des bungalows de bois relativement frustes, au cœur d'immenses clubs privés très bien protégés des curieux par des gardes assermentés et leurs chiens, de race également.

Pour atténuer les souffrances des petits bruns finissants, les nazis les endormaient au gaz avant de les empiler dans la cour. Contrairement à la rage, le nazisme n'est pas remboursé par la Sécurité sociale. Il est pourtant contagieux. Sa prévention passe obligatoirement par le respect des synagogues, le mépris de la mitraille et un minimum de réceptivité cordiale au chant plaintif des violons tziganes.

L'abbé Pierre jette un œil sur la misère (photo Emmaüs).

O

Œil n. m., du latin *oculus.* Pluriel : des yeux (un seuil, des cieux ; un deuil, des dieux ; un œil, des yeux).

L'œil est à la vue ce que *l'Humanité* est au parti communiste : c'est son organe central.

L'œil est un outil merveilleux. C'est grâce à lui que l'homme peut, en un instant, reconnaître à coup sûr une langoustine d'un autobus, ce qui lui confère évidemment un immense sentiment de puissance sur la nature. La preuve en est qu'un homme privé de ses yeux se met instantanément à raser les murs honteusement.

Un homme privé de ses yeux s'appelle un aveugle, dans le langage populaire, ou un non-voyant, dans le dialecte des politicards populistes gluants.

Les aveugles sont parfois ridicules. On en a vu manger des autobus ou voyager en langoustine. Pour ne rien arranger, les aveugles lisent en braillant, au risque de réveiller les sourds.

L'œil se compose essentiellement de l'iris, lui-même percé en son centre de la pupille. Contrairement à la pupille de la nation, la pupille de l'œil peut se refermer sur elle-même ou s'agrandir à tout moment, sans autorisation spéciale des pouvoirs publics, même dans les pays totalitaires : on cite le cas de plusieurs dizaines de milliers de pupilles s'agrandissant d'effroi en toute liberté, en Union soviétique et au Chili notamment. Le fond de l'œil est tapissé de la rétine sur laquelle se forment des objets tels que langoustine, autobus, etc. dont l'encéphale, qui a oublié d'être con, enregistrera la perception grâce au nerf optique.

L'œil humain est une mécanique merveilleuse dont la réussite parfaite nous conforte dans notre foi en Dieu. On regrettera seulement que l'œil du cochon d'Inde ou du verrat périgourdin bénéficient de la même géniale complexité. C'est vexant, même à Périgueux.

Les principales anomalies de l'œil sont : la myopie, qu'on corrige à l'aide de verres divergents ; l'hypermétropie, qu'on corrige par le port de verres convergents ; le strabisme, qui prête à rire ; et la cyclopie, qu'on corrige par le port du monocle.

L'œil est capable du clin. Le clin est la base même de la spécificité de l'œil. Il n'existe pas, en effet, de clin d'oreille, ni de clin de nez. Le clin d'œil sert à marquer subrepticement une complicité tacite entre deux ou plusieurs chenapans. Il permet aussi au dragueur de se faire connaître avec une relative retenue et une certaine discrétion qu'on ne retrouve pas dans la main au panier.

L'œil du sourd est normal.

Le pangolin s'est échappé (photo Paris-Match).

P

Pangolin n. m., du malais *panggoling,* qui signifie approximativement pangolin. Mammifère édenté d'Afrique et d'Asie couvert d'écailles cornées, se nourrissant de fourmis et de termites.

Le pangolin mesure environ un mètre. Sa femelle s'appelle la pangoline. Elle ne donne le jour qu'à un seul petit à la fois, qui s'appelle Toto.

Le pangolin ressemble à un artichaut à l'envers avec des pattes, prolongé d'une queue à la vue de laquelle on se prend à penser qu'en effet, le ridicule ne tue plus.

Quadrumanes, dont quatre debout.

q

Quadrumane adj. et n. m., de *quadru,* quatre, et *manus,* main.

Qui a quatre mains. Exemple : le rossignol n'est pas quadrumane.

Avant Pie IX, les rouquins étaient excommuniés.

r

Rouquin, e adj. et n. *Fam.* : qui a les cheveux roux. Le rouquin est un mammifère vivipare omnivore assez voisin du blondinet. Pas trop voisin quand même, car le blondinet fuit le rouquin dont on nous dit qu'il pue, qu'il est la honte de l'espèce, le banni pestilentiel au regard faux sous un sourcil rouille. Méfions-nous des jugements hâtifs : la femelle du rouquin n'est pas la rouquine. Aussi vrai que celle du coquin n'est pas la coquine. Ou alors si, mais pas forcément. En règle générale, nous dirons que la coquine sied mieux au rouquin, et la rouquine au coquin, que la coquine au coquin ou la rouquine au rouquin.

Parmi les différents types de rouquins, le rouquin cul-de-jatte est le plus défavorisé. A l'instar du manchot qui louche, le rouquin cul-de-jatte prête à rire doublement.

On reconnaît le rouquin aux cheveux du père, et le requin aux dents de la mère.

Passé la cinquantaine, le rouquin risque de perdre ses cheveux, soit par le simple effet du temps qui passe, soit à la suite d'un traitement anticancéreux généralement inutile, mais toujours à la mode chez les mondains de Villejuif. Dans un cas comme dans l'autre, il serait presque impossible alors de reconnaître un rouquin d'un homme normal, n'était-ce les tâches de rousseur que Dieu inventa au soir du Premier Jour, alors qu'il secouait ses pinceaux sans malice après avoir créé le premier crépuscule flamboyant à l'ouest d'Éden.

De gauche à droite : les cinq sens.

S

Sens n. m., du latin *sensus.* Faculté par laquelle un organisme vivant — plante, animal, directeur de la maison de la Culture de Sarcelles-Lochères, etc. — est renseigné sur certains éléments du milieu extérieur de nature physique (vue, audition, sensibilité à la pesanteur, toucher) ou chimique (goût, odorat).

Les organes des sens, chez Gégène, et, par extension chez l'homme en général, sont : la vue, le goût, l'odorat, le toucher, et Louis.

La vue est l'organe des sens le plus important. Il suffit pour s'en convaincre d'observer le comportement d'un aveugle pendant une exhibition des ballets Moïsseiev : il maugrée, bougonne, s'impatiente. C'est un être aigri, frustré, peu ouvert à la facétie : offrez-lui un bilboquet, il se blessera. Mis à part ce qu'il y a à l'intérieur d'une noix, le voyant, en revanche, peut tout voir, depuis les brumes du quai du Louvre jusqu'au couchant sur les flèches de Chartres, en passant par le squelette noir des ruines de Tiffauges, encore qu'en prenant par le périph et l'autoroute A6 ça gagne pas mal de temps. Ensuite, pour faire Chartres-Tiffauges, voir la carte Michelin 67. Je crois que c'est 67. Cela dit, Tiffauges, c'est très surfait. Quelques pans de murs cernés de lierre où trois corbeaux sacerdotaux s'emmerdent au vent d'ouest, c'est tout ce qu'il reste de ce temps de la démence, où, sept siècles plus tôt, Gilles de Rais le terrible dépeuplait la Vendée en sodomisant à mort les enfants impubères pour tenter d'effacer le souvenir brûlant de la Pucelle.

Louis est pas mal non plus. Sans Louis, comment savoir que c'est le plombier ? Combien de non-entendants riraient encore à la vie s'ils n'avaient pas fait la sourde oreille et traversé la rue Royale à l'instant même où leur camarade de promotion hurlait : « Fais gaffe, voilà le 94 » ?

Le sourd le plus célèbre du monde s'appelle Ludwig van Beethoven. Je le précise à l'intention des jeunes pour qui l'histoire de la musique commence à Liverpool et finit par buter à la porte de Pantin, Ludwig van Beethoven fut un compositeur de musique allemand du siècle dernier qui nous fit, tout de même, trente-deux sonates pour piano, neuf symphonies, pas mal de quatuors et un ulcère du duodénum auquel il faut attribuer ce douloureux faciès de cégétiste sous banderole qu'on lui voit dans le triste portrait qu'en brossa Waldmüller.

Le toucher est le moins passionnant des cinq sens. Nous nous contenterons de l'effleurer.

L'odorat permet au parfumeur de survivre à la crise. C'est un sens très prisé des commissaires-priseurs. Pour l'homme privé d'odorat, le N° 5 de Chanel, c'est de la merde. Au contraire, un odorat raffiné permet à celui qui le possède de jouir avec une infinie subtilité des senteurs de la vie, car il n'est pas de jouissance totale qui ne passe par un bon nez (lire à cet égard le chef-d'œuvre de Mme SISSI RANO DE BERGERAC, *Pif Paf,* éditions des Forces nasales).

Le goût, enfin, que nous avons gardé pour la bonne bouche, c'est bien le moindre hommage à lui rendre, peut être considéré comme le plus distingué des cinq sens. Au reste, il fait généralement défaut chez les masses populaires où l'on n'hésite pas à se priver de caviar pour se goinfrer de topinambours ! On croit rêver ! ! C'est pourquoi je fous tout à coup des points d'exclamation partout alors que, généralement, j'évite ce genre de ponctuation facile dont le dessin bital et monocouille ne peut qu'heurter la pudeur.

Mêlé à l'odorat le plus fin, le goût le plus délicat fait le grand sommelier. A l'heure où j'écris ces lignes, et pour longtemps j'espère, le champion du monde des sommeliers est un Français, M. Jean-Luc Pouteau, qui est capable, les yeux bandés, de distinguer un margaux 47 d'une bavette aux échalotes.

Exemple d'autotorture : la génuflexion.

t

Torture nom commun, trop commun, féminin, mais ce n'est pas de ma faute. Du latin *tortura,* action de tordre.

Bien plus que le costume trois-pièces ou la pince à vélo, c'est la pratique de la torture qui permet de distinguer à coup sûr l'homme de la bête.

L'homme est en effet le seul mammifère suffisamment évolué pour penser à enfoncer des tisonniers dans l'œil d'un lieutenant de vaisseau dans le seul but de lui faire avouer l'âge du capitaine.

La torture remonte à la nuit des temps. A peine eut-il inventé le gourdin, que l'homme de Cro-Magnon songeait aussitôt à en foutre un coup sur la gueule de la femme de Cro-Magnonne qui refusait de lui avouer l'âge de pierre.

Mais il fallut attendre l'avènement du christianisme pour que la pratique de la torture atteigne un degré de raffinement enfin digne de notre civilisation. Avant cet âge d'or, en effet, la plupart des supplices, en Haute-Égypte et jusqu'à Athènes, relevaient hélas de la plus navrante vulgarité. Les Spartiates eux-mêmes, au risque d'accentuer la dégradation des sites, n'hésitaient pas à précipiter leurs collègues de bureau du haut des falaises lacédémoniennes pour leur faire avouer la recette de la macédoine. Quant à l'invasion de la Grèce par les légions romaines, on n'en retiendra que la sanglante boucherie au cours de laquelle le général Pinochus se fit révéler le théorème de Pythagore en filant des coups de pelle aux Ponèses.

Pour en revenir aux chrétiens, on n'oubliera pas qu'après avoir été, sous les Romains, les premières victimes de la torture civilisée, ils en devinrent les plus sinistres bourreaux pendant l'Inquisition. Aujourd'hui encore, quand on fait l'inventaire des ustensiles de cuisine que les balaises du Jésus'fan Club n'hésitaient pas à enfoncer sous les ongles des hérétiques, ce n'est pas sans une légitime appréhension qu'on va chez sa manucure.

Aux portes de l'an 2000, l'usage de la torture en tant qu'instrument de gouvernement se porte encore bien, merci. Même si, sous nos climats, elle a tendance à tomber en désuétude. Pour citer un pays occidental, au hasard, nous sommes en mesure d'affirmer qu'à Monaco, par exemple, le nombre des bourreaux par habitant est actuellement de zéro pour mille. D'ailleurs, on voit mal quelles raisons pourraient pousser un croupier à empaler un milliardaire.

Hélas, quand on s'écarte un peu plus de l'Hexagone, que ce soit vers l'ouest, vers l'est ou vers le sud, on rencontre encore, dans des contrées exotiques pourtant ouvertes au progrès, à trois pas de la piscine du Hilton, ou dans les steppes démocratiques les plus populaires, des empêcheurs de penser en rond qui cognent et qui charcutent, qui enferment et qui massacrent, qui souillent et qui avilissent, et même — ah, les cons ! — qui arrachent les ailes des poètes au nom de l'avenir de l'homme.

Absence d'uropygienne chez le non-canard.

u

Uropygienne adj. f., du grec *oura,* queue, et *pugê,* fesse. Se dit d'une glande graisseuse qui se trouve au croupion des oiseaux, et dont la sécrétion sert à graisser les plumes.

Est-il plus plaisant spectacle que celui du cygne sauvage s'escagassant le fion d'un bec fouineur sur l'étang brumeux que le soleil levant redore au clair matin ! Croyez-vous que ce fringant palmipède se titille ainsi le sphincter dans l'espoir de quelque orgasme à plumes ? ou bien qu'il s'ébroue la houppette pour en chasser les poux d'eau qui s'accrochent à son duvet pour en sucer la moelle du penne * ?

Eh bien non ! Si notre cygne matinal se colle si joliment le nez au cul, c'est pour y ponctionner, sur le pourtour suintant de sa glande uropygienne, la grosse graisse grasse grise dont il enduira d'un bec sûr et léger son plumage éclatant que le soleil levant redore, au clair matin également. Ainsi oint, Coincoin pourra glisser sur l'onde avec cette grâce exquise qui n'existe pour ainsi dire pas chez le tuyau de plomb, et cela

* Riche en azote et en sels minéraux.

à l'abri du rhume de canard, si courant pendant le froid du même nom, et sans risquer de couler. Ce qui est fort important. C'est à sa parfaite insubmersibilité que le cygne sauvage doit sa légitime arrogance. On n'imagine pas un cygne couler. Ce serait aussi grotesque qu'un pape pétant au balcon un jour de Pâques. Dieu nous épargne semblables incongruités. Merci, mon Dieu. *Caeli enarrant gloriam tuam.*

Pour en revenir au trou du cul, évitons la grossière erreur, courante chez les gens du peuple, qui confondent souvent l'uropygienne et la caroncule, au risque de se ridiculiser dans les soirées mondaines où, Dieu encore merci, on ne les convie guère. La caroncule, qu'on se le dise, est à l'autre bout de l'oiseau, puisqu'il s'agit de ce machin ridicule que le dindon se laisse pendre sous le cou pour essayer d'avoir l'air plus con que le paon. Lequel criaille. Alors que le dindon glougloute. Parfaitement. Le dindon glougloute. C'est la poule qui glousse. Plus précisément, elle glousse pour appeler ses petits. Quand elle échange des idées d'ordre général avec sa camarade de poulailler, ou qu'elle est sur le point de pondre, on dit qu'elle caquette. Alors que l'oie, non. L'oie cacarde. Pas le jars. Le jars jargonne. Alexandre Vialatte ajouterait que la caille carcouille, la huppe pullule et le loup glapit. C'était un homme fort cultivé, d'une prose infiniment élégante, d'un humour plus subtil, plus tendre et plus désespéré qu'un *la* mineur final dans un rondo de Satie. Alors que, pour en finir avec la basse-cour, les oiseaux porteraient plutôt l'intellect au ras de la glande uropygienne. Ce n'est pas Chaval qui me contredira.

Vasille Vasidon Vasimimile mimant le vélo devant Pie IX à la foire de Mexico.

V

Vélo n. m., abrév. de vélocipède, du latin *velox,* rapide, et *pes, pedis,* pied. Véhicule à deux roues dont la roue arrière est actionnée par un système de pédales agissant sur une chaîne. Une erreur courante consiste à penser que le vélo est le mari de la bicyclette. C'est faux. C'est son amant.

A l'origine, le vélocipède était formé de deux roues de diamètres différents : la grande roue à l'avant, la petite à l'arrière, parce que si Jean-Sébastien Vélocipède, l'inventeur, avait fait le contraire, il se serait cassé la gueule à peine hissé sur sa selle.

Dix ans après l'invention du vélo, le jeune Paul-Émile Bicyclette commet une erreur invraisemblable à la chaîne : il assemble deux grandes roues sur la même machine, et deux petites sur une autre, créant ainsi, tout à fait par hasard, ces deux grands chefs-d'œuvre du génie humain : le grand vélo et le petit vélo. D'où l'expression désormais courante : « avoir un petit vélo » qui désigne le plus souvent les gens qui se mélangent les pédales.

Tombé en désuétude, en tant que moyen utilitaire de locomotion, depuis l'avènement de Concorde qui permet de rallier New York à Paris sans s'encombrer de boyaux de rechange ou de bidons disgracieux, le vélo est encore utilisé de nos jours à des joutes sportives très connues dans nos régions sous le nom de « courses de vélo ».

Encore peu encline aux joies du golf et toujours fermée aux émois de l'aquaplane, la masse est très friande de ces courses de vélo, dont la plus célèbre est le « Tour de France ». Créé en 1904 par Vasille Vasilliu Vasidon Vasimimile, le Tour de France rassemble chaque été, sur le bord des routes, des centaines de milliers de prolétaires cuits à point qui s'esbaudissent et s'époumonent au passage de maints furonculés tricotant des gambettes. Dans les côtes, ces jeunes effrénés pédalent la tête plus bas que le cul, ce qui leur permet de se gnougnouter l'uropygienne sans risquer de torticolis. Voilà pourquoi les coureurs cyclistes ont si souvent le cheveu gominé.

Gambetta (à doite) terrassé par le chivas Regal.

W

Whisky n. m. (mot anglais emprunté à l'irlandais). Eau-de-vie de grain que l'on fabrique surtout en Écosse et aux États-Unis.

Le whisky est le cognac du con.

Son bouquet évoque la salle d'emboîtage des vaccins antigrippaux de l'institut Mérieux. Additionné d'eau gazeuse, il insulte le palais de l'homme de goût qu'il éclabousse d'inopportune salaison et de bulles impies que le Champenois crache au noroît dans son mépris d'Albion.

En vieillissant, le whisky gagne en platitude ce qu'il perd en infamie. On peut y conserver ses bébés morts en bas Armagnac.

Le xiphophore vénéneux est lacrymogène (Travaux du Dr Schwartzenberg).

X

Xiphophore n. m., du grec *xiphos,* épée, et *phoros,* qui porte. A ne pas confondre avec senestrophore, du grec *phoros*, qui porte et du latin *sinister,* à gauche.)

Le xiphophore est un petit poisson de coloration variée, de six à dix centimètres de long, originaire du Mexique, très fécond, et qu'on trouve fréquemment dans les aquariums, à condition de le mettre dedans. Le mâle a la queue pointue, d'où son nom.

Le xiphophore porte à son cou, en souvenir de toi, ce soupir de soie qui n'appartient qu'à nous. Ce n'est pas qu'il fasse froid, le fond de l'air est doux : c'est une nageoire ventrale qui lui permet de se tenir immobile entre deux eaux pour faire la siesta. Comme la plupart des poissons, le xiphophore affiche en permanence une expression béate. C'est parce qu'il baise dans l'eau. C'est très bon pour la béatitude. Au contraire, les gens qui n'ont jamais baisé dans l'eau, comme Adolf Hitler ou Ludwig van Beethoven, affichent volontiers un air revêche.

Au moment de se reproduire, le xiphophore émet un cri strident : « Christiane ! » pour appeler la xiphophorette qui accourt bientôt ventre à flotte, la caudale en feu. S'ensuit alors une danse d'amour effrénée dont le tendre spectacle ne peut que toucher le cœur de tout homme capable de supporter un documentaire écologique marin sans balancer ensuite une grenade offensive dans le lac d'Enghien.

Les ysopets funèbres de Bossuet bouleversaient Zapata.

Y

Ysopet n. m., du latin *ysopetus (ysopetae, ysopetam, ysopetorum).* Nom donné, au Moyen Age, à des fables ou recueils de fables imitées ou non d'Ésope : les ysopets d'Anne de Beaugency, de Charles de Brabant, de Zézette d'Orléans sont parmi les plus célèbres.

Avec cet effroyable cynisme d'emperruqué mondain qui le caractérise, La Fontaine n'hésita pas à puiser largement dans les ysopets des autres pour les parodier grossièrement et les signer de son nom. Grâce à quoi, de nos jours encore, ce cuistre indélicat passe encore pour un authentique poète, voire pour un fin moraliste, alors qu'il ne fut qu'un pilleur d'idées sans scrupule, doublé d'un courtisan lèche-cul craquant des vertèbres et lumbagoté de partout à force de serviles courbettes et honteux léchages d'escarpins dans les boudoirs archiducaux où sa veulerie plate lui assura le gîte, le couvert et la baisouillette jusqu'à ce jour de 1695 où, sur un lit d'hôpital, le rat, la belette et le petit lapin lui broutèrent les nougats jusqu'à ce que mort s'ensuive, ce qui prouve qu'on a souvent besoin d'un plus petit que soi. Essayez de vous brouter vous-même les nougats, vous verrez que j'ai raison.

« Saint Georges terrassant le zeugma » (Greuze).

Z

Zeugma n. m. (mot grec signifiant *réunion*). Procédé tordu qui consiste à rattacher grammaticalement deux ou plusieurs noms à un adjectif ou à un verbe qui, logiquement, ne se rapporte qu'à l'un des noms. Suis-je clair ? Non ? Bon.

Exemple de zeugma : « En achevant ces mots, Damoclès tira de sa poitrine un soupir et de sa redingote une enveloppe jaune et salie » (ANDRÉ GIDE). C'était un zeugma.

En voici un autre : « Prenant son courage à deux mains et sa Winchester dans l'autre, John Kennedy se tira une balle dans la bouche » (RICHARD NIXON, *J'ai tout vu, j'y étais*).

Plus périlleux, le double zeugma : « Après avoir sauté sa belle-sœur et le repas du midi, le Petit Prince reprit enfin ses esprits et une banane » (SAINT-EXUPÉRY, *Ça creuse*).

Tel est le zeugma. Il était bon, ami lecteur, que tu le susses. Oh, certes, on peut très bien vivre sans connaître la signification du zeugma. Une récente statistique nous apprend que plus de quatre-vingt-quinze pour cent des mineurs lorrains ignorent totalement ce qu'est un zeugma ! ! Est-ce que cela les empêche d'aller au charbon en sifflotant gaiement *la Marche turque ?* Mais introduisez maintenant l'un de ces mêmes mineurs dans un salon mondain, et branchez la conversation sur le zeugma : qui a l'air con ? C'est le merle des corons, avec ses gros doigts noirs sur la flûte à champagne. Il ne lui restera plus qu'à filer en tâchant de reprendre sa dignité et sa pioche dans le porte-parapluie, et de réintégrer son HLM horizontale en sifflant tristement le final de l'*Œdipus rex* de Stravinski.

LOCUTIONS LATINES ET ÉTRANGÈRES

Ad bitam aeternam, amen
Tant qu'on baise, je ne dis pas non.

Réponse de Caligula à une esclave égyptienne qui lui représentait le plat de nouilles alors qu'il butinait sa sœur Escarpina. Expression utilisée aujourd'hui encore dans les hôtels quatre étoiles pour signifier élégamment qu'on ne souhaite pas être dérangé par le maître d'hôtel quand on est dans la femme de ménage.

Alea jacta est
Ils sont bavards, à la gare de l'Est.

Alea jacta ouest
A Montparnasse aussi.

Ave Caesar Morituri te salutant
Bonjour César, tu as le bonjour d'Olive Morituri.

S'emploie pour dire bonjour chez les Morituri.

Chi va piano, va sano
Fais pas dans le piano, va aux toilettes.

Manière discrète de guider l'être aimé dans le nid d'amour sans tomber dans la vulgarité.

Ecce homo
Voici la lessive.

Allusion au suaire du Christ, qui était plus blanc que celui des deux larrons. Par extension, s'emploie pour désigner du beau linge.

Eggare humanum est
Je suis garé devant la gare de l'Est.

S'utilise pour signifier qu'on est dans l'inquiétude.

Eli, Eli, lamma sabachtani !
Ciel, Ciel, mon mari !

Dernières paroles du Christ en croix.

Fiat lux !
Oh, la belle voiture !

God save the king
Le roi s'amuse avec son bilboquet.

Par cette expression, le duc William Faithfoll, attaché à la garde personnelle d'Henri III au Louvre, écartait les importuns à la porte royale.

In vino veritas
Un petit rouge bien tassé.

Se dit affectueusement d'un nain communiste très vieilli.

Ite, missa est
Je l'ai perdu à la gare de l'Est.

Ne doit s'employer que si on l'a perdu à la gare de l'Est.

It's by forgering you become a smith
C'est en forgeant qu'on devient formidable.

Réponse de Roméo à Juliette qui s'étonnait des dimensions de sa virilité. Utile au boudoir.

Lugdunum omnibus est
Pour Lyon, ça va moins vite par la gare de l'Est.

Sans commentaire.

Manou militari !
Germaine s'est engagée dans les paras !

Expression populaire à Rome, au début de la décadence, qui aurait eu pour cible l'impératrice Germaine Tibère, célèbre pour ses tournées nocturnes des popotes en Palestine occupée, et notamment au Golgotha où elle connut l'extase dans les bras des gardes du tombeau du Christ, permettant ainsi à ce dernier de ressusciter sans se faire remarquer.

Mens sana in corpore salo
En tout homme, il y a un cochon qui sommeille.

Premières paroles de la version latine de *l'Internationale.*

Mettez-moi donc un kilo de tomates, Mrs. Carrington. Non. Pas de celle-là. Ma femme dit qu'elle est farineuse.

Extrait de *Ma vie à Londres en 1940* par Charles de Gaulle. Peut s'utiliser chez n'importe quel détaillant en légumes. Penser à changer le nom de la marchande.

Modus Vivaldi
Vivaldi sait s'habiller.

Réplique de Josette Bach à son mari Jean-Sébastien qui lui demandait s'il était beau dans son nouveau pourpoint.

Motus Vivaldi
Ta gueule, Vivaldi.

Chut (en vieux vénitien).

Panem et circenses
Pas des nems, des nids d'hirondelles.

Célèbre apostrophe de Mme Sans-Gêne au cuisinier vietnamien de Fontainebleau qui lui servait de la viande le vendredi saint 1815.

Remember, camember
N'oublie pas le fromage.

De Victor Hugo à sa gouvernante à Jersey. A rapprocher du fameux « Navarro, Livarot » de Henri IV. Le sens de ces expressions n'est pas clair. A utiliser seulement pour la beauté de la rime.

Rule Britannia, they have melons
Ils ont des chapeaux ronds, vive la Bretagne.

Devise d'Anne de Bretagne, aujourd'hui encore gravée dans la pierre au pied de la tour nord du château de Nantes, juste au-dessus de « Fifi aime Nénette ».

Se habla espagnol
L'Ibère sera rude.

Devise des armées franquistes pendant la guerre civile.

Si parla italiano
L'Italie, c'est par là.

Réponse cinglante d'Abd El-Kader à Bugeaud qui lui réclamait des nouilles.

Testis unus, testis nullus
On ne va pas loin avec une seule couille.

Vieux dicton romain. D'abord employé par les garagistes à propos des roues de chars brisées dans les courses, il a pris un sens moderne sensiblement différent. Signifie actuellement : « Pour moi ce sera une glace à deux boules. »

To be or not to be, that is the question of the superbank
Être ou ne pas être, c'est la question du superbanco.

Dernière parole de Hamlet, dans *The Game of the mill ball* de Shakespeare.

Veni, vidi,vici
Je suis venu nettoyer les cabinets.

Titre de l'hymne des travailleurs immigrés arrivant en France.

Vis comica
On devrait enfermer les comiques.

« L'abbé Pierre à Lambaréné » (Le Tintoret).

A

Afrique, célèbre continent en forme de pomme de terre nouvelle.

La superficie de l'Afrique impose le respect. A part l'Amérique, l'Asie, l'Europe et, à moindre titre, l'Océanie, peu de continents peuvent se vanter d'être aussi vastes.

Au nord, l'Afrique est peuplée de chèvres, appelées biques, et d'Arabes, appelés également biques, mais de loin, car certains sont susceptibles.

Les Arabes, fréquemment mâtinés de Berbères, forment un peuple fier et orgueilleux avec un tapis sur l'épaule. Ils envahirent la France bien avant le mildiou, mais furent arrêtés à moitié, dans le Poitou. Nous leur devons les chiffres arabes, le chewing-gum arabique et la virilité glacée de nos tours sarrasines.

Au sud, l'Afrique est peuplée de Noirs qui répondent au nom de « Mamadou », sauf au Sahel où ils ne répondent rien du tout, à cause du sable dans les oreilles et de l'intolérable souffrance irradiant sans trêve leur paroi stomacale desséchée par la faim atroce et palpitante qui les raye un à un de la carte du monde dans l'indifférence placide des nantis du Nord assoupis dans leurs excès de mauvaises graisses.

Les Noirs ont le rythme dans la peau, la peau sur les os et les os dans le nez. Peu doués pour la planche à voile, le ski de fond, le marchandising et la bourrée poitevine, le Noir moyen, à sa naissance, présente peu de chances de devenir un jour président des États-Unis. Pour l'y aider néanmoins, l'homme blanc, reprenant à son compte une vieille coutume appelée esclavage, l'envoya gratuitement en Amérique où il fit merveille dans les plantations de coton. Au début, les Américains ne virent dans l'homme noir qu'un grand enfant, mais, peu à peu, ils durent se rendre à l'évidence : c'était également un excellent appât pour la chasse à l'alligator.

Après une brutale interdiction légale de l'esclavage, l'Afrique put lutter efficacement contre sa terrible dépopulation grâce à la colonisation. Pionniers superbes, les hardis colons n'hésitèrent pas à combattre la mouche tsé-tsé à mains nues et le paludisme à coups de trique, tout en encourageant la natalité en violant eux-mêmes les femmes noires. Après la colonisation, les Noirs connurent une terrible mais courte période de torpeur. Puis, reprenant du poil de la bête, ils se colonisèrent eux-mêmes.

Quand un Blanc dit qu'un Noir est un con, on dit que le Blanc est raciste. Quand un Noir dit qu'un Blanc est un con, on dit que le Blanc est un con. Ce en quoi l'on a tort. On peut très bien être noir et con. Sauf en Afrique du Sud où seuls les Blancs sont cons. A part Ted.

Les principales ressources de l'Afrique sont l'arachide, plus communément appelée cacahuète ; le cuivre, dont on fait les planches à voile submersibles ; les diamants, qui clignotent en vain aux phalanges boudinées des charcutières ; les lions royaux, que nous enfermons dans nos cages afin que les enfants d'imbéciles viennent en gloussant les voir mourir d'ennui ; le cacao, et si peu d'endives que cela ne vaut pas la peine d'en parler.

L'Afrique est le continent des vacances. Au Nord, il n'est pas rare d'y rencontrer, d'avril à novembre, des tas de congéistes bigarrés et de pimpants piliers de comité d'entreprise, marchandant âprement les immondices en terre cuite qui décoreront désespérément le dessus de leur téléviseur. A l'Ouest, plus bas, donc plus cher, le sombre cadre supérieur, l'obtuse attachée de fesses, le bellâtre creux des créatifs publicitaires, tout ce que l'Europe molle compte de petits nantis, bronzent frénétiquement en février dans l'espoir d'épater en mars d'autres immuables crétins bureaucratiques, aussi cons certes, mais plus pâles. A l'Est, encore plus bas, encore plus cher, le président déchu, l'écrivain alcoolique, le roi du show-bizz bottés, casqués, bazookés, couperosés d'importance, posent sans grâce au-dessus du cadavre fragile de la gazelle, ou près du rhinocéros abattu dont la corne, arrachée au cuir, s'ira planter au-dessus de la cheminée du manoir, mandrin terrible et luisant que la bourgeoise au foyer astiquera sans malice en murmurant du Brahms.

La reddition du maton de la Bastille.

B

Bastille (la), célèbre forteresse construite à Paris, à la porte Saint-Antoine, entre 1370 et 1382.

Ce fut d'abord une citadelle d'où les militaires aimaient s'entre-tuer, mais c'est en tant que prison d'État qu'elle commença à connaître une notoriété que lui envient, aujourd'hui encore, bien des maisons d'arrêt pourtant cotées au hit-parade des QHS.

Le plus célèbre prisonnier de la Bastille fut évidemment Voltaire. Le moins célèbre fut Jean-Paul Petit-Boudu : moi-même, je ne sais pas qui c'est. C'est vous dire.

Bernard Palissy mourut à la Bastille en 1589, dans d'atroces souffrances morales. Il avait été enfermé à cause de sa foi huguenote qui le faisait douter du dogme de l'Immaculée Conception, se gausser du culte des saints, et boycotter crânement les processions du 15 août. A une époque où le protestantisme était aussi violemment combattu que la peste noire ou le judaïsme, c'était de la provocation. Avant de rendre l'âme, Bernard Palissy, avec un lyrisme et une richesse de style surprenants chez un antipapiste, décrivit brillamment sa propre agonie dans un petit livre intitulé : *Palissy : la sortie.*

Nicolas Fouquet, vicomte de Vaux et surintendant des Finances royales, supporta mieux l'humidité glacée des cachots de la Bastille et l'humour, également glacé, de ses gardiens. Au point que Louis XIV dut le transférer à la citadelle de Pignerol où le prisonnier daigna enfin trépasser, les chevilles, naguère enflées par la gloire, broutées par des hordes de rats piémontais insensibles au charme trouble de cet homme d'élite qui sut toute sa vie rester beau sans cesser d'être fonctionnaire.

On le regrettera plus que cette salope de Marie-Madeleine. Je ne fais pas ici allusion à la groupie fesses-au-vent de Notre Seigneur, mais, bien sûr, à la cynique Marie-Madeleine, ci-devant marquise de Brinvilliers, qu'on embastilla longuement avant de la brûler en place de Grève. Cette femme, qui assassina maintes honnêtes gens en leur faisant avaler des mixtures qu'on n'oserait pas servir dans une pizzeria des Champs-Élysées, ne mérite ni notre attention ni même un détour dans le Michelin.

Latude (Jean-Henri de), aventurier méridional et champion de l'évasion, passa trente cinq ans en prison, dont pas mal à la Bastille. Il s'était attiré les foudres royales à force de comploter contre la Pompadour, ce qui était de fort mauvais goût, surtout sous Louis XV. Le folklore français voit aujourd'hui encore en Latude une espèce de héros jovial et pétaradant. Cela est bien dans l'esprit de notre peuple, très épris de fanfaronnades, de franchouillardises, de risquouillettes, d'escroqueries au portillon, de fricotinages et de belmonderies. En réalité, Latude était un malade mental : chaque fois qu'il réussissait à s'évader, il allait chez lui et n'en bougeait plus, l'envie de sortir totalement brisée à la seule idée que la porte était ouverte.

Voltaire connut bien les geôles de la Bastille à une époque où, sauf son respect, il avait encore des couilles au cul : par la suite, fort nous est d'admettre qu'il se plia devant les puissants, et singulièrement devant Frédéric II de Prusse, en périlleuses et dégradantes courbettes d'une servilité qu'on ne rencontre plus guère, de nos jours, que chez les producteurs de télévision vautrés au paillasson des directeurs de chaînes. On notera pour l'anecdote que Voltaire inventa son fauteuil, sur les conseils de son camarade de cellule, Gérard Abascule, qui avait perdu son siège à l'Assemblée dans les conditions douteuses que l'on sait. La promiscuité du Faubourg Saint-Antoine, aujourd'hui encore quartier du meuble, compta évidemment pour beaucoup dans cette éclosion de talent ébénistique à la Bastille.

Terminons en rappelant que la Bastille était quasiment vide lorsqu'une brassée d'excités la prit vaillamment d'assaut un jour d'été 1789.

C'était la révolution des bourgeois.

Ils sont toujours au pouvoir.

B. Tavernier essayant de corrompre le jury du festival de Cannes 1984 (photo Paris-Match).

C

Cannes (06400), chef-lieu de canton des Alpes-Maritimes (arrondissement de Grasse). 71 247 habitants en comptant les femmes et les juifs. Haut lieu du tourisme balnéaire international, célèbre pour sa croisette bordée de palmiers et pleine de connes emperlousées traînant des chihuahuas, Cannes brille surtout pour son festival annuel du cinéma où les plus notables représentants de la sottise journalistique parasitaire côtoient les plus éminentes incompétences artistiques internationales, entre deux haies de barrières métalliques où, sinistrement empingouinés, le havane en rut ou la glande mammaire au vent, pressés, tassés, coincés, luisants comme des veaux récurés qu'on pousse à l'abattoir, tous ces humanoïdes chaleureusement surgelés se piétinent en meuglant sous les brames effrayants des hordes populaires. Hormis le congrès annuel des garçons de bain cégétistes et les soirées gourmettes chez Régine, peu de réunions mondaines laissent suinter autant de vulgarité.

Mais Cannes n'est pas seulement le paradis des pellicules. A s'y promener l'hiver, on s'aperçoit bientôt qu'elle forme, avec Nice sa voisine, l'un des plus grands mouroirs à rupins du monde. Au moindre rayon de soleil, vieux poussins frileux, ils s'extraient en tremblant de leur béton cossu, odieusement pomponnés en yachtmen ou en princesses des mille et une rides. Doucement, à petits pas, ces fossiles dorés s'en vont moirer encore le cuir fripé brun caca de leur vieille tête aux traits déjà morts à force de chirurgie, de lassitude et d'ennui confortable. Sur le coup de midi, ils iront chipoter du groin au-dessus d'un homard, avant de se recroqueviller sur leur coussin d'or pour une sieste agitée de remords tardifs et de renvois de sauce rouille. Puis, si le crépuscule est tiède, trottineront vers le port de plaisance pour aller caresser leur bateau à moteur en acajou super Barbès d'où ils ne partiront plus jamais debout, mais sur le pont duquel, quand le temps reste clair, ils s'appuient encore aux haubans, leur nez refait pointé vers Dieu pour lui demander s'il existe.

Douaumont : saute-mouton devant l'ossuaire.

D

Douaumont (55100), commune de la Meuse (arrondissement de Verdun), sur les Hauts de Meuse.

Point fort de la défense de Verdun, théâtre de violents combats en 1916.

L'ossuaire de Douaumont est très joli. Il contient les restes de 300 000 jeunes gens. Si l'on mettait bout à bout tous les humérus et tous les fémurs de ces garçons et leurs 300 000 crânes par-dessus, on obtiendrait une ravissante barrière blanche de 2 476 kilomètres pour embellir le côté gauche de la route Moscou-Paris.

Le sacrifice des 300 000 morts de Douaumont n'a pas été vain. Sans Verdun, on n'aurait jamais abouti à l'armistice de 1918, grâce auquel l'Allemagne humiliée a pu se retrouver dans Hitler. Hitler sans lequel on n'aurait jamais eu l'idée, en 1945, de couper l'Europe en deux de façon assez subtile pour que la Troisième soit désormais inévitable.

« Les derniers moments de Paul Eluard » (J.-P. Laurens).

E

Eluard (Christian, Baptiste, Paul), dit Cricri. Fils caché de Paul, Cricri Eluard doit aujourd'hui encore à la notoriété de son père d'être resté dans l'ombre, bien qu'il habite Nice, plein sud, face au goudron.

Élevé au sein par une nourrice dubitative qu'il tétait d'ailleurs de droite et de gauche, Cricri Eluard voulut dès son plus jeune âge se séparer de l'étiquette surréalisto-communiste attachée au nom paternel et n'a jamais montré qu'un intérêt poli envers le martyre, le don de soi, le sacrifice au drapeau et les beuveries cosmopolites populacières des anniversaires du Débarquement.

Des écrits de Cricri, peu méritent d'être cités dans le présent ouvrage. Nous leur préférerons cette admirable page de Paul Eluard. Ami lecteur, si tu la connais, tu m'arrêtes.

Sur le collier du chien que tu laisses au mois d'août
Sur la vulgarité de tes concours de pets
Sur l'étendard nazi et sur le drapeau rouge
Sur la rosette au coin du vieillard officiel

Sur les blousons kaki, sur les képis dorés
Sur le cul blanc des féministes
Sur le mandrin des misogynes
Sur le béret obtus des chauvins aveuglés
Sur la croix des cathos, le croâ des athées
Sur tous les bulletins et sur toutes les urnes
Où les crétins votants vont se faire entuber
Sur l'espoir en la gauche
Sur la gourmette en or de mon coiffeur de droite
Sur la couenne des connes aplaties sur les plages
Sur l'asphalte encombré de cercueils à roulettes
Sur les flancs blancs d'acier des bombes à neutron
Que tu t'offres à prix d'or sur tes impôts forcés
Sur la sébile humiliante et dérisoire
Qu'il faut tendre pourtant à tous les carrefours
Pour aider à freiner l'ardeur des métastases
Sur le mur de la honte et sur les barbelés
Sur les fronts dégarnis des commémorateurs
Pleurant au cimetière qu'ils ont eux-mêmes empli
Sur le petit écran qui bave encore plus blanc
Sur l'encéphalogramme éternellement plat
Des musclés, des Miss France et des publicitaires
Sur l'étendard vainqueur de la médiocrité
Qui flotte sur les ondes hélas abandonnées
Aux moins méritants des handicapés mentaux
Sur la Bible et sur *Mein Kampf*
Sur le Coran frénétique
Sur le missel des marxistes
Sur les choux-fleurs en trop balancés aux ordures
Quand les enfants d'Afrique écartelés de faim
Savent que tu t'empiffres à mourir éclaté
Sur le nuage
Sur la lune
Sur le soleil atomique
Sur le cahier d'écolier de mes enfants irradiés
J'écris ton nom
HOMME.

« La veulerie de saint François » (musée d'Assise).

F

François prénom masculin, signifiant littéralement : « Mon Dieu, quel imbécile ! » ; du celte *fran* (« mon Dieu ») et *cois* (« quel imbécile » !).

En effet, tous les gens qui s'appellent François sont des imbéciles, sauf François Cavanna, l'écrivain, François Chatelet, le philosophe, et François Cusey, de chez Citroën, qui a honoré l'auteur de son amitié pendant leur incarcération commune au dix-huitième régiment des Transmissions à Épinal. Tous les François sont des imbéciles. La preuve en est que, lorsqu'ils croisent un imbécile, certains l'appellent François.

Le plus souvent, l'ambition, pour ne pas dire l'arrivisme, des François, est à la mesure de leur imbécillité, bien que je n'arrive pas à me faire à l'idée qu'il y ait deux « l » à l'imbécillité alors qu'imbécile n'en prend qu'un. *Dura lex,* mais bon.

Quand ils sentent le vent tourner, grâce à leur instinct d'imbécile, les François n'hésitent pas à s'engager dans la

Résistance en 43, 44, 45, voire, pour les plus sots, en 46. Grâce à la longueur de leurs crocs, qui laissent des traces sur les moquettes ministérielles où ils plient l'échine jusqu'à ramper pour obtenir la moindre poussière de pouvoir, les François peuvent espérer se hisser un jour sur le plus élevé des trônes, celui du haut duquel, dans l'ivresse euphorique des cimes essentielles, l'imbécile oublie enfin qu'il est posé sur son cul. Alors, serein, benoît, chafouin, plus cauteleux que son hermine et plus faux que Loyola, il entraîne paisiblement le royaume à la ruine, en souriant comme un imbécile.

« Les derniers moments de Charles de Gaulle » (J.-P. Laurens).

G

Gaulle (Charles DE), général et homme d'État français né à Lille (1890-1970).

Né dans une famille pauvre mais digne, noble mais propre, Charles de Gaulle fut élevé dans l'amour de la patrie, le respect du drapeau, la dévotion à Jeanne d'Arc et la foi en Dieu sans qui l'oiseau qui trille, le ruisseau qui chante et le cancer qui ronge n'existeraient pas.

Bon élève, bon camarade, Charles souffre dès l'enfance d'une timidité presque maladive, due sans doute à son aspect physique étonnant. A douze ans, il est déjà grand comme une planche à voile, avec de beaux yeux lourds d'épagneul déçu, un menton fuyant les mondanités sous une bouche d'une tristesse de Chopin surmontée d'un nez plus grand que mon interphone.

En 1913, au bal des Petits-Lillois, cet appendice nasal considérable fait forte impression sur la jeune et belle Yvonne de Taizon Nozémois qui avait ouï-dire que plus un homme avait le nez long, plus longue était son espérance de vie.

Elle l'épouse à Saint-Mauroy, c'est la joie, et la guerre de 14 peut commencer.

Charles brille au feu, à cause, diront les mauvaises langues, de son nez. Il n'en est rien. Le 20 mars 1917, à Verdun, l'épée au poing, il prend seul d'assaut un poste ennemi, faisant 14 prisonniers. Plus tard, dans ses mémoires, le chef de poste prussien, encore ébloui par ce fait d'armes, écrira : « Ach ! » Le lendemain, 21 mars, c'est le printemps. Philippe Pétain, pas encore maréchal mais déjà con, décerne au colonel de Gaulle la médaille de bronze du lancer du javelot. Charles est décoré par Roche et Bobois. C'est la joie, et la guerre de 14 peut continuer.

Après l'armistice, comme tous les militaires quand ils n'ont personne à tuer, Charles s'emmerde. Fort de son expérience au front, et très inquiet de l'ampleur du réarmement métallique allemand, il met en garde ses supérieurs dans un livret intitulé *Au fil de l'épée* qui fera pouffer le général Gamelin, futur commandant en chef des Forces françaises de septembre 39 à juin 40, période au cours de laquelle il fit preuve d'une si considérable inefficacité stratégique qu'il n'a même pas sa photo dans le *Larousse.*

Le 16 juin 1940, à midi, il fait 27° à l'ombre à Paris. Écœuré, de Gaulle gagne l'Angleterre le 17.

Le 18 juin, d'un bureau climatisé de la BBC, il lance l'appel du même nom, au terme duquel il demande aux Français de résister à la chaleur en allant batifoler dans les sous-bois jusqu'à ce que ça fraîchisse.

Le 6 juin 1944, enfin, le thermomètre n'affiche plus que 13° à six heures du matin. On peut faire du bateau au bord des plages normandes sans risquer l'insolation. Ce jour-là, on verra même des Américains (tous de grands enfants) se baigner tout habillés pour aller pêcher le pruneau de mer.

« Mets une laine », dit Yvonne de Gaulle à son mari, qui sort pour prendre le pouvoir sous la pluie. Les vivats surexcités de milliers de cons gelés, fébrilement occupés à retourner leur veste, l'accueillent sur les Champs-Élysées et renforcent en lui l'idée que les Français sont des veaux.

Écœuré pour la seconde fois, de Gaulle laisse bientôt ces bovidés s'entrebrouter sans lui. Le cœur lourd et la déroute sous le bras, il va vivre à la campagne. C'est là qu'il rédigera, d'une plume étonnamment fine chez une cigogne de sa corpulence, des livres immenses auprès desquels les catalogues et les maupassanteries des roitelets d'aujourd'hui font figure de bouche-vitrine pour la gare Saint-Lazare, départ banlieue.

Le 13 mai 1958, à midi, sur les marches du forum d'Alger, il fait 31° à l'ombre. Les chevaux et les militaires commencent à piaffer. « Seul de Gaulle peut nous tirer de là », s'écrie le roi kaki local, au bord de l'apoplexie insolationniste. Le 18, de Gaulle et les cocus sont au balcon. Immense et solitaire, face à la foule, les bras et les jambes écartés en signe de ventilateur, le général — mais vous ai-je seulement dit qu'il était général ? — lance son fameux : « Je vous hais, compris ? »

La foule crie bravo, parce que c'est la foule, et qu'elle est malentendante, pour ne pas dire sourde, et malcomprenante, pour ne pas dire sotte. Par la suite, il fera de plus en plus chaud. « Cet homme nous a trahis », meuglera la foule. A Paris, cependant, le fond de l'air est frais. « Mieux vaut un bon petit froid sec qu'une mauvaise petite pluie fine, mais, tout de même, mets ta laine », dit Yvonne de Gaulle à son mari qui sort ramasser le pouvoir sous la brise. Il le gardera plus de dix ans. Puis s'en ira mourir à petits pas forestiers et tombera sur la mousse à grand fracas de chêne abattu.

Depuis, nous n'avons plus de grand homme, mais des petits qui grenouillent et sautillent de droite et de gauche avec une sérénité dans l'incompétence qui force le respect.

« Les quatre amants d'Hélène Gomez » (P. Picasso).

H

Hélène, princesse grecque, héroïne de *l'Iliade,* célèbre par sa grande beauté. Elle était si belle que, sur son passage, les roses rouges des jardins de Troie pleuraient de rage leurs pétales de sang. Hélène s'en souciait peu. Petite et porcelaine, elle ondulait pieds nus sur le marbre blanc, les seins pointillant sous la soie trouble, le cul ferme et décidé, posant sur l'Achéen le regard sacrilège de ses yeux éméchés. Les hommes d'acier parfois laissaient la guerre pour fondre au feu terrible de son sourire à bouche offerte où se lisait estompée l'inoubliable promesse des plus vibrants paroxysmes.

Hélène était la fille de Léda et de Zeus. Ce dernier, dont la moralité n'aurait pas résisté à une fouille à la frontière turque, eut recours au plus odieux des stratagèmes pour séduire Léda.

La sachant coutumière de siestes ombrées au bord du lac Thermolactos, il n'hésita pas à se transformer en cygne pour aller trompeter de joie près de la belle assoupie qui, connement ornithophile comme la plupart des jeunes filles qui ne se sont pas encore fait fienter sur la robe de bal en flirtant sous les platanes de Cavaillon, commença sans malice à lui lisser le col. De cette idylle contre-nature, Léda, outre Hélène, eut trois autres enfants. Clytemnestre, future femme d'Aga bien qu'elle n'eût pas le même nom, et les impayables duettistes Castor et Pollux, dont la mise sur orbite a formé la Constellation des Gémeaux.

Quand Léda comprit de quelle bassesse elle avait été victime, elle entra dans une colère olympique, lapida le cygne à mort, et se le servit confit, entouré de pommes sarladaises revenues dans la graisse de cygne et garnies de champignons de Pâris.

Cependant, Hélène s'épanouissait à l'ombre des oliviers. Frêle enfant au rire frais comme un ruisseau d'été, elle sautillait gaiement derrière les papillons blancs, cheveux au vent et feu au cul. Un jour qu'elle s'effleurait alanguie au pied d'un cyprès, elle vit passer sur un cheval blanc un très joli roi charmant qui, champêtre et luxurieux comme on peut l'être au printemps, mit pied à terre pour contempler un peu cette fée naturelle au yeux mi-clos qui semblait jouer d'une harpe invisible au creux de ses blondeurs secrètes. « Bonjour, belle Hélène, je suis Ménélas, et vous trouve émouvante. »

Elle savait qu'il avait fondé Sparte et qu'il était monté comme un âne. Elle lui donna son cœur, ses fesses, trois enfants et l'occasion de caracoler fièrement devant Troie à quelque temps de là. Offenbach et ses deux librettistes, qui furent les trois plus grands humoristes du second Empire, vous raconteraient cela mieux que moi.

Sainte Hélène (280-330) fut la mère de l'empereur Constantin, celui qui voyait des croix partout et auquel les papes d'aujourd'hui doivent encore de pouvoir déconner au balcon sans risquer de finir aux lions. Avant de faire sainte, cette Hélène-là concubinait notoirement avec Constance Chlore. On voit par là combien les mœurs au sein de l'Église ont évolué dans le bon sens. De nos jours, une salope désireuse de se faire béatifier devra désormais brûler bien des cierges et fumer maints archevêques.

Les Hélène sont généralement fières, hardies, dures au chagrin mais fragiles au fond, pimpantes, égales d'humeur, indispensables. Celles qui sont nées sous le signe des gémeaux connaîtront un grand amour avec moi, mais pas maintenant, il faut que j'attaque la page des « I ».

Bourgueillais ayant fui le mildiou accueillis à Mexico (photo L'Illustration).

I

Indre-et-Loire, département bénéficiant du numéro 37, au sud-ouest du Bassin parisien, constitué par l'ancienne province de Touraine. Préfecture : *Tours* ; sous-préfecture : *Chinon, Loches.* 3 arrondissements, 30 cantons, 278 communes, 6 158 kilomètres carrés, 438 000 habitants, dont 1 423 mourront bientôt d'un cancer, au terme d'un calvaire physique et moral auprès duquel celui du Christ au Golgotha fait figure d'aimable promenade champêtre. Parmi ces 1 423 personnes, et en accord avec les statistiques formelles du Centre national de la recherche scientifique, on peut dénombrer d'ores et déjà 78 communistes, 423 catholiques, 1 nègre, 143 femmes trahies dont 1 au seuil même de la chambre nuptiale, sur le paillasson de l'Auberge des Trois-Chasseurs à la Chapelle-sur-Loire et avec la complicité frénétique d'Arlette Falopiot, dite « l'Épuiseuse », 1 jardinier désespéré qui faisait pousser des cris dans la plaine saumuroise, 223 gaullistes mous, 29 anciens d'Algérie, 2 avocats blonds, 6 petits enfants vraiment très beaux, 103 déçus du socialisme mais pas trop,

2 végétariens hystériques sans enfants parce que c'est de la viande, 1 employé aux écritures qui a très bien connu Jacques Balutin, 11 absentéistes périodiques pour coryzas bidon, 2 cheminots retraités dont 1 ancien résistant sous la micheline Tours-Saumur et 1 responsable du comité d'entreprise de la SNCF très recherché dans les milieux ferroviaires pour son aptitude à raconter les histoires belges à la veillée pendant les vacances de la section A du groupe Paul-Thorez au château de Montsoreau, où il connut d'ailleurs la première alerte, en l'occurrence une stridente douleur hypogastrique qui pulvérisa son sourire et le plaqua au manteau de la cheminée Louis XIII en pierre de tuffeau véritable, au moment même où il allait finir celle du Bruxellois qui en a une toute petite, 4 boulangers dont 1 par vocation, 2 par habitude et 1 par haine du soleil, 2 mercières totalement fermées à l'humour des grandes surfaces, 923 partisans du retour à la peine de mort et 1 tenancier de pressing maghrébin, pour ne pas dire un raton laveur.

Deux remarques après l'énoncé de cette liste :

1. Le total annoncé de 1 423 cancéreux est largement dépassé. Avant de mettre hâtivement en doute les facultés mathématiques de l'auteur, le lecteur fera bien de songer aux cumuls possibles. A titre d'exemple, on notera que rien ne s'oppose à ce qu'un communiste soit en même temps nègre, végétarien et boulanger trahi, pour peu que sa femme soit blanche et libérale de tendance carnivore anti-fournil et miches à l'air.

2. Aucun vigneron ne figure dans cette liste de cancéreux tourangeaux. C'est que les vins de Touraine sont anticancérigènes. Les vins de Bourgueil, notamment, légers, délicatement framboisés, rouge pivoine au soleil et clairs en bouche, ne se contentent pas de susciter au palais l'esprit léger des bords de Loire. Ce fin nectar constitue en outre un véritable repoussoir à métastases. Je sais de quoi je parle, ayant toujours en cave un roulement de 300 bouteilles de bourgueil, je n'ai pratiquement jamais de cancer. D'ailleurs, je n'en aurai

jamais, je suis contre la mort. L'important est de ne pas oublier de boire.

En dehors des cancers qu'elle suggère, somme toute, en assez petite quantité, si l'on compare ces chiffres à ceux de la mortalité par connerie pure chez les militaires de carrière, la Touraine fournit des asperges, des escargots non comestibles et des couchers de soleil sanguins de toute beauté. Pays plat sans platitude aux routes minces courant dans les vignes et les champs, la Touraine offre au rêveur à bicyclette des soirs de paix tranquilles presque insupportables, comme est insupportable la vraie splendeur des roses qui poussent aux flancs des maisons blanches et basses, parce que les paix crépusculaires et la beauté des roses ne sont qu'éphémères agonies, demain matin je dois passer à la banque, le monsieur vient pour le gaz, on va dîner chez les Bourbier, et j'ai un peu mal là, j'espère que ça ne sera rien.

« Les derniers moments de Jaurès » (J.-P. Laurens).

J

Jaurès (Jean), homme de gauche intelligent et honnête, né à Castres en 1859, mort à Paris en 1914. Professeur de philosophie au lycée d'Albi dès l'âge de vingt-cinq ans, il est très aimé de ses élèves auxquels il sait parler de Kant avec humour, d'une très belle et très forte voix chaleureuse qui va bien avec sa grosse barbe carrée.

Malgré sa grande propreté morale, il devient député du Tarn. A la Chambre, son éloquence, sa très grande érudition et l'émouvante sincérité de son discours social réveillent parfois ses collègues. En 1893, il adhère au socialisme par conviction (authentique !), et organise l'unité du parti socialiste dont il devient le chef sans intriguer.

Il fonde *l'Humanité,* qui est alors un journal de gauche.

Dans son livre *les Preuves,* qu'il publie en 1898, il prend vigoureusement parti pour le capitaine Dreyfus, par l'effet d'un besoin incontrôlé, instinctif et irrépressible de justice dont les manifestations ostensibles lui valent le mépris d'une bonne partie de son électorat prolétaire et petit-bourgeois.

Sinon, les enfants l'aiment bien, et il caresse les têtes des chiens qui passent, même quand il n'y a pas de photographe de presse autour.

D'une constitution physique très robuste, Jean Jaurès, selon son médecin personnel, était bâti pour vivre cent cinquante ans. Mais Dieu, dans son infinie sagesse, ne voulut pas que cet homme de bien connût le déshonneur de voir les néo-socialistes au pouvoir en France dans les années 80. Aussi le fit-il assassiner en son temps par un imbécile extatique très attaché aux idéaux guerriers.

« La métamorphose de Pancho Villa » (Goya).

K

Kafka (Franz), écrivain tchèque de langue allemande, né à Prague (1883-1924), auteur de romans *(le Procès, le Château),* de nouvelles et d'un journal intime, qui exprime le désespoir de l'homme devant l'absurdité de l'existence.

Kafka était juif, mais il n'en tirait ni joie ni fierté, ni honte ni tristesse. En réalité, Kafka ne tirait ni joie ni peine de rien ni personne. Simplement, il se sentait mal à l'aise depuis ce matin de 1883 où, alors que tout allait bien pour lui, il est né. Il conçut de cet événement un dégoût inexplicable qui ne le quitta qu'au jour de sa mort. Toute sa vie, cet homme marcha à côté de sa tête. Il avait la vie comme on a le cancer, et se heurtait aux conformités, tel le cafard enfermé butant au mur sans jamais trouver la faille au trou noir salvateur.

Il avait le désir d'aimer mais ne savait pas. Souvent lui venait l'envie de dire : « Bonjour, homme mon frère, mon semblable, mets ta main sur mon épaule, porte un peu mon chagrin, viens chanter dans ma vie. » Mais quelque chose l'en empêchait, et il disait : « Bonjour, monsieur Odradek. Espérons qu'il ne va pas pleuvoir. »

La nouvelle la plus connue de Kafka — c'est plutôt un roman de près de cent pages — s'appelle *la Métamorphose (die Verwandlung).* Comme l'essentiel de son œuvre, elle a été traduite en français par Alexandre Vialatte qui est assurément l'un des plus grands écrivains de ce demi-siècle, ce ne sont pas les trous du cul du nouveau roman qui me péteront le contraire. En fait, le travail de Vialatte sur les textes de Kafka ne relève pas seulement de la simple traduction, c'est la même musique et la même chanson, et c'est normal car ces deux hommes étaient infiniment semblables, éblouissants d'intelligence, pétris du même humour sombre, l'un et l'autre perpétuellement en état de réaction lucide contre l'absurdité fondamentale des guichetiers infernaux de l'administration des âmes. Vialatte avait le désespoir plus souriant, Kafka la dérision plus maladive, mais ces deux-là suivaient le même chemin.

En allemand comme en français, *la Métamorphose* commence ainsi : « Un matin, au sortir d'un rêve agité, Grégoire Samsa s'éveilla transformé dans son lit en une véritable vermine. Il était couché sur le dos, un dos dur comme une cuirasse, et, en levant un peu la tête, il s'aperçut qu'il avait un ventre brun en forme de voûte, divisée par des nervures arquées. La couverture, à peine retenue par le sommet de cet édifice, était près de tomber complètement, et les pattes de Grégoire, pitoyablement minces pour son gros corps, papillotaient devant ses yeux. » Il va sans dire que cette situation inconfortable sera très mal vécue par Grégoire, jusque-là employé modèle, car sa métamorphose, en l'empêchant d'aller au bureau, provoquera chez les parents Samsa une bien compréhensible déception devant l'attitude inconvenante de leur fils.

Méfiez-vous des contrefaçons. Si vous ne possédez pas à fond la langue allemande, ne lisez de Kafka que les traductions garanties Vialatte. Les autres doivent être considérées comme des interprétations libres, aussi loin de Kafka que les improvisations d'Yvette Horner sont loin des Brandebourgeois. C'est une tendance qu'on retrouve chez quelques metteurs en scène de théâtre ou chorégraphes, et qui consiste, faute de talent authentique, à fienter autour des œuvres de ceux qui en ont, pour se donner l'illusion qu'ils existent.

Exemple : cette traduction de *la Métamorphose* signée Roland Barques : « Un matin, dans un nid de scarabées noirs installés sous l'évier de la cuisine des Fournier, 87, rue de la Marne à Puteaux, l'un de ces coléoptères, au sortir d'un rêve agité, s'éveilla transformé en employé de la BNP. A la place de ses élytres, il portait une chemise " Guy Dormeuil habille les hommes forts " et il tamponnait des traites à quatre-vingt-dix jours en fredonnant *Stranger in the night.* »

Je dis que trop c'est trop.

Larminier testant le cancer du genou (photo Niepce).

L

Larminier (Pierre-Henri), homme de science et chercheur français célèbre pour avoir vaincu le cancer (1931-1984).

Infirmier dans le service de cancérologie d'un hôpital de la région parisienne, Larminier devait constater, après de nombreuses observations et recoupements effectués en 1983 sur plus de deux mille cas que :

1. Les patients venant la première fois en consultation de cancérologie s'y rendent par leurs propres moyens, seuls et sur leurs deux jambes, parfaitement valides.

2. A chacune des visites suivantes, les patients donnent des signes de plus en plus visibles d'épuisement. Certains, même très jeunes, perdent subitement leurs cheveux et deviennent progressivement bouffis de visage comme sous l'effet de certains poisons ou alcools absorbés à doses toxiques.

3. Dès que ces patients cessent de se rendre chez leur cancérologue, leurs troubles disparaissent, leurs cheveux repous-

sent, leur visage reprend un aspect normal et leur fatigue générale s'estompe

4. Si, après un laps de temps moyen évalué par Larminier à deux ans minimum et sept ans maximum, ces patients retournent voir leur cancérologue, les troubles cités plus haut s'installent à nouveau et, cette fois, de façon irréversible.

5. L'observation de ces phénomènes prouve donc de façon formelle que le cancer est une maladie provoquée par les cancérologues.

« Morituri salue sa tante ». (P.D. Lomo).

M

Morituri (Léonidas), médecin, physicien, philosophe, humaniste, sociologue et véliplanchiste vénitien né à Venise (1981-2060), célèbre pour ses travaux sur le travail.

La doctrine philosophique de Léonidas Morituri repose sur le concept fondamental de la double existence de l'homme « être » et « non-être » qui ne peuvent se rejoindre qu'après la mort dans un « non-Au-delà ». Avant la mort, l'« être » ne peut se substituer au « non-être » ni l'« effacer », mais l'« être » conscient peut « essuyer » le « non-être » dans une introspection réfléchie volontaire : « Je pense, donc j'essuie. »

En 2009, Morituri révolutionnait le tourisme vénitien en créant les premières gondoles à moteur six cylindres en V à boîte de vitesses automatique, et le 4 mars 2010, méritait le prix Nobel de physique en traversant le grand canal de Venise en sept secondes huit dixièmes ; les gondoliers pouvaient désormais transporter 11 234,7 amoureux à l'heure, soit un bond prodigieux de neuf cents pour cent par rapport à l'époque des gondoles Diesel.

Certes, on était encore loin de la Venise moderne que nous connaissons aujourd'hui, avec ses canaux bétonnés, ses ponts rasés et son palais des Doges rehaussé des trente étages abritant le ministère européen de Sauvegarde des Sites, mais c'était déjà un progrès, et le progrès, c'est toujours un pas de plus, je ne saurais pas vous dire vers quel sommet, vers quel abîme de félicité, mais l'important c'est d'avancer. D'avancer les yeux fermés pour ne pas voir venir le coup de faux définitif au coin du bois où nous n'irons plus danser.

« La pénurie de sapin » (Kiki Santa-Claus).

N

Noël nom donné par les chrétiens à l'ensemble des festivités commémoratives de l'anniversaire de la naissance de Jésus-Christ, dit « le Nazaréen », célèbre illusionniste palestinien de la première année du premier siècle pendant lui-même.
Chez le chrétien moyen, les festivités de Noël s'étalent du 24 décembre au soir au 25 décembre au crépuscule.
Ces festivités sont : le dîner, la messe de minuit (facultative), le réveillon, le vomi du réveillon, la remise des cadeaux, le déjeuner de Noël, le vomi du déjeuner de Noël et la bise à la tante qui pique.

Le dîner : généralement frugal ; rillettes, pâté, coup de rouge, poulet froid, coup de rouge, coup de rouge. Il n'a d'autre fonction que de « caler » l'estomac du chrétien afin de lui permettre d'attendre l'heure tardive du réveillon sans souffrir de la faim.

La messe de minuit : c'est une messe comme les autres, sauf qu'elle a lieu à vingt-deux heures, et que la nature exceptionnellement joviale de l'événement fêté apporte à la liturgie traditionnelle un je-ne-sais-quoi de guilleret qu'on ne retrouve pas dans la messe des morts.

Au cours de ce rituel, le prêtre, de son ample voix ponctuée de grands gestes vides de cormoran timide, exalte en d'eunuquiens aigus à faire vibrer le temple, la liesse béate et parfumée des bergers cruciphiles descendus des hauteurs du Golan pour s'éclater le surmoi dans la contemplation agricole d'un improbable dieu de paille vagissant dans le foin entre une viande rouge sur pied et un porte-misère borné, pour le rachat à long terme des âmes des employés de bureau adultères, des notaires luxurieux, des filles de ferme fouille-tiroir, des chefs de cabinet pédophiles, des collecteurs d'impôts impies, des tourneurs-fraiseurs parjures, des O.S. orgueilleux, des putains colériques, des éboueurs avares, des équarisseurs grossiers, des préfets fourbes, des militaires indélicats, des manipulateurs-vérificateurs méchants, des informaticiens louches, j'en passe et de plus humains.

A la fin de l'office, il n'est pas rare que le prêtre larmoie sur la misère du monde, le non-respect des cessez-le-feu et la détresse des enfants affamés, singulièrement intolérable en cette nuit de l'Enfant.

Le réveillon : c'est le moment familial où la fête de Noël prend tout son sens. Il s'agit de saluer l'avènement du Christ en ingurgitant, à dose limite avant éclatement, suffisamment de victuailles hypercaloriques pour épuiser en un soir le budget mensuel d'un ménage moyen. D'après les chiffres de l'UNICEF, l'équivalent en riz complet de l'ensemble foie gras-pâté en croûte-bûche au beurre englouti par chaque chrétien au cours du réveillon permettrait de sauver de la faim pendant un an un enfant du Tiers Monde sur le point de crever le ventre caverneux, le squelette à fleur de peau, et le regard innommable de ses yeux brûlants levé vers rien sans que Dieu s'en émeuve, occupé qu'Il est à compter les siens éructant dans la graisse de Noël et flatulant dans la soie floue de leurs caleçons communs, sans que leur cœur jamais ne s'ouvre que pour roter.

La remise des cadeaux : après avoir vomi son réveillon, le chrétien s'endort l'âme en paix. Au matin, il mange du bicarbonate de soude et rote épanoui tandis que ses enfants gras cueillent sur un sapin mort des tanks et des poupées molles à tête revêche comme on fait maintenant.

Le déjeuner de réveillon : la panse ulcérée et le foie sur les genoux, le chrétien néanmoins se rempiffre à plein groin, se revautre en couinant de plaisir dans les saindoux compacts, les tripailles sculptées de son cousin cochon et les pâtisseries immondes, indécemment ouvragées en bois mort bouffi. Ô bûches de Noël, indécents mandrins innervés de pistache infamante et cloqués de multicolores gluances hyperglycémiques, plus douillettement couchées dans la crème que Jésus sur la paille, vous êtes le vrai symbole de Noël.

La bise à la tante qui pique : après avoir vomi son déjeuner, le chrétien reçoit la tante qui pique et la donne à sucer à ses enfants. Si elle pique beaucoup, la tante qui pique devra attendre le Nouvel An pour que les enfants du chrétien aillent lui brouter le parchemin maxillaire contre deux cents grammes de confiseries.

Le Nouvel An est l'occasion de festivités exactement semblables à celles de Noël, à ce détail près qu'il s'agit cette fois d'un rite païen.

Le défilé de mode papou (photo Hamilton).

O

Océanie, un des cinq continents, poliment méprisé par la plupart des quatre autres.

L'Océanie est un archipel compris entre l'Asie à l'ouest et l'Amérique à l'est. Certaines de ses îles ne sont que des atolls madréporiques offrant de singuliers paysages tout à fait incroyables et peu prévisibles dans l'imagerie traditionnelle de Bellifontain moyen.

Les habitants de l'Océanie sont les Papouins, les Javaniques, les Australous et les Malaisés. Certains portent des plumes autour des pieds, d'autres vont fesses au vent, d'autres encore mangent des chiens et appellent leur cochon Kiki, au lieu de faire le contraire, et le Bellifontain s'étonne un peu plus.

Les animaux océaniens sont l'émeu, le galéopithèque, le dingo, le nasique, le koala, l'aptéryx, le cygne noir, le gibbon soucieux, l'ornithorynque, la lyre-jacasse, qui n'a pas sa langue dans sa poche, et le kangourou non plus. L'Océanie produit du café, des épices, du quartz aurifère, du camphre et de l'indigo qui donne son bleu soutenu à la moquette de la salle des fêtes de l'Association sportive de Fontainebleau.

La vilenie du comte de Paris (photo Détective).

P

Paris ville de France aux murs chargés d'histoire et au sol couvert de crottes de chiens.

Les premiers habitants de Paris s'appelaient les Parisiiiiiii à cause de leur habileté à glisser et à freiner dans les crottes de chiens. Aujourd'hui, les habitants de Paris s'appellent les Parichiens parce qu'ils aboient pour faire pousser les pommes de terre. Exemple : « T'avances, eh, patate » (VICTOR HUGO, *Racines*).

Paris est le siège du gouvernement de la France. Tous les cinq ou sept ans, une bande d'incompétents cyniques de gauche succède à une bande d'incompétents cyniques de droite, et le peuple éperdu d'espoir s'écrie « On a gagné » à travers les rues de Paris, sans même s'apercevoir qu'il continue de glisser dans la merde de la Bastille à la Nation.

Peinard, face à la Seine, le palais bourbonne. Paris est célèbre dans le monde entier par le nombre incroyable de ses arrondissements. Ces principaux arrondissements sont : le premier, le deuxième, le troisième, le quatrième, le cinquième, le sixième, le septième, le huitième, le neuvième, le dixième, le onzième, le douzième, le treizième, le quatorzième, le quinzième, le dix-septième, le dix-huitième, le dix-neuvième, le vingtième.

De nombreux plans de Paris font également état d'un seizième arrondissement ; mais nous préférons ici le passer sous silence, car c'est un arrondissement extrêmement vulgaire, tape-à-l'œil et gourmetté au point que les passants n'y passent pas, ils cliquettent.

Revoyons maintenant la ville de Paris arrondissement par arrondissement avec une attention plus soutenue.

1er arrondissement : remarquable pour la place Vendôme dont la beauté tranquille abrite de feutrés diamantaires courbés d'émotion devant les satrapes orientaux cousus d'or noir. Pour le musée du Louvre aux statues égyptiennes inhumaines à force de pureté, et son premier étage où le gardien fier mais usé répète en vain que « non, madame, la Joconde, ce n'est pas une toile, c'est sur du bois ». Et puis aussi pour le jardin des Tuileries, trop bien rangé-carré peut-être, mais dont les marronniers, de siècle en siècle, continuent d'ombrager les amours naissantes et les ruptures orageuses, ponctuant sobrement les soupirs et les pleurs du ploc-ploc rustique de leurs marrons mûrs s'éclatant sur les gueules des transis enlacés.

2e arrondissement : la Bourse à ma gauche, les putes à ma droite, c'est l'arrondissement de l'argent en gros et de l'amour en stock.

Du côté de la rue d'Aboukir, des juifs débordés virevoltent, les bras chargés de coupons de rayonne. Le chômeur mou les regarde courir. Il se demande s'il est vraiment urgent de vendre du tissu quand il fait si beau.

3e arrondissement : « à l'âge où s'amuser tout seul ne suffit plus », j'ai connu une naine rue des Minimes. Cela ne s'oublie pas. Employée aux Archives nationales, elle avait un sens du rythme époustouflant. C'est, à ma connaissance, la seule documentaliste assermentée capable de téter un homme en twistant sur du Cloclo.

4e arrondissement : le centre Pompidou a longtemps divisé les Parisiens en trois grandes catégories : ceux qui trouvaient ça laid, ceux qui trouvaient ça beau, et ceux qui se demandaient s'il fallait trouver ça laid ou beau pour avoir l'air dans le coup. Rien n'est plus incertain que le sens architectural des Parisiens. On a vu les mêmes honnir le Sacré-Cœur et s'esbaudir à Beaubourg après avoir déchiré leur T-shirt en pleurant des larmes de sang devant la démolition des ferrailleries utilitaires de M. Baltard.

5e arrondissement : on en retiendra le Panthéon, où s'entreposent de considérables rogatons que les puissants temporaires viennent fleurir en s'émouvant face aux caméras, l'hôpital du Val-de-Grâce où les militaires ont le bon goût de souffrir un peu, le jardin des Plantes, où les enfants se rient de la plainte du loup fou enfermé, qui tourne et tourne en rond jusqu'à saigner des griffes, et les foutoirs estudiantins hantés de longilignes couillons pré-fatigués, embrumés d'herbes troubles et peu prompts à penser.

6e arrondissement : moins authentique qu'une euphorie au Préfontaines, c'est le quartier Latin. D'ailleurs, on y mange mal, mais grec. Merci mon Dieu, merci Carpeaux, le jardin du Luxembourg a conservé son charme bon chic, bon genre, belles dames de France encore un peu crinoliennes et poussant des landaus raffinés sous les fenêtres du palais où passe, parfois feutrée, l'ombre balzacienne d'un sénateur enflé. De Saint-Placide à Vavin, les enfants du collège Stanislas, la nuque droite et l'œil poli, continuent d'assurer la survie du blazer en milieu para-texan.

7e arrondissement : tour Eiffel : vous qui pleurez sur Baltard, rappelez-vous que vos grands-pères identiques exigèrent à hauts cris la destruction de cette « vivante apologie métallique du mauvais goût français ». De considérables sommités médicales déclarèrent sans rire qu'« on s'y pouvait faire mourir de la raréfaction de l'air après le premier étage ». Les mêmes, pour tout dire, pérorent encore à l'Ordre des médecins où, faute d'avoir pu brûler Pasteur pour hérésie, ils se vengent en pourchassant le guérisseur, convaincus qu'ils sont de détenir de droit divin le monopole de l'incompétence face au cancer.

8e arrondissement : bruyant, affairé, fourmillant le jour, ce quartier devient, à la nuit tombée, plus sinistre qu'un chapeau mou sur un potentat soviétique. C'est le pays des bureaux. La nuit, les gardiens du même nom affichent tristement sous leur casquette l'œil méticuleux des mortels gagne-petit préoccupés de se ménager l'avenir en s'achetant des crématoriums en viager. Saint-Lazare est essentiellement une gare de banlieue. On ne s'y étreint guère pour des adieux mouillés comme à Montparnasse ou Austerlitz. On s'y bouscule, on s'y piétine, on s'y hait brièvement. La buraliste s'agace, le guichetier fulmine, le merguézien n'a pas la frite.

Sur le mur de la Cour du Havre, à plus d'un mètre du sol, on peut lire sous un trait large peint à l'huile : « Crue de 1910. » On dit aujourd'hui que, par la grâce des ingénieurs des Eaux-et-Rivières susceptibles de hauts et bas, Paris est désormais à l'abri d'un tel débordement. Et je dis que c'est triste. L'idée de mourir un jour sans avoir eu la chance de voir Paris noyé à hauteur de béret m'est intolérable. Les bagnoles qui puent, qui vroument, les mammifères de bureau vibratiles, les pépés grommeleux à bout de chien chieur, les amoureux par deux, les Nippons touristiques, contempler toute cette vase d'humanité pour quelques heures enfouie sous l'eau lisse et tranquille de la Seine éternelle, dans le silence où passe une mouette étonnée qui se pose sur la crête émergée d'un parcmètre englouti et voit passer trois képis bleus flottant vers Rouen et les mers atlantiques, ah, merde à Dieu, mourir après je veux bien, voir Naples avant, je m'en fous.

9e arrondissement : appelé ainsi en hommage à Blanche de Castille qui s'y fit engrosser neuf fois par Henri le Mutin.

C'est le seul arrondissement de Paris réellement digne d'intérêt. Ce jugement péremptoire pourra choquer le lecteur en droit d'attendre plus d'objectivité de la part d'un dictionnaire, mais, compte tenu de la partialité de certains bulletins météorologiques, ou de l'orientation politique sournoisement insufflée dans la rédaction des pages jaunes de l'annuaire, j'aurais tort de me gêner, comme disait Blanche de Castille en noyant ses fœtus sous le Pont-Neuf, appelé ainsi pour les raisons déjà précisées plus haut.

L'intérêt du neuvième arrondissement de Paris, aux yeux subjectifs de l'auteur, ne réside pas dans le fait qu'on y rencontre, rue Pigalle ou rue Frochot, d'inamovibles hétaïres isothermiques, le jambon toujours offert aux frimas montmartrois. Ni dans l'élégant fourmillement des grands magasins où la Parisienne épanouie pimpe à tous les étages. Ni dans l'érotisme glacé des Folies-Bergère (entrez, blancs moutons...). Ni dans l'ordonnancement m'as-tu-vu des beaux immeubles du baron Haussmann. Simplement, c'est là, dans le neuvième arrondissement, entre le Printemps et l'Olympia, qu'ont brûlé mes années jeunes, que j'ai fait mes plus belles bêtises et mes plus beaux enfants. On n'a pas idée d'avoir ses racines et sa nostalgie si loin des pâquerettes, mais aujourd'hui encore, tandis qu'à l'ordinaire je bourgeoise et jardine à l'autre bout de Paris, le cœur me serre à la traversée de la Chaussée-d'Antin.

10e arrondissement : quartier gris. La rue Lafayette qui finit mal, avec ce pont hideux de ciment croisé au-dessus des rails. La gare de l'Est, la gare des guerres allemandes et des services militaires à Épinal :

> « Avec ce train ventru
> qui ronronne et soupire
> et qui va nous conduire
> jusqu'au malentendu. »

11e arrondissement : C'est le lieu commun du non-tourisme parisien. L'Américain s'y fait rare, le Nippon s'y désole, le Hollandais lui-même s'aperçoit qu'il s'y emmerde. Le onzième n'irradie pas. Il est anti-monumental. Et ne me parlez pas de l'église Saint-Ambroise. Quand je la croise, j'ai honte pour Dieu.

12e arrondissement : le campanile de la gare de Lyon bande au sud, c'est plus gai. Au bord de Seine et de mourir bientôt sous les bulls, les entrepôts de Bercy où j'ai mes amis pour trinquer sous les arbres, forment un fabuleux village finissant, qui sent bon la futaille et les caves d'antan. Rue de Château-Lafite, cour Margaux, enclos du Maconnais, rues pavées à l'herbe hirsute cernées de maisons basses. Passe un vieux chat tripode. Dans l'antre poussiéreux de ses cognacs centenaires, M. Celestin se chauffe au poêle de fonte qu'il a acheté en 1928, putain d'année pour les bordeaux.

13e arrondissement : normalement, aux avrils moins frais où les clochards s'enfuient effarés de la Salle Pétrière, il en est un, plus très quinquagénaire et franchement haillonné, qui rêve assis place d'Italie, au coin de l'avenue de Choisy. Je connais par cœur le texte du panneau de carton sale calé par sa sébile et qui lui tient lieu de carte de visite :

> « J'ai soif.
> A titre indicatif, notez
> Les tarifs moyens pratiqués dans
> le quartier
> Petit blanc : 3,50 F
> Ballon de rouge : 2 F
> Demi-pression : 4 F. »

14e arrondissement : pour les ultimes fanas du charleston, les fantômes titubants des Fitzgerald ivres morts hantent peut-être encore le mont Parnasse de Port-Royal à la Gaîté.

Mais les années ne sont plus folles. Plus de peintres à la Coupole. Des cadres.

15e arrondissement : le cimetière de Vaugirard est le plus petit de Paris. Personne ne sait vraiment où il est. Quelquefois les morts ne savent pas y aller. Ils attendent le Jugement dernier dans de fragiles autos noires mal garées rue Lecourbe.

Au début des années soixante, à la caserne Dupleix, entre le boulevard de Grenelle et l'avenue de Suffren, devant la guérite qui fait face à la rue Desaix, se tenait, troufioniquement raide et grossier, un sous-officier de cavalerie rouge viné qui accueillait les enfants en âge de guerre coloniale par des beuglements triomphaux : « Alors, les petits pédés, on l'a dans le cul ! »

J'espère qu'il est mort dans d'atroces souffrances.

17e arrondissement : c'est l'arrondissement le plus riche en grandes places rondes et cossues aux terrasses feuillues et garnies d'écaillers prospères. A leurs tables, le bourgeois lent suce l'huître en appréciant la bourse. Au lycée Carnot, où j'ai souffert avec soin d'être obligé d'apprendre, nous étions fiers et bêtes. La fesse gauche de mon professeur de philo avait été mordue par un obus allemand, et le maître de chimie avait la voix flûtée. Nous les appelions Demi-Lune et Quart-de-Couille. La honte aujourd'hui encore m'empourpre. Peut-être espèrent-ils que je suis mort dans d'atroces souffrances ?

18e arrondissement : les samedis de soleil voient les automobiles s'emplir de Parisiens familiaux chargés de presse-purée, de chats domestiques et de progénitures énervées. A midi chaud, la fourmilière est vide et frappée de silence. Alors, des murs gris des boulevards, de la Chapelle à Clichy, suinte lentement la coulée douce des immigrés. Désolamment endimanchés ou quasiment princiers dans les toges arrogantes des rois de pays peuhl, ils sortent promener leur solitude comme on va faire pisser son chien, sans joie, sans trop penser, et en trottant derrière. Çà et là, quelque raciste pauvre les croise avec dédain.

19e arrondissement : rue de Belleville ou avenue Secrétan, le marché est partout et tout le temps. C'est le Paris-village encore qui dure. Merci poissonnier. Tu sens meilleur que le psychanalyste.

Aux Buttes-Chaumont, le plus vieux manège était déjà là quand mon père était petit. J'y mène mes enfants. Ça tourne et ça nous pousse. La mort est un tour de cochon.

Je me demande si le cimetière de la Villette n'est pas plus petit que celui de Vaugirard.

20e arrondissement : on me dit que c'est un quartier populaire. Il faudra que j'aille voir.

Tabernacle ! (Michel Petitange).

Q

Québec province du Canada située au nord-est des États-Unis, essentiellement peuplée de Berrichons en Cadillac appelés Québécois. La langue officielle est le français, qui est mâché par six millions de personnes.

Le Québécois est hospitalier, travailleur, rarement iroquois, souvent chômeur. Il est extraordinairement ouvert et souriant. On a même vu des fonctionnaires québécois dire bonjour. L'hiver, sa tête émerge à peine de deux mètres de neige. Il se bat contre la glace à coups de pelle fracassants que sa stature bûcheronne autorise à merveille. Détruire la glace est l'unique souci hivernal du Québécois. Il la broie, la pile, la chauffe au chalumeau, la réduisant parfois en eau.

Aux beaux jours, le merle francophone trille la la outi. Le Québec aussitôt déshiberne et se met à fondre de partout, dans la rumeur bouillonnante de mille torrents fous. Alors, le Québécois s'affole de voir toute cette eau lui échapper. Il la stocke bien vite dans des congélateurs considérables et des distributeurs de glaçons que le visiteur étonné découvre à tout bout de champ de maïs en la moindre gargote. Conserver la glace est l'unique souci estival du Québécois.

Les villes les plus connues du Québec sont *Montréal* et *Québec*. Même mon beau-frère Christian, qui fait du rock'n roll, en a entendu parler.

Large, paisible et feuillue, Montréal s'enorgueillit de joyeuses rues piétonnes ouvertes aux palabres futiles et propices aux funambules. On y goûte aux terrasses le spaghetti et l'osso buco canadien, bassement calqué sur les recettes italiennes, à ce détail près que le bout de veau y est remplacé par des genoux de castor au sirop d'érable pour adoucir.

La nuit, rue Sainte-Catherine, au Club 281, six éphèbes oubliables s'étirent sans joie la zigounette sous le nez d'une clientèle féminine que ces ondulantes caoutchouteries exacerbent peu, car la femme plus souvent bande à cœur.

Québec est plus montmartroise et, quoique altière et fortifiée depuis Champlain, plus putassement touristique, avec ses barbes à papistes, ses bateleurs frelatés, ses loubards las à motos sales. L'autochtone effrayé, avant de fuir l'août fébrile, met sa cabane au cadenas.

Les derniers moments de J.-M. Reiser (photo Chenz).

R

Reiser (Jean-Marc), philosophe français né d'un péché de la chair et mort d'un cancer des os (1941-1983).

Les notables de Saint-Gilles-Croix-de-Vie surpris par la marée montante (photo Ouest-France).

S

Saint-Gilles-Croix-de-Vie station de bains et port de pêche vendéen, entre Saint-Jean-de-Monts, au nord, et les Sables-d'Olonne, en dessous.

La plage est belle et le sable est fin. De mi-juillet à la fin août, l'ouvrier parisien, debout dans son caleçon coloré, les mains sur les hanches et tourné vers le large, se demande ce qu'il fait là. Il a le nez flamboyant au noroît, le cheveu qui moutonne à la brise, le regard étal, et l'humour à marée basse sous le flot montant des jacasseries balnéaires de sa belle-mère toujours recommencée.

C'est une plage comme une autre, avec des joies simples de plage, et des jeux qu'on ébauche sans jamais les finir, avec de variqueuses épicières que la marée surprend, et de bruyants fraiseurs-sertisseurs, couchés dans le clapot, la fraise sertie d'algues mortes et le nombril ensablé. Au midi surchauffé, des connes définitives brûlent au second degré avec un soin extrême, se craquèlent et se cloquent sans frémir d'un orteil, dans l'espoir fou de se donner au cuir la couleur brun luisant des cacas bien portants. Parfois, quand le vent souffle de la terre, des enfants d'imbéciles disparaissent au large sur le matelas pneumatique publicitaire des moteurs Fend-la-Bise. La mouette s'inquiète à peine de leurs cris déchirants quand le froid les saisit à la lune.

Curiosité locale : Saint-Gilles-Croix-de-Vie est la seule ville de bord de mer au monde où les pouvoirs publics ont pensé à mettre des baraques foraines et des parkings automobiles tout autour du port afin que les touristes ne puissent jamais voir la mer et les bateaux. C'est une curiosité pétaradante qui mérite le détour, encore qu'on puisse jouir du même paysage sans quitter Clermont-Ferrand.

Le Tintoret (autoportraits).

T

Tintoret (Iacopo Robusti, dit **le**), peintre italien, né à Venise (1518-1594). On lui doit un grand nombre d'œuvres religieuses ou historiques, remarquables par la fougue inventive et la puissance du coloris. La plupart de ces œuvres sont au palais des Doges de Venise et à la Scuola di San Rocco, à Venise également.

On ressent assez vite, à la contemplation d'une toile du Tintoret, un léger ennui qu'on ne retrouve pas à la lecture de *Fluide glacial,* où Edika dessine très bien les bites.

« Les Ionesco à l'Unesco » (Popesco).

U

Unesco mot formé des initiales des mots anglais *United Nations Educational, Scientific and Cultural Organization,* institution spécialisée de l'Organisation des Nations unies, constituée en 1946 pour protéger les libertés humaines et développer la culture.

La maison de l'Unesco, à Paris, est l'œuvre des architectes Zehrfuss, Nervi et Breuer, qui feraient mieux de se cacher.

« I dernieri momenti di Antonio Vivaldi »
(J.-P. Lorenzi).

V

Vivaldi (Antonio), compositeur italien, né à Venise (1678-1741).

Célèbre virtuose, auteur de musique religieuse, d'opéras, de sonates, de symphonies, il a imposé le concerto à trois mouvements et le couvre-feu à vingt-deux heures sur la piazetta di San Marco dont il fut le vicaire borné pendant plus de vingt ans.

Quand j'étais presque encore petit, à la campagne, j'attendais que la nuit d'été fût très noire pour installer le haut-parleur de mon « Teppaz » en haut du grand tilleul, et j'écoutais *la Notte* en comptant les étoiles, couché dans l'herbe, et des vagues de chagrin voluptueux me couraient sur la peau, comme quand on est loin de l'autre qu'on aime et que c'est déchirant pour les joies ordinaires.

Aujourd'hui, j'ai une maxi-chaîne deux fois cent watts. En grandissant, l'oreille s'affine et le cœur se serre.

« La reddition de Jaruszelsky »
(Lech Toulouselsky-Lautrecsa).

W

Warszawa (fr. VARSOVIE), ville polonaise où les arbres ont le droit de pousser la nuit.

Les travaux de Xaintrailles sur les gnous (photo W. Disney).

X

Xaintrailles ou **Saintrailles** (Pierre-Henri DE), zoologue français (1904-1980), descendant direct du maréchal Jean de Xaintrailles (1400-1461) qui accompagna Jeanne d'Arc au siège d'Orléans, à Chinon, à Vendôme, à Rouen ; bref, c'est tout juste s'il ne l'accompagnait pas aux cabinets.

Pierre-Henri de Xaintrailles fut le premier zoologue français à s'intéresser au gnou. Il est de fait qu'à part l'admirable poème d'Alfred de Vigny, *la Mort du gnou,* aucun ouvrage sérieux n'accordait à ce fier bestiau sud-africain la place qu'il méritait dans la littérature animalière scientifique. Dans ses deux essais majeurs *Sur les gnous* et *le Gnou des Baskerville,* parus respectivement en 1947 et 1951, après les deux séjours de Xaintrailles à Baskerville (Afrique du Sud), l'auteur nous décrit par le menu les mœurs et coutumes d'une famille de gnous dont il partagea la tanière pendant plus de six mois avant de s'apercevoir que c'était des vaches.

En 1978, Xaintrailles retourne en Afrique, à la demande du gouvernement belge, pour étudier d'autres anthropoïdes.

Le savant sillonnera pendant plus de six mois les bords de l'équateur avant de publier son troisième essai scientifique uniquement consacré aux grands singes. On en retiendra essentiellement le chapitre IV, dans lequel l'auteur nous décrit par le menu les mœurs et coutumes d'une femelle de gorille dont il partagea la tanière pendant trois mois avant de s'apercevoir que c'était un mâle.

Parmi les autres animaux sauvages étudiés par Xaintrailles, citons en vrac le rat des champs, la vache rieuse, le compère-lireli, la mésange fouille-merde, le crapaud joli.

Avant de mourir, le 6 mars 1980, broyé sous un cageot d'asperges, alors qu'il étudiait le rat des villes à la loupe devant chez Fauchon, Xaintrailles dit : « Aaaah. »

« Le Yang-Tseu-Kiang à sec » (Mao Tsé-Braque).

Y

Yang-Tseu-Kiang (le), le plus long fleuve de Chine, appelé aussi **fleuve Bleu** bien qu'il tire sur le rouge *.

Le Yang-Tseu-Kiang est un fleuve surprenant. Un de mes amis brasseur d'affaires internationales, qui l'avait bien descendu et à qui je demandais ses impressions, m'a répondu : « Le Yang-Tseu-Kiang est un fleuve surprenant. » C'est bien ce que je disais.

* En Chine, il est interdit de tirer sur quelque rouge que ce soit.

« Lou dernierus momentou di Zamenhof » (J.-P. Laurensou).

Z

Zamenhof (Lejzer Ludwik), médecin et linguiste polonais, né à Bialystok (1859-1917). On lui doit l'invention de l'espéranto.

Tout le monde s'en fout et c'est dommage. Quand on sait qu'à la base de tous les conflits, de toutes les haines, de toutes les guerres, de tous les racismes, il y a la peur de l'Autre, c'est-à-dire de celui qui ne s'habille pas comme moi, qui ne chante pas comme moi, qui ne danse pas comme moi, qui ne prie pas comme moi, qui ne parle pas comme moi ; quand on sait ces choses, dis-je, on est en droit de se demander si, par-dessus les têtes couronnées des potentats abscons qui nous poussent au massacre tous les quatre printemps, l'usage d'une langue universelle ne saurait pas nous aider à résoudre nos litiges et à tolérer nos différences avant l'heure imbécile du fusil qu'on décroche et du clairon qui pouète. Enfin. Bon. Utopie.

Lejzer Ludwik Zamenhof est mort à Varsovie le 5 septembre 1917, dans des circonstances dramatiques. Il n'est pas trop fort de dire qu'il est mort pour l'espéranto. Ce jour-là, il descendait la Vistule. Un alligator, d'autant plus désagréable qu'il s'emmerdait tout seul (la proportion d'alligators par habitant en Pologne n'atteint pas zéro pour mille), fit volontairement chavirer son frêle esquif dans les eaux troubles et glauques. L'alligator, qui ne savait pas nager, coula à pic. Quant à Zamenhof, c'est en vain qu'il appela à l'aide les nombreux pêcheurs à la ligne témoins du drame. Aucun de ces braves hommes ne parlait l'espéranto. Aucun ne comprit que le vibrant « Au secouro ! » poussé par Zamenhof signifiait « Au secours ! ». Ainsi, alors que d'autres, comme la marquise de Pompadour, réussissent une carrière grâce au maniement d'une langue, Lejzer Ludwik Zamenhof mourut d'avoir voulu montrer la sienne à tous les passants.

Aujourd'hui, Zamenhof repose à l'ombre d'un grand cyprès dans le cimetière juif de Varsovie.

Pourquoi au cimetière juif, alors que, de notoriété publique, il était plus catholique qu'un essaim d'intégristes ? Parce que Zamenhof, jusqu'au bout fidèle à son idéal, avait exigé que l'adresse de sa dernière demeure figurât en espéranto sur le couvercle de son cercueil.

Pour un croque-mort polonais, hélas, l'espéranto, c'est de l'hébreu.

Chroniques
de la haine ordinaire

Bonne année mon cul

3 février 1986

Il était temps que janvier fît place à février.

Janvier est de très loin le mois le plus saumâtre, le plus grumeleux, le moins pétillant de l'année.

Les plus sous-doués d'entre vous auront remarqué que janvier débute le premier. Je veux dire que ce n'est pas moi qui ai commencé.

Et qu'est-ce que le premier janvier, sinon le jour honni entre tous où des brassées d'imbéciles joviaux se jettent sur leur téléphone pour vous rappeler l'inexorable progression de votre compte à rebours avant le départ vers le Père-Lachaise...

Dieu merci, cet hiver, afin de m'épargner au maximum les assauts grotesques de ces enthousiasmes hypocrites, j'ai modifié légèrement le message de mon répondeur téléphonique. Au lieu de « Bonjour à tous », j'ai mis « Bonne année mon cul ». C'est net, c'est sobre, et ça vole suffisamment bas pour que les grossiers trouvent ça vulgaire.

Plus encore que les quarante-cinq précédents mois de janvier que j'ai eu le malheur de traverser par la faute de ma mère, celui-ci est à marquer d'une pierre noire. Je n'en retiens pour ma part que les glauques et mornes soubresauts de l'actualité dont il fut parsemé.

C'est un avocat très mûr qui tombe, sa veuve qui descend de son petit cheval pour monter sur ses grands chevaux. La gauche est dans un cul-de-sac. Mme Villemin est dans l'impasse, tandis que, de biture en biture, les graphologues de l'affaire qui ne dessoûlent plus continuent à jouer à Pince-mi et Grégory sont dans un bateau...

Côté bouillon de culture, Francis Huster attrape *le Cid* avec Jean Marais.

Au *Progrès de Lyon,* le spécialiste des chiens écrasés et le responsable des chats noyés, apprenant qu'Hersant rachète le journal, se dominent pour ne pas faire grève.

Le 15, premier coup dur, Balavoine est mort.

Le 16, deuxième coup dur, Chantal Goya est toujours vivante. L'Espagne — fallait-il qu'elle fût myope — reconnaît Israël.

Le 19, on croit apercevoir mère Teresa chez Régine : c'était Bardot sous sa mantille en peau de phoque...

Le 23, il fait 9° à Massy-Palaiseau. On n'avait pas vu ça, un 23 janvier, depuis 1936. Et je pose la question : Qu'est-ce que ça peut foutre ?

Le 26, sur TF 1, le roi des Enfoirés dégouline de charité chrétienne dans une entreprise de restauration cardiaque pour nouveaux pauvres : heureusement, j'ai mon Alka-Seltzer.

Le 27, l'un des trois légionnaires assassins du Paris-Vintimille essaie timidement de se suicider dans sa cellule. Ses jours ne sont pas en danger. Je n'en dirais pas autant de ses nuits.

Le 29, feu d'artifice tragique à Cap-Kennedy. Bilan : 380 tonnes d'hydrogène et d'oxygène liquides bêtement gâchées.

Et le soir du 31, comme tous les soirs, Joëlle Kauffmann embrasse ses deux garçons. Et elle entre dans sa chambre. Elle est toute seule. Elle ne dort pas très bien.

Enfin voici février. Sec comme un coup de trique et glacé comme un marron. Avec son Mardi gras qui nous court sur la crêpe. C'est le mois de saint Blaise, qui rit dans son ascèse, et de sainte Véronique, qui pleure dans les tuniques. C'est aussi le temps du carême, où les maigres chrétiens d'Éthiopie peuvent enfin jeûner la tête haute pour la seule gloire de Dieu.

Les statistiques sont irréfutables : c'est en février que les hommes s'entre-tuent le moins dans le monde ; moins de tueries guerrières, moins de rixes crapuleuses, moins d'agressions nocturnes dans les rues sombres du XVIIIe, où l'insécurité est telle habituellement que les Arabes n'osent même plus sortir le soir. Jusqu'au nombre des cambriolages qui diminue de 6 % en février. Et tout ça, pourquoi ?

Après les enquêtes scientifiques les plus poussées, les sociologues sont parvenus à cette incroyable conclusion : si les hommes font moins de conneries en février, c'est parce qu'ils n'ont que 28 jours.

Quant au mois de mars, je le dis sans aucune arrière-pensée politique, ça m'étonnerait qu'il passe l'hiver.

Les restaurants du foie

4 février 1986

Attention, attention. Il n'y a pas que les nouveaux pauvres. Il y a les nouveaux riches. Pour venir en aide à mes amis nouveaux riches qui crèvent dans leur cholestérol en plein hiver à Méribel, j'ai décidé d'ouvrir les restaurants du foie. Envoyez-moi des tonnes de verveine et des quintaux de biscottes sans sel, le bon Dieu vous les rendra...

Sans vouloir offenser les marchands de confitures, il faut bien se rendre à l'évidence : les sirupeux commencent à nous les engluer.

Depuis des lustres, déjà, la mièvrerie d'un humanisme sanglotant enrobait l'*Homo sapiens* occidental, infiltrant en son cœur débordant de remords colonialiste le flot sucré de la plus vulgaire sensiblerie. Mais bon. On se contentait de patauger dans le filandreux sans s'y noyer : trois sous pour l'abbé Pierre, une marraine pour le Vietnam, une cuillerée pour Mamadou, et l'on pouvait retourner finir son foie gras la conscience débarbouillée, et l'âme dans les pantoufles.

Mais voici qu'une horde électronique de rockers anglophones surgavés d'ice-creams se prend soudain d'émotion au récit pitoyable de la misère éthiopienne dont les navrantes images nous prouvent en tout cas qu'on peut garder la ligne loin de Contrexéville. Gravés sur le vinyle, les miaulements effrayants et les brames emmêlés de ces chanteurs transis déferlent un jour sur les ondes, et c'est alors le monde entier qui glougloute dans la mélasse, la larme en crue et la honte sous le bras.

Pantelants d'admiration pour tout ce qui vient d'Amérique, les troubadours fin de siècle du rock auvergnat veulent faire la même chose. Ils s'agglutinent en vain aux portes des maquignons du 33 tours : Renaud a eu l'idée avant. Alors, ils chantent avec lui.

A la vue du clip de ces durs en cuir pissotant leur douleur sur leurs leggings, Margot, dégoulinante de chagrin panafricain, se prive des *Mémoires* de Patrick Sabatier pour pouvoir s'acheter le disque.

Survient l'hiver. Les nouveaux cons tuent la dinde. Les nouvelles dindes se zibelinent. Les nouveaux pauvres ont faim. Les charitables épisodiques, entre deux bâfrées de confit d'oie, vont pouvoir épancher leurs élans diabétiques. Le plus célèbre des employés de Paul Lederman ouvre les « Restaurants du cœur ». Des tripiers doux, des épiciers émus, de tendres charcutiers, le cœur bouffi de charité chrétienne et la goutte hyperglycémique au ras des yeux rouges, montrent leur bonté à tous les passants sur les trois chaînes. Margot revend son disque pour l'Éthiopie pour acheter des pieds de porc aux chômeurs islamiques. Telle une enfant sud-américaine s'enfonçant dans la boue, la France entière fond doucement dans le miel. Des auréoles de saindoux poussent au front des nouveaux bigots du show-bizz. Ça tartuffe sur TF 1. Dans la foulée, un chanteur sans père se donne aux orphelins : c'est *Sans famille* sur Antenne 2. Un animateur lacrymal chante la complainte à nodules des damnés du cancer, c'est saint Vincent de Paul sur FR 3.

Infoutus d'aboutir, les pontifes d'Esculape tendent la sébile aux carrefours : SOS métastases, médecins sans scanner, « ouvrez-moi cette porte où je frappe en pleurant », partout les alarmés du salut nous poissent de leurs déjections sucrées.

Heureusement, Dieu m'écartèle, si possible sous anesthésie générale ; il reste encore en France, en Colombie, en Éthiopie, des humains qui n'ont rien perdu de leur dignité, qu'un sort heureux a mis à l'abri de la pitié des hommes. Eux n'ont pas à mendier. En casquette à galon doré, ils somnolent dans les tourelles antiseptiques de leurs chars astiqués. Ils sucent des caramels en attendant le déclenchement de la troisième. Quand on lèvera des impôts pour les mourants du monde et qu'on fera la quête pour préparer les guerres, j'irai chanter avec Renaud. En attendant, oui, mon pote, j'ai cent balles. Et je les garde.

Quant au mois de mars, je le dis sans aucune arrière-pensée politique, ça m'étonnerait qu'il passe l'hiver.

La drogue, c'est de la merde

7 février 1986

Cela s'appelle un clip, parce que c'est bref. Je dirais plutôt un film, parce que ça dit une histoire, ça porte une idée.

Dans la cour d'un lycée, un grand adolescent commun tourne autour d'une gamine. On le devine encore boutonneux. Elle, toujours chrysalide, avec, dans les yeux, cet émoi brûlant qu'elles ont à l'âge des seins qui poussent. Un petit garçon joli les regarde, intrigué, peut-être inquiet.

Le grand, doucement, enveloppe la petite de son bras rassurant. Il la pousse ainsi jusqu'aux toilettes. Là, il extrait de sa poche un petit sachet blanc et le pose sur le rebord du lavabo. David — j'aime à penser que le petit s'appelle David, tout philosémitisme mis à part — s'interpose alors entre la nymphe et l'acnéen, s'empare du sachet blanc et le jette dans la lunette du cabinet. Il tire la chasse d'eau. Apparaît alors, bouffant tout l'écran en lettres d'or, ce cri du cœur :

« La drogue, c'est de la merde. »

Ce petit film, qu'on verra dans les salles de cinéma dans quelques jours et à la télévision si les programmateurs s'éveillent à l'intelligence, on peut rêver, a été écrit et réalisé par Jean-Marie Périer. En collaboration étroite et avec le chaleureux soutien de Jacques Séguéla, dont le quotient intellectuel dépasse largement le chiffre de la température anale dès qu'il cesse de nous comparer le message publicitaire à l'expression onirique de quelque néoromantisme éthéré.

Le film de Périer et Séguéla dure une minute.

C'est un chef-d'œuvre. Ça existe, un chef-d'œuvre de soixante secondes : personnellement, je n'échangerais pas *Viens poupoule* contre deux barils de *la Traviata*, ni ce film-plume-ci contre deux quintaux de Lelouch... C'est beau et terriblement efficace. Je l'ai montré à une petite fille qui m'est familière et qui a presque l'âge de celle du film, et j'ai lu dans ses yeux, furtif et flamboyant, le dégoût salutaire des immondices exotiques.

Et pourtant, Dieu m'émascule, si possible au laser ça fait moins mal, il s'est trouvé de consternantes badernes pour hurler au scandale. Ces censeurs, que seule la crainte du pléonasme m'interdit de qualifier d'imbéciles, se sont montrés choqués par la dureté du film. Engoncés dans le carcan étriqué de leurs certitudes apprises, ils sont de ceux qui hurlent à la lune morte les cris de leur cœur surgelé : on ne doit pas dire de gros mots, même pour lutter contre la drogue. On ne doit pas mettre ses doigts dans son nez quand on monte à l'assaut. On ne doit pas mettre ses coudes sur la chaise électrique. Les mêmes se justifient en arguant que ce type de propagande attire les jeunes vers la drogue au lieu de les en dégoûter. Ils disent aussi que les manifs antiracistes exacerbent les désirs de pogrom des eunuques en cuir. Alors quoi ? Chut, silence, pas un mot ? Après tout, c'était le bon temps, celui où leur bonne, enceinte de leurs soubresauts obscènes, se défonçait sans bruit les entrailles à l'aiguille à tricoter avant d'aller crever au caniveau, comme un junkie sous overdose.

Je connais bien ce type d'argument. Récemment, à la fin d'un spectacle, dans une ville de province, j'ai reçu dans ma loge un journaliste d'une radio locale (j'ai trop de respect pour la liberté pour appeler ça une radio libre), un de ces zombies mous qui s'imaginent qu'il suffit de flatuler dans un walkman pour faire de la radiophonie. En essayant de brancher son Philips à deux têtes sur un magnétophone Henri II, ce mammifère me dit qu'il avait aimé l'essentiel de mon spectacle. Ce qui me rembrunit d'emblée. Et puis, il ajouta — je cite sans fioritures :

— Mais comment que ça se fait que, dans vos sketches, vous rigolez des cancéreux ?

Et d'ajouter, devant ma mine navrée :

— En tout cas, vous critiquez le cancer...

Quant au mois de mars, je le dis sans aucune arrière-pensée politique, ça m'étonnerait qu'il passe l'hiver.

Dieu n'est pas bien

12 février 1986

Ce matin-là, qui était le matin du septième jour, Dieu ne se sentit pas très bien. Il faut dire que, les six premiers jours, il n'avait pas ménagé sa peine, créant coup sur coup la lumière, la terre, les mers, l'homme, les animaux, le ciel bleu, les étoiles jaunes, enfin tout ce bordel de Dieu qui nous entoure et sans lequel nous n'aurions jamais pu connaître l'arthrite du genou ni la bombe à neutrons.

Et donc, le septième jour, Dieu se sentit mou et s'en fut consulter l'interne de garde à l'Hôtel-Dieu.

— Comment allez-vous, mon Dieu ? s'enquit le docteur.

Et Dieu dit :

— Bof, comme un lundi.

— C'est fâcheux, dit le docteur. On est dimanche. Mais que ressentez-vous précisément ?

Et Dieu dit :

— C'est difficile à dire. J'ai l'impression d'être creux et sans contours. Comme ballonné, mais sans la baudruche autour du rien. L'impression de ne pas être là et de ne pas être ailleurs non plus... Pour être clair, docteur, je crois que je n'existe pas. Dans ma situation, vous comprendrez que c'est extrêmement pénible.

— Rassurez-vous, ce n'est qu'une sensation, affirma le docteur, qui était plus pieux qu'une cuisse de grenouille intégriste. Je vais tout de même vous examiner. Dites 33.

Et Dieu dit :

— On ne donne pas d'ordre à Dieu. On le prie.

— Je vous prie de dire 33, dit le docteur.

Et Dieu dit :

— 33, 33, 33.

— Bien. Maintenant, faites Aaaa. Je vous prie de faire Aaaa.

Et Dieu dit :

— Aaaaaa.

— Vingt dieux ! s'exclama le docteur qui voyait grand.

Et Dieu dit :

— é a o eu ? é i a ?

— Eh bien, c'est incroyable. Vous avez la gorge si sombre que je n'y vois rien.

Et Dieu dit :

— C'est normal. Les voies du Seigneur sont impénétrables.

— Mais vous n'avez pas de moi profond ! Sans son moi profond, on ne peut pas vivre, reprit le docteur.

— Quand je vous disais que je n'existe pas, c'est pas des conneries, dit Dieu.

— C'est égal, on est bien peu de chose, constata le docteur.

— On n'est même rien du tout, oui, dit Dieu. Ni moi ni vous puisque sans moi pour vous créer, vous l'avez dans le... néant.

— Ah nom de Dieu, dit le docteur.

— Je vous en prie, dit Dieu. Combien vous dois-je, docteur ?

— Je ne sais pas, moi. Donnez-moi ce que vous voulez... donnez-nous aujourd'hui notre pain quotidien.

— Comme d'habitude ?

— Comme d'habitude.

— Et deux baguettes bien cuites pour le docteur Freud, dit Dieu.

Quant au mois de mars, je le dis sans aucune arrière-pensée politique, ça m'étonnerait qu'il passe l'hiver.

Humilié

14 février 1986

Connaissez-vous rien de plus humiliant, pour une grande personne, que d'être publiquement déculottée par un enfant ? J'entends « déculottée » au sens figuré, cela va de soi : pour ce qui est des tentatives de détournement de majeur, faites-moi confiance, je sais me défendre.

En revanche, j'entends « grande personne » au sens propre, trois fois hélas, je devrais dire quarante-six fois hélas, mon expulsion placentaire ayant coïncidé avec le début d'un exode encore plus général... Je suis même une grande personne en voie de tassement. Je commence à m'essouffler dans les secrétaires, même bilingues. Bientôt, j'accosterai sur les rives mortelles du Troisième Age, celui où tout bascule, où l'on s'éveille un triste matin sur les genoux, avec les mains froides et le gris aux tempes. La veille encore, tout allait bien pour toi, mon frère : tant qu'il a les artères plus molles que le sexe, l'étalon piaffe. Et puis, plaf, tu sais ce que c'est : quand l'un de ses membres ne lui permet plus de cavaler, on abat le vieux cheval...

Pouf, pouf.

Avant ces digressions de cimetière où la grisaille givrée de cet hiver de merde me pousse malgré moi, j'allais vous narrer comment je fus récemment humilié, que dis-je, bafoué au plus profond de ma vanité de mâle à poil dur, par un petit garçon. Un petit Suisse, tout laiteux tout sucré, qui s'appelait Hans et qui avait huit ans et demi au moment des faits, c'est-à-dire avant-hier.

Un petit garçon normal, avec des cheveux tendres et des yeux bleus parallèles.

Je venais de déjeuner avec quelques amis chez son papa, un Suisse riche (excusez, je bafouille...), un Suisse qui fournit des rations-repas aux compagnies d'aviation du monde entier. Un type bien : ne me faites pas dire qu'un con fait des rations helvétiques, je ne calemboure point dans les alpages.

Au pousse-café, Hans — qui me tient pour un être exceptionnel parce que je dis des gros mots dans le poste — voulut à tout prix me montrer sa chambre. C'était, sur douze mètres carrés, du sol au plafond et jusque sous le lit, un musée de l'avion, avec tout ce qui vole, plane ou sombre, depuis les biplans incertains façon Blériot jusqu'à l'invincible navette d'artifice que vous savez, en passant par le Bréguet-deux-ponts et le Spirit-of-Saint-Louis. Hans m'expliqua que son père avait naturellement aidé à sa collection d'aéroplanes mais que, maintenant, ce qui l'intéressait surtout, c'était les chasseurs et les bombardiers. Quand nous fûmes revenus au salon, je félicitai le gamin pour la stupéfiante précocité de son aérophilie casanière, tout en m'étonnant tout de même de sa nouvelle attirance vers les machines de guerre.

— Je m'en fous, quand je serai grand, je serai pilote de chasse, décréta-t-il, avec une pointe d'agressivité dans le ton.

Et alors moi, pauvre moraliste de café-tabac, voilà-t-il pas qu'emporté par un élan de pacifisme moisi indigne du responsable du stage rafia longue durée de la Maison de la culture de Saint-Jérôme-Deschamps, voilà-t-il point qu'au lieu de me taire, exalté à cœur par les brumes de mon Davidoff mêlées aux effluves de la poire Williams, revoilà-t-il repoint que je m'entends dire que : a pas beau la guerre et que a caca la mitrailleuse et que c'est vilain tacatacaboum.

— Voyons, Hans, mon petit pote, ce qui te plaît, dans l'avion, c'est de voler. Mais pourquoi veux-tu à tout prix voler dans l'armée ? Sais-tu bien ce que cela représente, comme morts à venir, un pilote de chasse ? Sais-tu que ça peut tuer, un pilote de chasse ?

Et lui, poliment surpris :
— En Suisse ?
Hu-mi-lié.

Quant au mois de mars, je le dis sans aucune arrière-pensée politique, ça m'étonnerait qu'il passe l'hiver.

Criticon

19 février 1986

Un critique de films, dont je tairai le nom afin qu'il n'émerge point du légitime anonymat où le maintient son indigence, écrivait dans un hebdomadaire dans lequel, de crainte qu'ils n'y pourrissent, je n'enfermerais pas mes harengs, un critique de films, disais-je donc avant de m'ensabler dans les méandres sournois de mes aigreurs égarées entre deux virgules si éloignées du début de ma phrase que voilà-t-il pas que je ne sais plus de quoi je cause, un critique de films écrivait récemment, à propos, je crois, d'un film de Claude Zidi, deux points ouvrez les guillemets avec des pincettes :

« C'est un film qui n'a pas d'autre ambition que celle de nous faire rire. »

Je dis merci.

Merci à toi, incontinent crétin justement ignoré, merci d'avoir fait sous toi, permettant ainsi à l'humble chroniqueur radiophonique quotidien de trouver matière (je pèse mes mots) à entretenir sa verve misanthropique que les yeux tendres des enfants et la douceur de vivre en ce pays sans barreaux aux fenêtres des dictateurs en fuite font encore trop souvent chanceler. (C'est la verve qui chancelle.)

Merci, sinistrissime ruminant, pour l'irréelle perfection de ta bouse, étalée comme un engrais prometteur sur le pré clairsemé de mon inspiration vacillante où je cherchais en vain ce soir les trèfles à quatre griffes de ma haine ordinaire qui s'épanouit jour après jour au vent mauvais qui l'éparpille sur 1 852 mètres grandes ondes avant la publicité pour le GAN et l'UAP et le journal de Patrice Bertin, mais pour écouter dans les tunnels essayez la FM...

Relisons ensemble cette sentence digne de figurer au fronton du mausolée à la gloire du connard inconnu mort pour la transe :

« C'est un film qui n'a pas d'autre ambition que celle de nous faire rire. »

D'abord, je passerai sur l'écrasante fadeur du lieu commun. On a justement mis le doigt récemment sur l'immense ennui distillé à longueur de discours par la fameuse langue de bois des politichiens et des politicons. Mais tirez donc celle de certains journalistes, et vous verrez qu'elle est chargée : « On se perd en conjectures sur les causes de l'accident, et on murmure dans les milieux généralement bien informés qu'on laisse entendre de source sûre, mais devant l'amas de tôles froissées et de poutres calcinées l'innocente victime ne fait que répéter " C'est affreux, c'est affreux ", et gageons que cette soirée n'engendrera pas la mélancolie. » Nous y revoilà.

Je sens qu'ils vont bien dormir au sommet de la francophonie.

Ce qui (sans génie, je vous l'accorde) me fait bouillir, c'est qu'un cuistre ose rabaisser l'art, que dis-je, l'artisanat du rire au rang d'une pâlotte besognette pour façonneur léthargique de cocottes en papier.

Qu'on me comprenne. Je ne plaide pas pour ma chapelle. D'ailleurs, je ne cherche pas à vous faire rire, mais seulement à nourrir ma famille en ébauchant ici, chaque jour, un grand problème d'actualité : ceci est une chronique qui n'a pas d'autre prétention que celle de me faire manger.

Mais qui es-tu, zéro flapi, pour te permettre de penser que le labeur du clown se fait sans la sueur de l'homme ? Qui t'autorise à croire que l'humoriste est sans orgueil ? Mais elle est immense, mon cher, la prétention de faire rire. Un film, un livre, une pièce, un dessin qui cherchent à donner de la joie (à vendre de la joie, faut pas déconner), ça se prépare, ça se découpe, ça se polit. Une œuvre pour de rire, ça se tourne, comme un fauteuil d'ébéniste, ou comme un compliment, je ne sais pas si tu vois ce que je veux dire avec ce trou béant dans ta boîte crânienne... Molière, qui fait toujours rire le troisième âge, a transpiré à en mourir. Chaplin a sué. Guitry s'est défoncé. Woody Allen et Mel Brooks sont fatigués, souvent, pour avoir eu, vingt heures par jour, la prétention de nous faire rire. Claude Zidi s'emmerde et parfois se décourage et s'épuise et continue, et c'est souvent terrible, car il arrive que ses films ne fassent rire que lui et deux charlots sur trois. Mais il faut plus d'ambition, d'idées et de travail pour accoucher des *Ripoux* que pour avorter de films fœtus à la Duras et autres déliquescences placentaires où le cinéphile lacanien rejoint le handicapé mental dans un même élan d'idolâtrie pour tout ce qui ressemble de près ou de loin à de la merde.

Pauvre petit censeur de joie, tu sais ce qu'il te dit monsieur Hulot ?

Quant au mois de mars, je le dis sans aucune arrière-pensée politique, ça m'étonnerait qu'il passe l'hiver.

Les trois draps du prince d'Orient

20 février 1986

Imaginez, face au Léman gris-bleu que la mouette escagasse, l'un des plus beaux palaces hôtels de Genève. Un grand beau cube adouci aux entournures, cachant aux yeux du populaire, sous sa brillante carapace de verre fumé, des chambres de princesses et des salons d'ébène où seuls le cliquetis assourdi d'une cuiller d'argent sur un cristal de Daum ou le froissement craquelé d'un billet de cent dollars viennent parfois troubler à peine le silence feutré des moquettes vert tendre si profondes que les plus petits émirs, chatouillés sous les bras par leurs doux poils de laine blanche épurée, les parcourent en pouffant d'un beau rire oriental...

J'y vins dormir trois nuits aux frais de mon éditeur. Lequel, ébloui par le chiffre de mes tirages, au seuil de l'année nouvelle, m'avait envoyé ronronner là pour que je m'y partageasse entre deux interviews compassées par-ci et deux intervieweuses compassées par-là, avec des gros lolos pour la partie ludique.

Au soir du troisième jour, alors que l'hôtel était bondé d'une horde gominée de parvenus de style Vuitton-Cartier, atterris en ces lieux pour assister à je ne sais plus quel Salon de la décoration de bureau pour amateurs d'ordinateurs Louis XV, voici qu'apparaît à la réception et à l'improviste un magnifique ministre princier d'un État du Golfe, avec une noble tête de pirate du désert sur un ensemble Balmain pied-de-poule, et un gorille élastique et camionnal, beau comme un Depardieu rectifié au brou de noix.

— Cher réceptionniste, dit le ministre, outalib bi alrorfa mia oua tamani ya oua talatin.

— Plaît-il ? s'étonna le réceptionniste.

— Well, dit l'armoire. De prince says dat he would like to get de room one hundred and thirty eight.

Le réceptionniste, hélas, dut s'aplatir en excuses navrées : la suite 138, celle que le prince et son Rocky-des-sables habitaient habituellement, était exceptionnellement occupée. Son Altesse aurait dû réserver. Mais il restait une chambre simple, la 147. Or, le ministre exigeait que son garde du corps dormît dans la même suite que lui, sur un lit de camp dans la pièce contiguë. Hélas, oulala, oulala, cette nuit-là, non seulement il ne restait qu'une chambre, mais tous les lits de camp avaient été réquisitionnés pour les épouses ou les hétaïres des cadres brillantinés susdécrits. Son Altesse accepterait-elle exceptionnellement que son collaborateur dormît à l'étage du dessus où restait une chambre mansardée sous le toit ?

— Ya Rarab bi teq ! hurla le ministre.

Ce qui peut se traduire en substance par putain de bordel de merde ça va chier nom de Dieu.

Le réceptionniste affolé réveilla le directeur. Le prince était le meilleur client de l'hôtel. L'été, il venait prendre les eaux du lac avec son harem, les cousines de son harem, les sœurs des cousines de son harem et des tas de potes sous-émirs pétrolifères djellabiques qui venaient déverser leurs milliards superflus par les fenêtres du casino. La seule exigence de ce client en or était qu'on fît dormir son musclé près de lui.

— Je suis infiniment confus, dit le directeur. Je ne vois qu'une solution. Ce serait que Monsieur, ajouta-t-il en montrant la bête humaine, couche dans le lit de Votre Altesse, dans la chambre 147. Je ferai remarquer à Votre Altesse qu'il s'agit d'un lit de deux cent cinquante centimètres de large. Ce qui exclut toute... éventualité de... promiscuité désobligeante.

N'est-ce pas ? ajouta-t-il avec un accent vaudois approximatif, car il était de Berne.

— Ya Rarab bi teq ! rehurla la seigneurerie, signifiant qu'il n'était absolument pas question qu'un prince de sang s'allongeât jamais dans les mêmes draps qu'un roturier du même sexe.

Finalement, c'est une petite soubrette espagnole qui trouva la solution. Elle suggéra timidement qu'on mît trois draps dans le lit. Le prince dormirait entre le premier et le deuxième drap. Le gorille entre le deuxième et le troisième drap.

On l'applaudit. On fit comme elle avait dit. Tout le monde dormit bien cette nuit-là. Le prince n'épousa pas la soubrette, mais il lui fit porter des fleurs tout à fait merveilleuses qui la firent s'évanouir de ravissement.

Cette fable ne vaut que parce qu'elle n'en est pas une. Elle est authentique. Et rassurante, dans la mesure où elle nous prouve qu'on a souvent besoin d'un plus petit que soi pour réussir le clivage des classes sociales dans les contes à dormir couché.

Quant au mois de mars, Ya Rarab bi teq, je le dis sans aucune arrière-pensée politique, ça m'étonnerait qu'il passe l'hiver.

Joëlle

24 février 1986

Avant d'entrer dans le vif du sujet, je voudrais signaler que moi aussi j'ai vu les Césars. Très bien. Toute cette vraie sincérité qui éclate sur les visages de ces gens qui sont si malheureux de ne pas pouvoir partager leur cadeau avec les ouvreuses et les machinistes. Je tenais à en profiter pour remercier France Inter sans qui je serais sur Europe 1. Je voudrais remercier ce micro sans lequel ma voix ne toucherait pas Barbizon. Je voudrais remercier Rika Zaraï de n'être pas venue à cet enregistrement avec Leprince-Ringuet, son amant. Et puis, finalement, je voudrais remercier mon cul d'avoir supporté mes jambes pour venir jusqu'à vous ce soir.

J'ai une enfant douée d'un tempérament très original ; elle regarde Récré A 2, elle a des bisounours, elle aime le chocolat au lait et elle collectionne les autocollants.

Elle passe le plus clair de ses loisirs à m'engluer de tendresse afin que je fasse jouer mes relations dans le milieu des calicots pour lui obtenir, à n'importe quel prix, n'importe quelle sorte de vignettes pourvu qu'elles soient adhérentes sur tous les supports, y compris sur le chat qui, bien que noir de poil et persan d'origine, pour ne pas dire arabe, se promenait hier encore avec un dossard proclamant son soutien à Jean-Marie Le Pen.

Samedi matin, comme cette petite personne rentrait de

l'école avec RTL sur le pull et Europe 1 entre les oreilles — quelle honte ! —, je lui signifiais sévèrement ma réprobation pour cet engagement cocardier, quand le téléphone fit quoi ? Sonna.

C'était Joëlle Kauffmann. La femme de Jean-Paul. Je devrais dire la femme sans Jean-Paul. Car elle ne vibre, ne bouge, ne se désole et ne se démène qu'au fond du trou sans fin de cette absence qui lui mange la vie. Elle me demandait de venir, éventuellement, l'après-midi même, sur la péniche amarrée sous le Pont-Neuf, où est installé le comité de soutien à Jean-Paul Kauffmann et aux autres otages. Elle donnerait une conférence de presse à 16 heures pour souligner le début du dixième mois de détention de son mari et de Michel Seurat, du douzième mois pour Fontaine et Carton.

En règle générale, je ne manifeste jamais mes sentiments, mes idéaux, mes combats en public, sauf quand c'est payé. J'ai mes pauvres, j'ai mes déshérités, et j'ai des opinions, mais je m'interdis le plus souvent de les exhiber en public, persuadé qu'il y a toujours une certaine impudeur à montrer son cœur à tous les passants pour pas un rond, alors qu'on se fait rétribuer pour leur montrer son cul...

Et puis, je suis bien trop maladivement individualiste pour manifester à plus de un. Mais, je ne sais pas pourquoi, je ne résiste pas à Joëlle Kauffmann. Elle me bouleverse à force de ne jamais s'effondrer. Elle va faire libérer son bonhomme parce que neuf mois, ça suffit comme ça, faut pas pousser, allons, allons, ouvrez-moi cette porte et brisez-moi ces barreaux. Joëlle Kauffmann me fait penser à une autre femme que je connais qui a un cancer et qui va guérir parce que « la mort, comprenez-vous, je n'ai tout de même pas que ça à faire ».

Une question me hantait : « Chère Joëlle, est-ce que vous distribuez des autocollants sur votre péniche ? » Elle me dit que oui.

J'allai donc à sa conférence de presse. Il faisait un froid bleu sur Paris, et sur la Seine un de ces vents qui pincent et bleuissent et foulent aux pieds les espoirs de monsieur Thermolactyl.

Joëlle nous a fait du vin chaud avec de la cannelle. Il y avait là, tassés comme des oiseaux frileux dans le nid de ce bateau ventru, des journalistes aussi bronzés que célèbres, un architecte émouvant, d'autres journalistes pâles et moins connus, et puis cette poignée de jeunes gens incroyables et bénévoles qui se shootent à l'espoir vrai quand d'autres se fixent à l'héroïne. Joëlle est montée sur le pont pour lire son communiqué à la presse. Elle a le nez rougi par la bise et les yeux pétillants, sombres, farouches du désir d'en finir avec ce calvaire inhumain jonché d'inquiétudes mortelles et du désert de lui. Pendant que les gens d'Antenne 2 montent leur caméra baladeuse avant de l'enregistrer, elle me prend par le bras et se met à rire en regardant le Pont-Neuf... Elle me raconte que, quand Christo a eu emballé l'ouvrage, il s'est montré un peu ennuyé de la promiscuité forcée de son œuvre avec cette péniche placardée de photos des otages : « Vous comprenez, madame, nous faisons la fête de la joie, et vous, vous nous montrez le drame, c'est fâcheux. Vous pourriez peut-être aller plus loin. »

C'est parfaitement authentique, et je signale que tous les médias étaient au courant de cette anecdote et qu'aucun n'en a jamais soufflé mot parce que, en France, terre des couards et des faux-culs, les mêmes qui se pâment devant *Guernica* vous feront remarquer qu'on ne mélange pas l'Art et la douleur dans la même rubrique.

Aux cris de « Libérez Kauffmann et le Pont-Neuf », les amis de Joëlle ont fait revenir Christo sur ses aspirations séparatistes.

Maintenant, Joëlle est sur le pont. C'est plus qu'une image. C'est une figure de proue. Elle lit d'une voix forte et décidée :

« Samedi 22 février 1986 : neuf mois de détention pour Jean-Paul Kauffmann et Michel Seurat, onze mois pour Marcel Carton et Marcel Fontaine.

» Que signifie pour nous de marquer la date mensuelle de cette criminelle détention qui ne trouve pas d'issue ?

» Au-delà de ma propre douleur, je renouvelle, pour mes enfants et ma famille, un appel désespéré à tout homme de bonne volonté, ici ou ailleurs, en France et en Europe, en Afrique et au Moyen-Orient, pour contribuer à la libération immédiate de Jean-Paul et de ses compagnons de détention. » Fin de citation, fin du jour, fin du vin chaud. Ce soir lundi est le deux cent soixante-quinzième jour après le premier jour où la vie des Kauffmann s'est mise entre les parenthèses d'acier de la folie des hommes...

Moi, je m'en fous, j'ai mon autocollant.

Et, depuis ce matin, sur le cahier d'écolier où Eluard écrivait ton nom et où j'écris cette chronique, j'ai mis près du tien, Liberté, le nom de Kauffmann.

Quant au mois de mars, je le dis sans aucune arrière-pensée politique, ça m'étonnerait qu'il passe l'hiver.

La démocratie

3 mars 1986

Est-il en notre temps rien de plus odieux, de plus désespérant, de plus scandaleux que de ne pas croire en la démocratie ?

Et pourtant. Pourtant.

Moi-même, quand on me demande : « Êtes-vous démocrate ? », je me tâte. Attitude révélatrice, dans la mesure où, face à la gravité de ce genre de question, la décence voudrait que l'on cessât plutôt de se tâter. Un ami royaliste me faisait récemment remarquer que la démocratie était la pire des dictatures parce qu'elle est la dictature exercée par le plus grand nombre sur la minorité. Réfléchissez une seconde : ce n'est pas idiot. Pensez-y avant de reprendre inconsidérément la Bastille. Alors que, en monarchie absolue, la loi du prince refuse cette attitude discriminatoire, puisqu'elle est la même pour les *pour* et pour les *contre*. Vous me direz que cela ne justifie pas qu'on aille dépoussiérer les bâtards d'Orléans ou ramasser les débris de Bourbon pour les poser sur le trône de France avec la couronne au front, le sceptre à la main et la plume où vous voudrez, je ne sais pas faire les bouquets.

Mais convenez avec moi que ce mépris constitutionnel des minorités qui caractérise les régimes démocratiques peut surprendre le penseur humaniste qui sommeille chez tout cochon régicide. D'autant plus que, paradoxe, les intellectuels démocrates les plus sincères n'ont souvent plus d'autre but, quand ils font partie de la majorité élue, que d'essayer d'appartenir à une minorité. Dans les milieux dits artistiques, où le souci que j'ai de refaire mes toitures me pousse encore trop souvent à sucer des joues dans des cocktails suintants de faux amour, on rencontre des brassées de démocrates militants qui préféreraient crever plutôt que d'être plus de douze à avoir compris le dernier Godard. Et qui méprisent suprêmement le troupeau de leurs électeurs qui se pressent aux belmonderies boulevardières. Parce que c'est ça aussi, la démocratie. C'est la victoire de Belmondo sur Fellini. C'est aussi l'obligation, pour ceux qui n'aiment pas ça, de subir à longueur d'antenne le football et les embrassades poilues de ces cro-magnons décérébrés qu'on a vus s'éclater de rire sur le charnier de leurs supporters. La démocratie, c'est aussi la loi du Top 50 et des mamas gloussantes reconverties en dondons tisanières. La démocratie, c'est quand Lubitsch, Mozart, René Char, Reiser ou les batailleurs de chez Polac, ou n'importe quoi d'autre qu'on puisse soupçonner d'intelligence, sont reportés à la minuit pour que la majorité puisse s'émerveiller dès 20 heures 30, en rotant son fromage du soir, sur le spectacle irréel d'un béat trentenaire figé dans un sourire définitif de figue éclatée, et offrant des automobiles clé en main à des pauvresses arthritiques sans défense et dépourvues de permis de conduire.

Cela dit, en cherchant bien, on finit par trouver au régime démocratique quelques avantages sur les seuls autres régimes qui lui font victorieusement concurrence dans le monde, ceux si semblables de la schlag en bottes noires ou du goulag rouge étoilé. D'abord, dans l'un comme dans l'autre, au lieu de vous agacer tous les soirs entre les oreilles, je fermerais ma gueule en attendant la soupe dans ma cellule aseptisée. Et puis, dans l'un comme dans l'autre, chez les drapeaux rouges comme chez les chemises noires, les chefs eux-mêmes ont rarement le droit de sortir tout seuls le soir pour aller au cinéma, bras dessus, bras dessous avec la femme qu'ils aiment. Les chefs des drapeaux rouges et les chefs des chemises noires ne vont qu'au pas cinglant de leurs bottes guerrières, le torse pris dans un corset de fer à l'épreuve de l'amour et des balles. Ils vont, tragiques et le flingue sur le cœur. Ils vont, métalliques et la peur au ventre, vers les palais blindés où s'ordonnent leurs lois de glace. Ils marchent droits sous leurs casquettes, leurs yeux durs sous verre fumé, cernés de vingt gorilles pare-chocs qui surveillent les toits pour repérer la mort. Mais la mort n'est pas pour les chefs des drapeaux rouges ni pour les chefs des chemises noires. La mort n'est pas aux fenêtres des rideaux de fer. Elle a trop peur.

La mort est sur Stockholm. Elle signe, d'un trait rouge sur la neige blanche, son aveu d'impuissance à tuer la liberté des hommes qui vont au cinéma, tout seuls, bras dessus, bras dessous, avec la femme qu'ils aiment jusqu'à ce que mort s'ensuive.

Quant au mois de mars, je le dis sans aucune arrière-pensée politique, ça m'étonnerait qu'il passe l'hiver.

La Cour

4 mars 1986

Je me rappelle ce dîner en banlieue chez ce grand amuseur français, c'était, je crois, en 1982, c'est-à-dire à une époque où il était déjà plus célèbre en France que Roland Dubillard ou la bataille de Marignan.

Il m'avait fait l'honneur d'imaginer que j'étais capable de collaborer à l'écriture d'un film qu'il était plus ou moins sur le point de tourner. A cet effet, et aussi, je pense, par pure amitié, il m'avait convié à souper chez lui en toute intimité, c'est-à-dire en compagnie de quatre-vingts parasites nocturnes abonnés quotidiens de sa soupe populaire. Certains hauts personnages accrochent ainsi à leur traîne par altruisme, ou pour se rassurer, des conglomérats gluants d'indécrochables sangsues.

J'en ai vu de ces phagocytaires. J'en ai vu sautiller humblement derrière un écrivain célèbre. J'en ai vu, des cultivés à diplômes, s'aplatir voluptueusement pour mieux flagorner une chanteuse grasseyante plus vulgaire qu'une virgule sur le mur gris des toilettes-hommes de la gare du Nord. J'en ai vu s'accrocher au fauteuil d'infirme d'une vieille star lyophilisée. J'en ai vu ramper sous des pétasses cinégéniques à lolos centripètes.

J'en ai vu, dans le show-bizz, ramper de si peu dignes et si peu respectables qu'ils laissaient dans leur sillage des rires de complaisance aussi visqueux que les mucosités brillantes qu'on impute aux limaces.

Ce soir-là, chez mon hôte, c'en était plein, de la moquette aux baignoires, et jusque sous l'évier où les plus serviles léchaient les serpillières pour avoir l'air utiles. Bref, si cet homme eût été de la merde, ils en eussent été les mouches.

Quand je suis entré dans le séjour, le maître de céans m'entourant les épaules d'un bras affectueux, ils m'ont regardé drôlement. Sous les saluts vibrants de jovialité fraternelle où les gens de ce milieu cachent mal leurs indissolubles haines réciproques, je devinais des regards noirs d'inquiétude. Qu'est-ce que c'est, qu'est-ce qu'il a, qui c'est celui-là, on l'a jamais vu là ?

Et, soudain, j'ai compris avec effarement que j'étais à Versailles, et trois siècles plus tôt. Ça me crevait les yeux : ces sous-punks aux cheveux verts, ces faux loulous qui sentaient les herbes rares et le vin des Rochers chaud, ces intellos d'agences de pub, ces dessinateurs en vogue à l'insolence calculée, ces starlettes argotiques du rock à gogo, ces gens fléchis, courbés, pentus, c'était la Cour.

La Cour de Louis, le grand, le Soleil, celui-là même que l'État c'était lui, rebaptisé Rigolo XIV pour ce siècle un peu plus étriqué. Eux étaient ses courtisans, guettant ses miettes et ses bons mots en forçant leur sourire pour s'attirer ses grâces. Et moi, qu'on n'avait encore jamais vu aux petits soupers du prince, j'étais l'intrus, la menace potentielle de leur avenir improbable, l'importune matérialité d'un favori possible. Car tous avaient à vendre des idées, des chansons, des sketches à deux voix, leur sœur, ou un bateau à voile pour le bon plaisir du roi sur l'eau. Je me rappelle fort bien celui du bateau à voile. Il se tenait accroupi aux pieds du maître assis. Fébrilement empêtré dans les maquettes de ses monocoques, il se débattait sans grâce dans un manteau de fourrure pâle, comme un gros labrador mou flattant les escarpins de son chasseur repu. Lequel ne l'écoutait même pas, car il dormait un peu, l'œil mi-clos, contemplant les volutes exotiques de son mégot de foin des Indes.

Parmi ces soumis, je reconnus quelques chanteurs électroniques qui brament aujourd'hui encore leur indignation face aux injustices de classe.

J'ai pris congé pour aller vomir plus loin.

Quant au mois de mars, je le dis sans aucune arrière-pensée politique, ça m'étonnerait qu'il passe l'hiver.

Le règne animal

5 mars 1986

Mercredi. Rude journée. Pas d'école. Les minuscules sont lâchés.

Ils font rien qu'à embêter les parents qui essaient de faire des chroniques dans le poste. Ils font rien qu'à leur poser des questions idiotes. Tout à l'heure, il y en a une avec du chocolat poisseux plein la figure qui est venue le partager avec mes cheveux sous prétexte de câlin... On ne devrait pas procréer ainsi à l'aveuglette. On devrait élever des poissons rouges.

En plus d'engluer, ça pose des questions idiotes :

— Papa, où c'est, le règne animal ?

Le père est à son ouvrage. Il entend d'une oreille incertaine.

— On ne dit pas « le règne à Nimal ». On dit « le règne de Nimal ».

— La maîtresse, elle a dit « animal ».

Je n'aime pas être contredit par des êtres inférieurs. Surtout quand j'ai tort. Mais puisque nous sommes mercredi et que vous êtes des milliers, chers adorables minus, à traîner à portée des transistors au lieu de vous rendre utiles en défenestrant le chat pour voir si ça rebondit, voici mon cours du soir sur le règne animal. On prend son cahier. On prend son crayon noir. Je ne veux pas de feutre, ça tache le chocolat. En titre : LE RÈGNE ANIMAL. Animal en un seul mot. Imbéciles.

Le règne animal :

L'animal est un être organisé, doué de mouvement et de sensibilité et capable d'ingérer des aliments solides par la bouche, ou à côté de la bouche si c'est du chocolat.

Le règne animal se divise en trois parties :

1) Les animaux.
2) L'homme.
3) Les enfants.

Les animaux sont comme des bêtes. D'où leur nom. Ne possédant pas d'intelligence supérieure, ils passent leur temps à faire des bulles ou à jouer dans l'herbe au lieu d'aller au bureau. Ils mangent n'importe quoi, très souvent par terre. Ils se reproduisent dans les clairières, parfois même place de l'Église, avec des zézettes et des foufounettes.

Les animaux ne savent pas qu'ils vont mourir. C'est pourquoi ils continuent de batifoler quand ils ont 38° 6.

L'homme. Remarquons au passage que si l'on dit « les animaux » au pluriel, on dit « l'homme » au singulier. Parce que l'homme est unique. De même, nous dirons que les animaux font *des* crottes, alors que l'homme sème *la* merde. L'homme est un être doué d'intelligence. Sans son intelligence, il jouerait dans l'herbe ou ferait des bulles au lieu de penser au printemps dans les embouteillages.

Grâce à son intelligence, l'homme peut visser des boulons chez Renault jusqu'à soixante ans sans tirer sur sa laisse. Il arrive aussi, mais moins souvent, que l'homme utilise son intelligence pour donner à l'humanité la possibilité de se détruire en une seconde. On dit alors qu'il est supérieurement intelligent. C'est le cas de M. Einstein, qui est malheureusement mort trop tard, ou de M. Sakharov, qui s'est converti dans l'humanisme enfermé, trop tard également.

Les hommes ne mangent pas de la même façon selon qu'ils vivent dans le Nord ou dans le Sud du monde.

Dans le Nord du monde, ils se groupent autour d'une table.

Ils mangent des sucres lourds et des animaux gras en s'appelant « cher ami », puis succombent étouffés dans leur graisse en disant « docteur, docteur ».

Dans le Sud du monde, ils sucent des cailloux ou des pattes de vautours morts et meurent aussi, tout secs et désolés, et penchés comme les roses qu'on oublie d'arroser.

Pour se reproduire, les hommes se mettent des petites graines dans le derrière en disant : « Ah oui, Germaine. »

Les enfants, contrairement à l'homme ou aux animaux, ne se reproduisent pas. Pour avoir un bébé, il est nécessaire de croire à cette histoire de petite graine. Malheureusement, les enfants n'y croient pas tellement. A force de voir jouer les animaux dans l'herbe aux heures de bureau, ils s'imaginent, dans leur petite tête pas encore éveillée à l'intelligence, qu'il faut des zézettes et des foufounettes pour faire des bébés.

En réalité, les enfants ne sont ni des hommes ni des animaux. On peut dire qu'ils se situent entre les hommes et les animaux. Observons un homme occupé à donner des coups de ceinture à une petite chienne cocker marrante comme une boule de duvet avec des yeux très émouvants. Si un enfant vient à passer, il se met aussitôt entre l'homme et l'animal. C'cst bicn cc quc jc disais.

Ce n'est pas une raison pour nous coller du chocolat sur la figure quand nous écrivons des choses légères pour oublier les vautours.

Quant au mois de mars, je le dis sans aucune arrière-pensée politique, ça m'étonnerait qu'il passe l'hiver.

Au voleur

6 mars 1986

Quand je vous aurai dit à quel point je déteste la force publique et les bâtons blancs, les procureurs hépatiques à nuque rase, les barreaux aux fenêtres et les miliciens cramoisi-gévéor tiraillant des chiens-loups démentiels électrisés de haine apprise, quand je vous aurai dit, en somme, l'ampleur de ma dégoûtation pour les lois collectives et les marches forcées, m'écouterez-vous enfin, catafalqueux et gauches intellectuels qui tremblotez sous le joug d'un terrorisme par vous-mêmes suscité, m'écouterez-vous encore, mes bien chers frères, si je vous dis que je hais autant les voleurs que les gendarmes ?

Je ne parle pas tant des voleurs professionnels, braqueurs de banque, perceurs de coffres, garagistes, épiciers, etc., qui, certes, s'emparent malhonnêtement du bien d'autrui, mais qui le font avec une conscience professionnelle sur laquelle bien des jeunes gens honnêtes seraient bienvenus de prendre exemple.

Non, je veux parler des voleurs amateurs qui volent n'importe quoi, n'importe où, n'importe comment, au petit bonheur des portes ouvertes, et qui repartent sans dire merci, en laissant les traces obscènes de leurs pieds boueux sur les draps brodés de grand-mère qu'ils ont jetés à terre pour y chercher l'improbable magot qui sommeille à la banque.

Rappelle-toi, résidu de gouape, reliquat freluquet de soustruanderie, rappelle-toi cette nuit de printemps où tu es venu polluer ma maison de ton inopportune et minable équipée. Tristement encagoulé de gris, tu viens dans ma maison, la sueur froide sous le bas noir et la pétoire sous le bras. Infoutu de discerner un vase de Sèvres d'un cadeau Bonux, tu voles au ras des moquettes un vieux sac à main où l'enfant rangeait les billets de Monopoly et ses dents de lait pour la petite souris. Triste rat, tu voles bien bas.

La maison dort, sauf le vieux cocker tordu d'arthrite et à moitié aveugle qui rêvasse au salon sur son pouf. Il se lève doucement pour aller te lécher un peu, avec cette obstinée dévotion pour nous qui n'appartient qu'aux chiens. Alors toi, pauvre con, tu lui vides en pleine gueule la moitié de ton chargeur de 11,43. Et puis tu files éperdument, veule et cupide gangstérillon de gouttière, la trouille au ventre et chiant sous toi, piaillant aux étoiles les salacités vulgaires attrapées au ruisseau. La nuit résonne encore à mes oreilles du cliquetis métallique de ton sac de toile plein de vaisselle. Et moi je reste là, immobile, à te regarder filer. Parce que j'ai peur aussi. J'avoue. Je renâcle à risquer ma vie pour Arcopal et Duralex. Il y a si longtemps maintenant que j'attends mon cancer : je ne vais quand même pas partir sans lui.

Où es-tu aujourd'hui, grêle terreur des chiens mourants ? Sans doute, courageusement abrité derrière ta quincaillerie militaire, es-tu en train de guetter une petite vieille au coin de sa chambre de bonne, pour lui casser la gueule avant de lui prendre sa carte orange et le cadre en inox avec la photo de ses enfants qui ne viennent plus la voir ?

Je ne te souhaite pas forcément la prison, c'est l'engrais où les âmes pustuleuses et les contaminées s'épanouissent en incurables bubons. Je ne te souhaite pas non plus quelque mort légale qui ferait de toi, infime et dérisoire épouvantail de terrain vague oublié, un héros de chevalerie zonarde pour progressistes illuminés, ou pire encore, une raison de se réjouir pour les nostalgiques des ordres noirs.

En réalité, je ne te souhaite ni ne te veux rien.

Je tiens seulement à ce que tu saches, Al Capone de poubelle, Mandrin de mes couilles à condition qu'on me les coupe, je veux seulement que tu saches que toute la famille se joint à moi pour te prier d'agréer l'expression de mon plus profond mépris.

Quant au mois de mars, je le dis sans aucune arrière-pensée politique, ça m'étonnerait qu'il passe l'hiver.

L'humanité

10 mars 1986

J'aime beaucoup l'humanité.

Je ne parle pas du bulletin de l'Amicale de la lutte finale et des casquettes Ricard réunies.

Je veux dire le genre humain.

Avec ses faiblesses, sa force, son inépuisable volonté de dépasser les dieux, ses craintes obscures des Ténèbres, sa peur païenne de la mort, sa tranquille résignation devant le péage de l'autoroute A6 dimanche dernier à 18 heures.

Il y a en chaque homme une trouble désespérance à l'idée que la brièveté de son propre passage sur terre ne lui permettra pas d'embrasser tous ses semblables et particulièrement Mme Lemercier Yvette, du Vésinet, qui ne sort jamais sans son berger allemand, cette conne.

C'est un crève-cœur que de ne pouvoir aimer tous les hommes.

A y bien réfléchir, on peut diviser l'humanité en quatre grandes catégories qu'on a plus ou moins le temps d'aimer. Les amis. Les copains. Les relations. Les gens qu'on connaît pas.

Les amis se comptent sur les doigts de la main du baron Empain, voire de Django Reinhardt, pour les plus misanthropes. Ils sont extrêmement rares et précieux. On peut faire du vélo avec eux sans parler pendant que le soir tombe négligemment sur les champs de blé, et on n'a même pas mal dans les jambes dans les côtes.

La caractéristique principale d'un ami est sa capacité à vous décevoir. Certes, on peut être légèrement déçu par la gauche ou par les performances de l'AS Saint-Étienne, mais la déception profonde, la vraie, celle qui peut vous faire oublier le goût des grands saint-émilion, ne peut venir que d'un véritable ami. Par exemple, j'ai été déçu hier par mon ami Jean-Louis, qui est pourtant vraiment mon ami, puisque parfois nous ne parlons même pas, même à pied, dans les sentiers de Picardie.

Je venais de lui apprendre que j'avais acquis une petite chienne. Une bergère. Allemande, certes, mais une bergère.

Sans prendre le temps de réfléchir pour ne pas me faire de la peine, il m'a dit en ricanant : « Ah bon ? Un chien nazi ? Tu lui as mis un brassard SS ? J'espère qu'elle n'est pas armée, ta carne ? »

Méchanceté gratuite. Envie gratuite de blesser. Tu sais très bien que tu ne risques rien de cette petite boule de poils. Tu n'es même pas juif. Tu sais très bien que le seul déprédateur, le seul tueur pour le plaisir, la seule nuisance à pattes, se tient sur celles de derrière, afin d'avoir les mains libres pour y serrer son fouet à transformer les chiots en miliciens bavants.

Me faire ça à moi, Jean-Louis, à moi qui suis ton ami. Et qui te l'ai prouvé, puisque, une fois, au moins, je t'ai déçu moi-même.

Les copains se comptent sur les doigts de la déesse Vishnou qui pouvait faire la vaisselle en applaudissant le crépuscule. Ils déçoivent peu car on en attend moins, mais c'est quand même important qu'ils pensent au saucisson quand le temps se remet aux déjeuners sur l'herbe et qu'ils viennent se serrer un peu pour faire chaud quand le petit chat est mort, ou pour faire des révérences à l'enfant nouveau. Les bons copains se comprennent à demi-mot. Il règne entre eux une complicité de tireurs de sonnettes qu'entretient parfois l'expérience du frisson.

Les relations se comptent sur les doigts des chœurs de l'Armée rouge. Mais on sera bien venu de n'entretenir que les bonnes, celles sur lesquelles on peut s'appuyer sans risquer de tomber par terre.

Quand on n'a pas de glaïeuls, certaines relations peuvent faire très joli dans les soirées mondaines, à condition qu'elles soient célèbres ou stigmatisées de la Légion d'honneur. Il suffit alors de les appeler coco et de les embrasser gaiement, comme si on les aimait, et comme cela se fait dans mon milieu. Le commun ne manquera pas de s'esbaudir.

Il arrive que certaines relations soient susceptibles de se muer en amitiés, mais le temps n'a pas tout le temps le temps de prendre à temps le temps de nous laisser le temps de passer le temps.

Parmi mes relations, je compte un ministre en fin d'exercice qui m'a demandé un soir l'autorisation de s'asseoir à ma table, dans un pince-fesses pompeux, pour ne pas être assis à côté de Dalida. C'est devenu une relation. Une camaraderie assez chaleureuse, encore qu'elle ne s'appuie que sur une prédilection commune, un peu futile, pour la bonne chanson française.

Les gens qu'on connaît pas, les doigts nous manquent pour les compter. D'ailleurs, ils ne comptent pas. Il peut bien s'en massacrer, s'en engloutir, s'en génocider des mille et des cents chaque jour que Dieu fait (avec la rigueur et la grande bonté qui l'ont rendu célèbre jusqu'à Lambaréné), il peut bien s'en tronçonner des wagons entiers, les gens qu'on connaît pas, on s'en fout.

Le jour du récent tremblement de terre de Mexico, le gamin de mon charcutier s'est coupé un auriculaire en jouant avec la machine à jambon. Quand cet estimable commerçant évoque aujourd'hui cette date, que croyez-vous qu'il lui en reste ?

Était-ce le jour de la mort de milliers de gens inconnus ? Ou bien était-ce le jour du petit doigt ?

Je verrais bien une cinquième catégorie où s'inscrirait, unique, la femme qu'on aime sur le bout des doigts. Parce qu'on la connaît par cœur.

Quant au mois de mars, je le dis sans aucune arrière-pensée politique, ça m'étonnerait vraiment qu'il passe l'hiver.

Les cèdres

12 mars 1986

Nous irons au Mexique pour voir trembler la terre quand les fêlés du ballon s'éjaculent des vestiaires.

Nous irons à Rio compter les enfants pauvres avant d'aller danser en bermuda résille.

Nous irons à Moscou faire de la planche à voile sur la Moskova bleue à portée des étoiles.

Nous irons à New York sucer des sorbets mous au fond d'un taxi jaune derrière un nègre roux.

Nous irons à Jérusalem comme à Berlin nous lamenter au pied du mur.

Nous irons à Colombey en chemise au nouveau son des deux églises.

Nous irons à Vichy dans la rue maréchale goûter les eaux thermales avec Anne-Sophie.

Nous irons, mon colon Bigeard, filmer l'ultime colon bêcheur à Colomb-Béchar...

Nous irons au fond du désert compter les bouts d'hélicoptère oubliés cet hiver sous la poussière automobile.

Nous irons à Cuba pêcher la langouste, nous irons à Lorient pêcher le hareng.

En revenant de Glasgow, nous irons à Bruxelles-Grand-Place baiser en parachutistes à l'hôtel Amigo dans la chambre à trois glaces, go.

Nous irons au fond des Carpates pour frissonner au loup-garou et voir s'enfiler les blattes dans le cimetière aux hiboux.

Nous irons à Tananarive, pour voir si ta nana revient.

Nous irons un de ces jours, c'est sûr, mon amour, avec l'A.S. Oradour aux Jeux d'été d'Hiroshima.

Nous irons à Pékin pour bouffer chez Maxim's et pour voir si la Chine commence à s'habiller Cardin.

Aux heures méditerranéennes, nous irons à Ibiza défoncer des Norvégiennes en chantant Mélissa.

Nous irons au sud du Portugal où chaque été des Anglais vieux viennent se shooter au Gardénal dans des palais ignominieux.

Nous irons au bout du monde. Et jusqu'à Paris-sur-Seine, où la Tour est folle, et la Joconde en bois, ce qu'on sait peu.

Nous irons au bout du monde, mais...

Nous n'irons plus au Liban, les cèdres sont coupés, les enfants que voilà ne savent plus chanter.

Quant au mois de mars, je le dis sans aucune arrière-pensée politique, j'en ai rien à foutre qu'il passe ou pas l'hiver.

Le fil rouge

14 mars 1986

Le type qui a inventé l'espèce de fil rouge autour des portions de crème de gruyère, on peut pas le tuer, quand même.

C'est pas possible qu'il l'ait fait exprès... Je veux bien qu'il y ait, dans les services de renseignements, des brutes professionnelles qui inventent des systèmes de torture extrêmement sophistiqués. Mais même les pires d'entre eux ont leur raison. Il ne leur viendrait pas à l'idée de griller électriquement les testicules d'un fonctionnaire assermenté pour de simples raisons ludiques. Ils ne s'y résolvent que poussés par la raison d'État, dans le but, par exemple, de découvrir les microfilms sur lesquels figurent les plans de la nouvelle machine à électrifier les quéquettes au laser...

Mais le type qui a inventé l'espèce de fil rouge autour des portions de crème de gruyère, c'est pas possible qu'il l'ait fait exprès. Il connaît même pas les gens qui aiment manger des portions de crème de gruyère. Je veux dire : qui aimeraient manger des portions de crème de gruyère. Ne les connaissant pas, il n'a aucune raison de leur en vouloir à ce point.

La sensibilité, le simple bon sens se révoltent jusqu'à refuser l'idée même de certaines actions inhumaines. On a du mal à croire qu'une mère ait pu jeter elle-même son petit garçon dans une rivière. Elle est intolérable, l'image de cet enfant enfermé dans un sac, attaché, si ça se trouve, avec une espèce de fil rouge, vous savez, comme celui qu'il y a autour des portions de crème de gruyère.

Un psychanalyste vous dirait sans doute que ce type — le type qui a inventé l'espèce de fil rouge autour des portions de crème de gruyère — a des tendances sadiques. Il est vrai que cette idée incroyable de faire des nœuds coulants à des laitages qui ne vous ont rien fait peut à première vue relever d'une certaine forme de perversion. Mais bon. Ça ne prouve pas que ce type soit un sadique. Le vrai sadique, pour avoir son plaisir, il faut qu'il assiste *de visu* à la douleur de l'autre. Mais lui, le type qui a inventé l'espèce de fil rouge autour des portions de crème de gruyère, il n'est jamais là pour se rincer l'œil quand je me relève affamé à trois heures du matin avec, au ventre, l'espoir insensé de me faire une petite tartine de crème de gruyère...

Alors, qui est-il ? Peut-être qu'il m'entend. La haine aveugle n'est pas sourde. Peut-être qu'il est dingue, ce type. Peut-être qu'il est dingue de père en fils. Si ça se trouve, c'est une forme d'aliénation mentale plus ou moins héréditaire. Peut-être que son père, c'est le type qui a inventé l'espèce de papier collant autour des petits-suisses ? Peut-être que sa mère, c'est la pétasse qui a inventé le chocolat dur qui tient pas autour des esquimaux ? Peut-être que son grand-père, c'est le fumier qui a inventé la clef qui casse le bout des petites languettes des couvercles de sardines, en complicité avec le pourri qui met de l'huile jusqu'à ras bord des boîtes ?

Peut-être que sa grand-mère, c'est la salope qui a inventé le suffrage universel ?

Quant au mois de mars...

Misères

21 mars 1986

Il y a misère et misère.

Il y a la misère éclatante qu'on nous trompette avec fracas, qui s'étale à nos unes et s'agrippe à nos remords, qu'on nous sert dans la soupe et qui nous éclabousse. C'est la faim fiévreuse des agonisants sur le sable, et les maladies rongeuses, la lèpre avec moignon sur rue, et le crabe invaincu, le crabe aux pinces noires à nous manger le ventre, et les génocides, un peu trop loin pour qu'ici l'on soupire, mais les génocides bien sûr, et la pauvreté des villes aux usines fermées, et les enfants d'Orient, moins hauts que leurs fusils, qu'on fait trotter au front.

Et puis, il y a la misère de série B qui ne vaut pas le détour. D'ailleurs, on ne la voit même pas. C'est la détresse bien mise de la vieille fille au cul déshérité n'ayant su que s'asseoir. C'est la panique extatique du vieillard rhumatisant qui ne sait plus s'extraire de son taxi tout seul.

C'est la misère des petites annonces. Pas forcément des petites annonces du cœur, du sexe ou de l'âme. Voyez celle-ci qui m'est tombée sous l'œil par hasard, dans la rubrique « divers ventes » d'une revue spécialisée dans les métiers du spectacle.

« A vendre mannequin ventriloquie. Système américain invisible, garçonnet de 6 ans, vrais cheveux, smoking bleu nuit, vernis noirs. Matériel de professionnel. Prix 12 000 Frs. Vendu avec corbeau très comique 85 cm, prix 1 000 Frs. »

Suivaient un nom et un numéro de téléphone.

La ventriloquie avec marionnette est une attraction qui prolongea pendant quelques années à la télévision l'engouement qu'elle avait suscité au temps du cinéma des familles où elle avait tout loisir de s'exprimer entre les esquimaux et le documentaire. A deux pingouins près, bien peu de ces phénomènes connurent un véritable vedettariat. Les plus doués, ou les plus chanceux, survivent encore dans les cabarets emplumés où le personnel zélé profite du peu d'intérêt qu'ils suscitent pour renouveler les consommations pendant que les girls changent de cachesexe.

Généralement, l'humour suranné de ces fantaisistes hypogastriques met en boîte des chanteurs morts sous Pétain, ou un ministre de la IVe République qui aurait fait un bon mot au moment des conflits sociaux de 1947. Ou bien encore, exhumant de leur mémoire en chômage des velléités de satyre contre la guerre des sexes, raniment-ils soudain l'anachronique conflit entre le gendre et la belle-mère. Le tout servi, avec une voix de canard meurtri insultante aux portes qui grincent, à des publics texans ou nippons accourus en ces lieux pour voir bouger des culs pailletés.

Alors, un soir, ou bien plutôt à l'aube, en sortant du Paris-Folies par la porte de derrière, pour que les belles dames et les messieurs bien mis ne voient pas les marques pelées de sa misère sur son manteau de drap, le ventriloque se dit qu'il en a marre. Il ouvre sa voiture-gamelle pour rentrer à Saint-Denis. A la place du mort, il dépose avec douceur le pantin rigolard qui s'appelle Philémon, quelquefois Roudoudou. Ce soir, il oublie de lui attacher sa ceinture, mais il lui demande, comme ça, par réflexe, et puis d'ailleurs il n'a personne d'autre à qui parler : « Et toi, Philémon, t'en as pas marre de faire le con tous les soirs de la vie pour ces gens qui s'en foutent ? »

Le ventriloque et son pantin n'iront plus au Paris-Folies. Le ventriloque ira vivre chez son fils Aramis qui a réussi dans les affaires. Il habitera dans le petit pavillon au fond du parc à Saint-Rémy-lès-Chevreuse. L'été, il soignera les roses et gardera les meubles de style et les grands crus classés, quand les enfants seront aux îles. L'hiver, il attendra l'été. Et, comme il a sa dignité, il va vendre le pantin Philémon pour pouvoir s'acheter du mazout.

Alors, le ventriloque prend dans ses bras le pantin Philémon, qui est son enfant. C'est lui qui l'a fait, c'est lui qui lui a collé les vrais cheveux, un à un, c'est lui qui lui a cousu le smoking bleu nuit et le système américain invisible. Il l'allonge doucement sur la table à repasser. Avec une brosse à dents, la même depuis trente-cinq ans, monsieur, il fait briller une dernière fois les vernis noirs.

Et puis, avec toujours la même délicatesse, il couche le pantin Philémon à côté du corbeau très comique de quatre-vingt-cinq centimètres, dans la mallette satinée qui leur servait jadis pendant les tournées des cinémas de campagne. Et il ferme lentement le couvercle qui claque à peine, dans un chuintement ouaté. C'est comme un bruit définitif de cercueil élégant.

Et le ventriloque se lève. Il se sent vieux. Il téléphone aux petites annonces avec une voix de canard.

Quant au mois de mars, je le dis sans aucune arrière-pensée printanière, je ne serais pas autrement surpris d'apprendre qu'il a passé l'hiver pas plus tard qu'aujourd'hui.

Les compassés

24 mars 1986

On ne rit vraiment de bon cœur que dans les cimetières. Ainsi, au spectacle quasi funèbre de ce premier Conseil des ministres de samedi dernier, mes enfants, mon chien et moi-même avons-nous été secoués d'une crise inextinguible de franche hilarité. On n'oubliera jamais cette table immense et nue, cernée de toutes ces plantes en pot cravatées de sombre, et costumées de gris, ni ces faciès compassés, présents et à venir, ni cette poignante détresse émanant de ces gens dont la plupart se sont pourtant débattus pendant vingt ou trente ans, au risque d'y laisser leur honneur ou leurs amours, dans le seul but d'être là un jour, posés sur leur cul, dans du velours, sur les petits trônes instables de leurs petits pouvoirs fragiles.

« La gravité est le bonheur des imbéciles », disait Montesquieu, dont l'œuvre inspira la Constitution de 1791, c'est dire s'il avait oublié d'être con. Voilà une maxime qu'on serait bien venu de déployer sur une banderole à chacune de ces réunions de pingouins emministrés, comme au-dessus des monuments aux morts et des cours d'honneur, où des remetteurs coincés de médailles posthumes décochent des bisous mous sur les joues des veuves de flics.

« La gravité est le bonheur des imbéciles. » Ce ne sont pourtant pas des imbéciles, tous ces coincés de samedi matin. Ce sont tous, à un titre ou à un autre, les élus du peuple, et trente-sept millions et demi de connards ne peuvent pas se tromper.

Non. Ce ne sont pas des imbéciles. S'ils avaient l'air grave sur cette photo de famille insoutenable, c'est parce que, pour reprendre l'expression de l'inventeur de la dératisation par l'emploi des laxatifs, ils se faisaient chier comme des rats morts. Ils s'ennuyaient avec une intensité inconnue sur l'échelle du regretté Richter, ils s'ennuyaient comme un cercueil s'ennuie sous l'oraison dernière, ils s'ennuyaient comme s'ennuie l'eunuque distrait égaré au Ciné-Barbès à la dernière séance de *Prends-moi par les deux trous.*

Mais pourquoi s'ennuyaient-ils ? L'instant d'avant, d'avant qu'ils ne se fussent assis en lune pour les photographes, que s'était-il passé ? De nombreux journalistes ont observé que, sur le perron de l'Élysée et dans la cour, l'atmosphère avait été beaucoup plus sereine et détendue. Je ne pense pas trahir un secret d'État en rapportant quelques bribes de conversation échangées à ce moment-là entre le Président de la République et le nouveau Premier ministre qu'il s'est offert. Je veux dire qu'il s'est payé. Du moins va-t-il essayer de se le payer.

CHIRAC : Fait pas chaud.

MITTERRAND : Non, on peut pas dire.

CHIRAC : En plus, c'est couvert.

MITTERRAND : Ça va peut-être se lever ?

CHIRAC : Faut espérer.

MITTERRAND : Oui.

CHIRAC : Il vaut mieux un bon petit froid sec qu'une mauvaise petite pluie fine.

MITTERRAND : C'est ce que je dis toujours.

CHIRAC : L'humidité, ça transperce.

C'est alors qu'ils se sont assis, le Président, le Premier ministre et les ministres en second et les petits ministres. Au début, ils ont continué à échanger des idées d'ordre général. On a même ri, quand Édouard Balladur a suggéré qu'on pourrait nationaliser les antiquaires. Alors ? Alors il s'est produit, juste avant l'entrée des caméras, quelque chose d'insolite et de désolant qui a fait brutalement basculer cette bonhomie confraternelle dans la plus obséquieuse patibularité fratricide. A l'heure où je vous parle, trois hypothèses circulent dans les couloirs de l'Élysée et de Matignon. Je vous les soumets en toute objectivité, cela va sans dire :

1) Le Président a dit à Léotard qu'il avait le look séminariste et l'air évêché. Le jeune ministre de la Culture a répondu : « C'est celui qui le dit qui y est. »

2) Charles Pasqua, dont l'élévation de pensée peut parfois surprendre, a raconté l'histoire du mec qui en a trois.

3) Enfin, et c'est l'hypothèse la plus plausible, Jacques Chirac, qui venait de se baisser pour renouer son escarpin, s'est écrié soudain : « C'est quoi, le paquet sous la table ? »

Quoi qu'il en soit, il faut qu'on cohabite, pour reprendre le cri d'amour du crapaud.

Quant à ces féroces soldats, je le dis, c'est pas pour cafter, mais y font rien qu'à mugir dans nos campagnes.

La baignoire aux oiseaux

26 mars 1986

Il était une fois une dame qui s'appelait Loisel, et qui aimait les oiseaux. Même que c'est vrai et que c'est ma copine, et si nous nous voyons moins, c'est la vie, que voulez-vous, les chemins, parfois, se croisent et, d'autres fois, divergent et divergent, c'est beaucoup pour un seul homme.

Elle s'appelait Loisel à l'imparfait de l'indicatif, mais on garde toujours son nom de jeune fille, surtout quand on s'appelle Loisel, et donc elle aimait les oiseaux et elle les aime encore, et elle s'appelle toujours Loisel, mais vous pouvez l'appeler Madeleine au présent de l'indicatif.

Or, vous allez voir comme le bon Dieu exagère, les amours de Madeleine et des oiseaux finissaient toujours tragiquement. Pour les oiseaux. Pas pour les chats. Car j'oubliais de vous dire que Madeleine n'aimait pas seulement les oiseaux, mais aussi toutes sortes d'animaux à poil, dont certains, fins gourmets ornithophages, n'ont jamais caché leur prédilection atavique pour l'hirondelle melba, ou le rouge-gorge tartare servi dans sa plume.

En plus des chats, elle avait des belettes et des petits lapins. Et des chiens louches ou borgnes arrachés au ruisseau, dont l'un, si véritablement épouvantable, qu'on eût dit le fruit des amours contre nature entre une serpillière écorchée et quatre pieds de tabouret de prison. Il répondait rarement, et d'une voix de chiotte, au nom de Badinguet, ultime insulte posthume que le père Hugo lui-même n'eût point osé servir au petit Napoléon.

Hormis les petits lapins, tous ces fauves de basse extraction plébéienne se prélassaient dans le farniente, la débauche et la reniflette subcaudale, dans la jolie maison forestière de Madeleine. Ils présentaient un danger permanent pour la pie-grièche, le geai goguenard et la bergeronnette fouille-merde, bien obligés de partager le même logis. Et sans le moindre garde-fou, car leur hôtesse se refusait à les mettre en cage pour qu'ils pussent s'adonner sans entrave à leurs séances d'expression corporelle.

Aussi Madeleine prenait-elle bien soin de séparer les à-plume des à-poil, avant de partir chaque matin pour son travail, d'où elle ne rentrait qu'à la nuit, les bras chargés de fémurs de vaches et de sacs de grains d'orge.

Seuls, les petits lapins étaient autorisés à cohabiter avec les oiseaux, en vertu de l'adage cher au chasseur à pied, qui dit en substance qu'on n'a jamais vu un lapin, même bourré à l'alcool de pruneaux, débusquer le plus petit gibier à plume.

Or, un beau matin de printemps où, contre toute attente, mars avait passé l'hiver, Madeleine, en ouvrant ses volets, entendit un infime mais poignant *piou-piou-piou* qui semblait monter du gazon encore lumineux de la rosée de l'aube.

C'était un ersatz de moineau échevelé, avec un cou vilain comme une quéquette anémiée, qui s'était cassé la gueule en se penchant du nid pour voir si Newton avait raison.

Le cœur de Madeleine se mit à saigner, ses joues s'inondèrent de larmes. Elle courut sauver le pauvre oisillon qu'elle enferma doucement au creux de sa main où il put enfin chier au chaud entre ses doigts câlins.

Il fallait bien vite trouver un abri sûr, pour ce nouveau petit protégé. Mais z-où, car c'est plus beau que mais hoù ? Des bestiaux, il y en avait partout. Outre Badinguet et les trois monstres saucissonnoïdes à poil dur issus d'une bergère allemande de l'Est réfugiée politique dans les Deux-Sèvres, la salle de séjour comptait un lévrier tripode, deux chats dissidents siamois, une tortue balinaise mange-crapauds, des crapauds donc, et un tatou qui sniffait les termites et les buffets Henri II. Dans la cuisine, un basset handicapé physique (il faisait un mètre quatre-vingts au garrot) jouait à casse-bouteilles avec un castor au chômage depuis qu'il s'était niqué la queue dans la porte du garage.

Un chevreuil qu'on appelait Pipi Luke (il pissait plus vite que son ombre) éclaboussait la chambre d'amis en cabriolant sur la moquette gorgée de ses flaques.

Les oiseaux gardaient le bureau de Madeleine, dont ils avaient assuré la décoration des meubles et des sols dans le plus pur style tachiste de la période fiente. Craignant qu'ils ne prissent l'intrus pour un lombric à plume, tant il est vrai que Chaval avait raison : « Les oiseaux sont des cons », il ne restait plus à sainte Mado d'Assise que de reléguer le bébé moineau dans la salle de bains.

Là, il serait à l'abri, avec pour seul compagnon un gentil petit lapin blanc de Prusse (il avait les yeux bleus), qui avait pris ses habitudes dans la baignoire où il aimait s'écouter crottiner sur la faïence entre deux bâfrées de luzerne.

Madeleine installa une grosse boule de coton hydrophile blanc pour faire un petit nid douillet dans le porte-savon, elle y déposa doucement le fœtal emplumé, le couvrit de baisers passionnés, salua le lapin, et s'en fut à la ville pour y gagner son Canigou.

Lorsqu'elle rentra à la nuit tombée, tout semblait en ordre dans la maison, je veux dire que le désordre avait l'air normal dans la ménagerie.

Rien n'avait changé dans la salle de bains.

Au fond de la baignoire, le lapin posait, sur tout et sur rien, son œil ahuri de lapin, et ruminotait à petits coups de nez un chewing-gum imaginaire.

L'oiseau, en revanche, donnait des signes d'épuisement. En le sortant de son nid, Madeleine poussa un cri d'effroi. Il n'avait plus de pattes... Il avait dû les laisser dépasser à travers la grille du porte-savon, et le lapin, que les âmes sensibles me pardonnent, le lapin, de nature grignoteuse, les lui avait bouffées.

Oyez mon conseil, bonnes gens : si jamais l'on vous pose un lapin, prenez votre pied tout seul.

Quant à ces féroces soldats, je le dis, c'est pas pour cafter, mais y font rien qu'à mugir dans nos campagnes.

Psy

28 mars 1986

Depuis pas loin d'un siècle qu'une baderne autrichienne obsédée s'est mis en tête qu'Œdipe voulait sauter sa mère, la psychanalyse a connu sous nos climats le même engouement que les bains de mer ou le pari mutuel urbain.

On a beau savoir pertinemment que la méthode d'investigation psychomerdique élucubrée par le pauvre Sigmund n'est pas plus une science exacte que la méthode du professeur Comédon pour perdre trente kilos par semaine tout en mangeant du cassoulet, ça ne fait rien, la psychanalyse, c'est comme la gauche ou la jupe à mi-cuisse, c'est ce qui se fait maintenant chez les gens de goût.

Ce scepticisme à l'égard de la psychanalyse, mais aussi de la psychologie et de la psychiatrie qui s'y réfèrent de plus en plus, me vient, selon mes docteurs, des données de base primaires d'un caractère brutal et non émotif qui me pousse à manger le pilon du poulet avec les doigts ou à chanter l'ouverture de *Tannhäuser* dans les moments orgasmiques.

Voici une histoire vécue, où le prestige des psy en prend plein le subconscient. Ma copine Betty Sartou, mère de famille à ses moments pas perdus pour tout le monde, a connu le malheur d'accoucher d'une espèce de surdoué qui s'appelle Grégoire, comme les moins cons des papes, mais c'est une coïncidence. A cinq ans et demi, ce monstre donnait des signes alarmants d'anormalité. Notamment, il préférait Haendel à Chantal Goya, il émettait des réserves sur la politique extérieure du Guatemala et, surtout, il savait lire malgré les techniques de pointe en vigueur à l'Éducation nationale.

Devant ce désastre, la maman et la maîtresse d'école estimèrent d'un commun accord que Grégoire était un mauvais exemple pour ses collègues de la maternelle, et qu'il serait bienséant de le jeter prématurément dans le cours préparatoire. Oui, mais à condition, dit l'Éducation nationale, que Grégoire subisse de la part d'un psychologue, par nous choisi, les tests en vigueur en pareille occasion. Au jour dit, mon amie Betty et son super minus se présentent au cabinet du psy, en l'occurrence une jeunesse binoclée de type « Touche pas à mon diplôme ». On prie la maman de rester dans la salle d'attente. Vingt-cinq minutes plus tard, la psychologue dont le front bouillonnant se barre d'un pli soucieux libère le gamin et accueille la mère.

— Votre fils Grégoire peut sauter une classe. Il en a la maturité. Il a parfaitement réussi les tests de latéralisation (en gros, cela signifie que si on lui présente une cuillère, il aura tendance à l'attraper plutôt avec sa main droite qu'avec son pied gauche). Malheureusement, je ne vous cacherai pas qu'il semble souffrir de troubles affectifs probablement dus à ... un mauvais climat familial. Voyez le dessin qu'il vient de réaliser. Je lui avais demandé de dessiner papa et maman. C'est assez clair, non ?

L'enfant avait dessiné un père gigantesque, dont la silhouette occupait toute la hauteur de la page, alors que la mère lui arrivait à peine au plexus.

— Pour moi, c'est clair, soupira la psy. Cet enfant marque une tendance à la sublimation de l'image du père, tendance subconsciemment contrecarrée par une minimisation anormale de l'image et donc du rôle de la mère dans le contexte familial. Je ne vois malheureusement pas d'autre explication.

— Moi, j'en vois une, dit Betty. Mon mari mesure un mètre quatre-vingt-treize et moi un mètre quarante-sept.

Quant à ces féroces soldats, je le dis, c'est pas pour cafter, mais y font rien qu'à mugir dans nos campagnes.

Les rigueurs de l'hiver

4 avril 1986

Papyvole, la charmante chanson gérontophobe de Pierre Perret, est encore trop tendre avec les vieux. C'est vrai que les prégrabataires nous escagassent l'oreille interne avec leurs jérémiades rhumatismales. Mais le pire est que, entre deux gémissements, ils retrouvent toujours quelque regain d'énergie pour nous assener, avec quelle suffisance dans le tremblotement, les recettes frelatées de leur prétendue sagesse ancestrale. C'est très pénible. Tout le monde n'a pas, comme moi, la chance d'avoir perdu ses parents à Lourdes. (Ils avaient voulu se baigner dans le grand bain avec leur chaise roulante.)

Les orphelins n'imaginent pas l'acharnement à survivre dont sont capables certains octogénaires pour le seul plaisir de raconter leurs congés payés au Tréport en 36 à des gens qui s'en foutent. Ça dort à peine trois heures par nuit, ça consomme cent vingt-cinq grammes de mou par jour, ça ne tient pas mieux debout qu'un scénario de Godard, mais ça cause. Aux giboulées, l'index hésitant pointé sur le bas-monde, ça cause par dictons : « Noël au balcon, Pâques aux tisons », « Noël en Espagne, Pâques aux rabanes », « Froid de novembre, cache ton membre ».

Il va sans dire que ces dictons ne s'appuient sur aucune autre réalité que la sagesse populaire. Et la sagesse populaire, on connaît. C'est elle qui a élu Hitler en 33, c'est elle qui va au foot à Bruxelles, c'est elle qui fait grimper l'indice d'écoute de « Porte-Bonheur ».

A propos, j'ai rapporté du Québec, en même temps qu'un léger ras-le-bol des grands espaces, une histoire de dicton tout à fait édifiante.

Cela se passait au début du siècle, dans les montagnes Abitoubica qui culminent à pas mal de mètres, au-dessus des verts pâturages des Laurentides où les trappeurs trapus trappaient très peu mais bien. Un jour de froid novembre 1908, Pierre Petitpierre, le plus trapu d'entre eux, se mit en peine de couper du bois pour l'hiver approchant. Comme il redescendait de la montagne Abitoubica en retenant son traîneau à cheval chargé de deux troncs de sapins, il rencontra Ragondin Diminué, le vieil Indien de la tribu Ouatavulanana, qui allumait son calumet, accroupi sur un rocher moussu en forme de département des Deux-Sèvres.

Quand Pierre Petitpierre s'arrêta à sa hauteur pour le saluer, Ragondin Diminué releva sa vieille tronche fripée de tortue sèche que soixante-quinze étés et soixante-seize hivers avaient sillonnée de mille crevasses, car il était né en octobre, ça nous fait donc un été de moins. Il huma la bise glacée qui sifflait du Nord à la vitesse d'une 305 Peugeot bleu marine, hocha par trois fois la tête, leva la main droite sans dire « je le jure », et lança d'une voix grave :

— Hug, Hug. Hiver prochain être rigoureux.

Pierre Petitpierre se dit que le vieil Indien, dont la race habitait ces montagnes bien des siècles avant l'élection de Miss Saucisse de Toulouse par Dominique Baudis, avait une expérience suffisamment sûre de ces climats austères pour qu'on le prît au sérieux.

Rentré chez lui, il dit à Marion Chapdeplomb, sa femme bien-aimée :

— C'pas pour dire, mais j'crois vraiment qu'faut qu'j'retourne là-bas pour couper d'autres sapins, l'Indien prétend qu'l'hiver sera rude.

— Prends-moi là tout de suite, dit Marion Chapdeplomb que l'odeur de résine embrasait.

Le lendemain, après avoir rentré son bois dans la remise, Pierre Petitpierre retourna dans la montagne Abitoubica.

Cette fois-ci, pour faire bonne mesure, il coupa huit troncs. Comme il redescendait épuisé, il tomba nez à nez avec Ragondin Diminué qui allumait son calumet, assis sur une fourmilière. Le vieil Indien, une fois de plus, releva sa vieille tête susdécrite, renifla le vent du Nord, secoua trois fois la tête, leva la main droite sans dire « Heil Hitler », et lança d'une voix grave de fossoyeur déprimé :

— Hug, Hug. Hiver prochain être très rigoureux. Aïe, ajouta-t-il, car c'étaient des fourmis rouges.

— C'pas pour dire, mais j'crois vraiment qu'faut qu'j'y retourne ostie, tabernacle, dies irae, sanctus sanctus, dit Pierre Petitpierre à sa femme.

— Prends-moi là tout de suite, dit Marion Chapdeplomb, l'odeur de résine a fait rien qu'à m'embraser derechef.

Le lendemain, après avoir rangé ses huit nouveaux troncs dans la remise, Pierre Petitpierre débita douze autres sapins dans la montagne Abitoubica. Quand il le vit passer, le vieux Ragondin Diminué refit ses simagrées de western enneigé de série B, avant de lancer d'une voix de parking souterrain :

— Hug, Hug. Hiver prochain être très très très rigoureux. Oh oui, ajouta-t-il, car il était assis sur une bitte d'amarrage du *Mayflower* que le cyclone Josefa avait malicieusement déposée là.

— Mais enfin tout de même, ostie, Kyrie eleison, s'énerva le trappeur. Comment ça s'fait don que tu peux savoir à c't'heure que l'hiver y s'ra rigoureux, vieil Indien ?

— Ça facile, éructa le fossile à plume. Dicton indien dire : « Quand homme blanc couper beaucoup bois, ça vouloir dire hiver être très rigoureux. »

Quant à ces féroces soldats, je le dis, c'est pas pour cafter, n'empêche qu'y font rien qu'à mugir dans nos campagnes.

De cheval

7 avril 1986

Un ami hypersensible m'est revenu des antipodes sens dessus dessous.

Pour avoir assisté, dans la banlieue de Melbourne, aux finales du championnat de lancement de nains sur matelas. Il dit que ce n'est pas drôle, et de nombreux nains ne sont pas loin de partager cet avis.

Il me semble en effet qu'il serait plus amusant de lancer des jockeys. D'autant que ce serait une bonne action. J'en ai parlé à mon cheval. Il opine. Les jockeys ne se doutent pas à quel point les chevaux les détestent. En réalité, les jockeys ne comprennent rien aux chevaux. Je regardais l'autre jour sur Canal +, avec un certain ébahissement, M. Yves Saint-Martin, qui n'est pourtant pas la moitié d'un con, occupé à flagorner une jument dans les allées cavalières de Chantilly.

— Oh, la grosse mémère. Oh, voui c'est la grosse mémère. Elle est mimi la mémère, minaudait-il en flattant l'encolure de l'ongulée.

Car les chevaux sont tous des ongulés. Mais ce n'est pas une raison pour les prendre pour des cons.

M. Saint-Martin avait beau dire à la caméra, l'œil mouillé de tendresse, qu'il aimait les chevaux d'amour, la jument n'y croyait pas du tout. Mon cheval re-opine.

— Pour quelle raison, dit-il, des animaux comme moi, que Dieu a créés pour qu'ils broutent et baisent à l'aise dans les hautes herbes, se prendraient-ils soudain d'affection pour des petits nerveux exaltés qui leur grimpent dessus, les cravachent et leur filent des coups de pied dans le bide dans le seul but d'arriver les premiers au bout d'un chemin sans pâquerettes, pour que les chômeurs puissent claquer leurs assédiques le dimanche ? En réalité (c'est toujours mon cheval qui parle), les jockeys aiment les chevaux comme les charcutiers aiment les cochons. C'est un amour dénaturé, pervers, qui pousse le charcutier, tronçonneur de gorets s'il en est, à signaler la présence de sa boutique par un cochon en bois hilare ceint d'un tablier blanc. Et c'est le même anthropomorphisme malsain qui incite des publicitaires tordus à vendre des épices par le biais du spectacle effroyable d'un bœuf complètement taré et tout à fait ravi à l'idée qu'on va le bouffer avec de la moutarde, mais pas avec Amora, parce que, meugle-t-il : « Il n'y a que Maille qui m'aille. » Et les chasseurs, mon cher Pierre, qui affirment sans rire qu'ils chassent parce qu'ils aiment la nature. Peut-on entendre propos plus consternant de sottise dans la bouche d'un homme ?

— Tu as raison, Reviens, lui dis-je (car mon cheval s'appelle Reviens, je le précise à l'intention des éventuels bouchers hippophagiques qui auraient survécu à la récente épidémie de piroplasmose). Tu as raison, Reviens, mais plus dégénéré que le chasseur, il y a. Il y a le pêcheur qui affirme que le chasseur est un tueur sans pitié, alors que lui-même accroche par la bouche et fait souffrir à mort des carpes encore plus innocentes qu'immangeables. Ou le dompteur qui déborde, pour les lions en cage, du même amour que Louis XI réservait à La Balue.

— Y a des coups de sabots dans la gueule qui se perdent, soupira mon cheval. L'autre nuit, ajouta-t-il en riant, j'ai fait un rêve absolument charmant. C'était dans une arène, la vache qui rit attrapait un matador par la peau du cul, le jetait par terre, et lui piétinait les oreilles et la queue.

Je convins que c'était amusant.

— Allez, viens, Reviens, on va se promener, lui dis-je, appelle le chien et les enfants.

Et nous voilà partis à grands pas dans les chemins forestiers, tous derrière, et lui devant.

Quant à ces féroces soldats, je le dis, c'est pas pour cafter, n'empêche qu'y font rien qu'à mugir dans nos campagnes.

Non aux jeunes

9 avril 1986

« Et vous, qu'est-ce que vous avez fait pour les jeunes ? » lançait l'autre soir Jack Lang, cette frétillante endive frisée de la culture en cave, à l'intention de je ne sais plus quelle poire blette de la nouvelle sénilité parlementaire.

« Qu'est-ce que vous avez fait pour les jeunes ? » Depuis trente ans, la jeunesse, c'est-à-dire la frange la plus totalement parasitaire de la population, bénéficie sous nos climats d'une dévotion frileuse qui confine à la bigoterie. Malheur à celui qui n'a rien fait pour les jeunes, c'est le péché suprême, et la marque satanique de la pédophobie est sur lui. Au fil des décennies, le mot « jeunes » s'est imposé comme le sésame qui ouvre les voies de la bonne conscience universelle. Le mot « vieux » fait honte, au point que les cuistres humanistes qui portent la bonne parole dans les ministères l'ont remplacé par le ridicule « personne âgée », comme si ces empaffés de cabinet avaient le mépris des rides de leurs père et mère. Mais les jeunes ne sont pas devenus des « personnes non âgées ». Les jeunes sont les *jeunes*. Ah, le joli mot.

« Vous n'avez rien contre les jeunes ? » Version à peine édulcorée du répugnant : « T'as pas cent balles ? », c'est la phrase clé que vous balancent de molles gouapes en queue de puberté, pour tenter de vous escroquer d'une revue bidon entièrement peinte avec les genoux par des jeunes infirmes. (Je veux dire « handicapés ». Que les bancals m'excusent.)

— Pardon, monsieur, vous n'avez rien contre les jeunes ?

— Si. J'ai. Et ce n'est pas nouveau. Je n'ai jamais aimé les jeunes. Quand j'étais petit, à la maternelle, les jeunes, c'étaient des vieux poilus, avec des voix graves et des grandes mains sales sans courage pour nous casser la gueule en douce à la récré.

Aujourd'hui, à l'âge mûr, les jeunes me sont encore plus odieux. Leurs bubons d'acné me dégoûtent comme jamais.

Leurs chambres puent le pied confiné et l'incontinence pollueuse de leurs petites détresses orgasmiques. Et quand ils baisent bruyamment, c'est à côté des trous.

Leur servilité sans faille aux consternantes musiques mort-nées que leur imposent les marchands de vinyle n'a d'égale que leur soumission béate au port des plus grotesques uniformes auquel les soumettent les maquignons de la fripe. Il faut remonter à l'Allemagne des années 30, pour retrouver chez des boutonneux un tel engouement collectif pour la veste à brandebourgs et le rythme des grosses caisses.

Et comment ne pas claquer ces têtes à claques devant l'irréelle sérénité de la nullité intello-culturelle qui les nimbe ? Et s'ils n'étaient que nuls, incultes et creux, par la grâce d'un quart de siècle de crétinisme marxiste scolaire, renforcé par autant de diarrhéique démission parentale, passe encore. Mais le pire est qu'ils sont fiers de leur obscurantisme, ces minables.

Ils sont fiers d'être cons.

« Jean Jaurès ? C'est une rue, quoi », me disait récemment l'étron bachelier d'une voisine, laquelle et son mari, par parenthèse, acceptent de coucher par terre chez eux les soirs où leur crétin souhaite trombiner sa copine de caleçon dans le lit conjugal.

Ceci expliquant cela : il n'y a qu'un « ah » de résignation entre défection et défécation.

J'entends déjà les commentaires de l'adolescentophilie de bonne mise :

« Tu dis ça parce que t'es en colère. En réalité, ta propre jeunesse est morte, et tu jalouses la leur, qui vit, qui vibre et qui a les abdominaux plats, “ la peau lisse et même élastique ", selon Alain Schifres, jeunologue surdoué au *Nouvel Observateur.* »

Je m'insurge. J'affirme que je haïssais plus encore la jeunesse quand j'étais jeune moi-même. J'ai plus vomi la période yéyé analphabète de mes vingt ans que je ne conchie vos années lamentables de rock abâtardi.

La jeunesse, toutes les jeunesses, sont le temps kafkaïen où la larve humiliée, couchée sur le dos, n'a pas plus de raison de ramener sa fraise que de chances de se remettre toute seule sur ses pattes.

L'humanité est un cafard. La jeunesse est son ver blanc.

Autant que la vôtre, je renie la mienne, depuis que je l'ai vue s'échouer dans la bouffonnerie soixante-huitarde où de crapoteux universitaires grisonnants, au péril de leur prostate, grimpaient sur des estrades à théâtreux pour singer les pitreries maoïstes de leurs élèves, dont les plus impétueux sont maintenant chefs de choucroute à Carrefour.

Mais vous, jeunes frais du jour, qui ne rêvez plus que de fric, de carrière et de retraite anticipée, reconnaissez au moins à ces pisseux d'hier le mérite d'avoir eu la générosité de croire à des lendemains cheguevaresques sur d'irrésistibles chevaux sauvages.

Quant à ces féroces soldats, je le dis, c'est pas pour cafter, mais y font rien qu'à mugir dans nos campagnes.

L'aquaphile

10 avril 1986

J'étais littéralement fou de cette femme. Pour elle, pour l'étincelance amusée de ses yeux mouillés d'intelligence aiguë, pour sa voix cassée lourde et basse et de luxure assouvie, pour son cul furibond, pour sa culture, pour sa tendresse et pour ses mains, je me sentais jouvenceau fulgurant, prêt à soulever d'impossibles rochers pour y tailler des cathédrales où j'entrerais botté sur un irrésistible alezan fou, lui aussi.

Pour elle, aux soirs d'usure casanière où la routine alourdit les élans familiers en érodant à cœur les envies conjugales, je me voyais avec effroi quittant la mère de mes enfants, mes enfants eux-mêmes, mon chat primordial, et même la cave voûtée humide et pâle qui sent le vieux bois, le liège et le sarment brisé, ma cave indispensable et secrète où je parle à mon vin quand ma tête est malade, et qu'on n'éclaire qu'à la bougie, pour le respect frileux des traditions perdues et de la vie qui court dans les mille flacons aux noms magiques de châteaux occitans et de maisons burgondes.

Pour cette femme à la quarantaine émouvante que trois ridules égratignent à peine, trois paillettes autour de ses rires de petite fille encore, pour ce fruit mûr à cœur et pas encore tombé, pour son nid victorien et le canapé noir où nous comprenions Dieu en écoutant Mozart, pour le Guerlain velours aux abords de sa peau, pour la fermeté lisse de sa démarche Dior et de soie noire aussi, pour sa virilité dans le maintien de la Gauloise et pour ses seins arrogants toujours debout, même au plus périlleux des moins avouables révérences, pour cette femme infiniment inhabituelle, je me sentais au bord de renier mes pantoufles. Je dis qu'elle était infiniment inhabituelle. Par exemple, elle me parlait souvent en latin par réaction farouche contre le laisser-aller du langage de chez nous que l'anglomanie écorche à mort. Nos dialogues étaient fous :

— Quo vadis domine ?

— Etoilla matelus ?

En sa présence, il n'était pas rare que je gaudriolasse ainsi sans finesse, dans l'espoir flou d'abriter sous mon nez rouge l'émoi profond d'être avec elle. Elle avait souvent la bonté d'en rire, exhibant soudain ses clinquantes canines dans un éclair blanc suraigu qui me mordait le cœur. J'en étais fou, vous dis-je.

Ce 16 octobre donc, je l'emmenai déjeuner dans l'antre bordelais d'un truculent saucier qui ne sert que six tables, au fond d'une impasse endormie du XVe où j'ai mes habitudes. Je nous revois, dégustant de moelleux bolets noirs en célébrant l'automne, romantiques et graves, d'une gravité d'amants crépusculaires. Elle me regardait, pâle et sereine comme cette enfant scandinave que j'avais entrevue penchée sur la tombe de Stravinski, par un matin froid de Venise. J'étais au bord de dire des choses à l'eau de rose, quand le sommelier est arrivé. J'avais commandé un Figeac 71, mon saint-émilion préféré. Introuvable. Sublime. Rouge et doré comme peu de couchers de soleil. Profond comme un *la* mineur de contrebasse. Éclatant en orgasme au soleil. Plus long en bouche qu'un final de Verdi. Un vin si grand que Dieu existe à sa seule vue.

Elle a mis de l'eau dedans. Je ne l'ai plus jamais aimée.

Quant à ces féroces soldats, je le dis, c'est pas pour cafter, mais y font rien qu'à mugir dans nos campagnes.

La gomme

15 avril 1986

Il était une fois un con fini qui eut l'idée singulière d'inventer, à l'intention des petits enfants, une gomme à effacer en forme de fraise, parfumée à la fraise.

Ce fut un tel succès dans les écoles que le con fini récidiva dans la gomme à la banane, la gomme à la pomme, la gomme à la cerise. Il culminait dans le saugrenu avec sa gomme exotique au kiwi cinghalais, quand on commença de s'inquiéter de la vague d'entéro-gastrites pernicieuses et d'asphyxies étouffantes qui se mirent à décimer les rangs des maternelles. (Oui. Il y a un pléonasme dans l'expression « asphyxie étouffante », mais les mômes ne pouvaient VRAIMENT plus respirer.)

Un jour d'hiver 1985, alors que, dans son atelier de gomineux, le con fini travaillait dans le plus grand secret à la mise au point de son chef-d'œuvre, la gomme pour adulte en forme de magret de canard parfumé à la graisse d'oie, les gendarmes lui passèrent un savon et les menottes et le contraignirent au nom de la loi à fermer boutique.

Subséquemment, les pouvoirs publics, afin que nul n'en ignore et que telle aberration ne se reproduisît point, promulguèrent un décret en date du 18 février 1986, paru au *Journal officiel* du 28 du même mois, dont photocopie chut dans mon courrier l'autre jour, accompagnée d'une lettre d'une chère auditrice qui n'a pas tenu à garder l'anonymat mais j'ai foutu sa lettre au panier, j'avais cru reconnaître l'écriture de la femme de Lucien Jeunesse, je me méfie de ce genre de salade, je ne mélange jamais le cul et le boulot.

Ce décret, dont tout homme de bien se doit de saluer la bienvenue, stipule dans son article 1er que « sont interdites à la fabrication, l'importation, l'exportation, l'offre, la vente, la distribution à titre gratuit, ou la détention par les professionnels, de gommes à effacer qui rappellent par leur présentation, leur forme ou leur odeur des denrées alimentaires et qui peuvent être facilement ingérées ».

L'article 2 déploie l'arsenal effroyable des punitions légales qu'encourrait le contrevenant (elles peuvent aller jusqu'à une amende de 5e classe, vous m'en voyez tout pantois).

L'article 3 accorde un délai d'un mois aux fabricants et détenteurs pour brûler leurs stocks ailleurs que dans ma cour ou dans la vôtre.

Mais c'est l'article 4 qui a retenu mon attention. Il occupe à lui seul quatorze lignes, qui sont simplement la liste des neuf membres du gouvernement signataires du présent décret. Ce qui signifie qu'en France il faut déployer l'énergie de neuf ministres pour effacer une seule gomme.

Laurent Fabius, Premier ministre, Pierre Beregovoy, ministre de l'Économie et des Finances, Robert Badinter, garde des Sceaux, Édith Cresson, ministre de l'Industrie et du Commerce, Georgina Dufoix, ministre des Affaires sociales, Michel Crépeau, ministre du Commerce, de l'Artisanat et du Tourisme, Henri Emmanuelli, secrétaire d'État auprès du ministre de l'Économie et des Finances, Edmond Hervé, secrétaire d'État auprès du ministre des Affaires sociales, et Jean-Marie Bockel, secrétaire d'État auprès du ministre du Commerce, de l'Artisanat et du Tourisme. Trois et trois six et trois neuf : neuf ministres.

Plus neuf coursiers, neuf plantons, neuf secrétaires de chefs de cabinet, neuf chefs de cabinet, neuf secrétaires des ministres, plus le plumitif du *Journal officiel*, ça nous fait un minimum de cinquante-cinq personnes mobilisées pour dégommer une gomme. Étonnez-vous, après cela, que trois semaines plus tard ces gens-là aient perdu les élections. En pleine campagne électorale, au lieu de déployer leur énergie à s'émerveiller du magnifique bilan de leur gestion, comme cela se pratique couramment, ils regroupaient leurs efforts pour fustiger des gommes à la fraise.

Rien que pour être sûr de ne plus jamais voir ça, j'ai failli voter à droite. Heureusement que je me suis retenu. A peine le nouveau gouvernement était-il formé que *le Figaro* titrait : « Chirac met la gomme. »

Entre nous, il paraît qu'il met surtout la Gomina. Quand Bernadette l'a vu revenir de sa fameuse séance de photos électorales, en février, elle a dit :« Oh ! Ouistiti est gominé ! »

Quant à ces féroces soldats, je le dis, c'est pas pour cafter, mais y font rien qu'à mugir dans nos campagnes.

Queue de poisson

22 avril 1986

En tant que fonctionnaire, M. Philippe Paletot représentait ce qui se fait de plus haut. Il était quelque chose comme « haut commissaire préfectoral à la présidence générale de la Direction régionale des affaires nationales » à moins que ce ne fût « président aux Hautes Affaires nationales à la préfecture directoriale des régions ». Quadragénaire hautain et portant beau, c'était un homme de devoir et de rigueur qui avait toujours su se montrer digne du prénom dont on l'avait honoré en hommage au maréchal Pétain. Humble et réservée, pieuse et cul pincé, Mme Philippe Paletot vivait sans éclat dans l'ombre de sa sommité dont elle dorlotait la carrière à coups de soupers rupins fort courus dans la région.

Quand M. Philippe Paletot fut muté à Paris pour d'encore plus hautes irresponsabilités fonctionnariales cette femme de bien concocta un dîner d'adieu dont les huiles locales n'oublieraient pas de sitôt la succulence. On y convia deux députés, un procureur, un notaire, le directeur régional de FR 3, une avocate en cour, le plus proche évêque, une harpiste russe blanche, un général de brigade amant de l'avocate, ainsi qu'un peintre exilé de Cuba qui fumait l'évêque par pure singularité hormonale. Le gratin, pour tout dire, avec les nouilles en dessous car on pouvait apporter son conjoint. Mme Paletot avait commandé en entrée un saumon surgelé mais norvégien, d'un mètre cinquante de long. Avant l'arrivée de ses invités, elle avait évité de justesse un drame affreux en éjectant son chat occupé à entamer la queue de ce salmonidé géant.

Ce fut un dîner tout à fait somptueux, solennel et chiant, bref, une réussite parfaite. A un détail près. Au moment de passer au fumoir, M. Philippe Paletot attira son épouse en un coin isolé.

— Il m'a semblé, ma chère amie, que votre poisson avait comme un goût, lui murmura-t-il sur un ton d'agacement qui la fit blêmir.

— A moins que le meursault que vous aviez choisi ne fût trop fruité. Rien n'est pire pour dénaturer un saumon rose, rétorqua-t-elle d'un ton pincé, avant de rejoindre ses piliers du Lion's Club en battant des ailes pour signifier la clôture de l'incident.

La fin de la soirée fut brillante et provinciale, avec débats avortés sur la banalisation des formes de la nouvelle Alfa Romeo, la montée de la violence et du cholestérol, le retour de James Bond à l'écran et de la quatrième à l'Assemblée. On se quitta en caquetant et gloussant vers la minuit.

C'est alors qu'en rentrant dans sa cuisine pour une brève tournée d'inspection, après que la servante ibérique eut regagné son gourbi, Mme Paletot eut le choc de sa vie. Raide et l'œil vitreux, le chat gisait sur le carrelage, plus mort qu'un dimanche en famille.

— Mon Dieu, mon Dieu, Philippe, le petit chat est mort et il avait goûté le saumon ! gémit la haute commisseuse préfecto-régionale.

Le grand homme local, qui en avait vu d'autres (il avait réchappé d'un cancer du trou par la seule force de la prière), exhorta son épouse au calme et appela le CHU voisin. L'interne de garde convint qu'il fallait intervenir de toute urgence, car tout laissait à penser que le poisson qui avait tué le chat n'épargnerait pas les soupeurs à brève échéance. Trois ambulances hurleuses, zébrant la nuit de leurs gyrophares bleus, s'en furent quérir en leurs logis respectifs les convives sur le point de se coucher les uns sur, sous, ou sans les autres, et qui poussèrent des cris effrayants en se sachant au bord de finir aussi sottement leur passionnante existence, par la faute de quelque surgeleur-dégeleur qui allait voir ce qu'il allait voir si jamais on en réchappait.

— Lavage d'estomac pour tout le monde, ordonna le médecin.

Et voici, dégradante image de fin du beau monde, voici tous ces bourgeois distingués en nuisettes et pyjamas fripés, odieusement tuyautés et gargouilleux, humiliés dans la chaude puanteur exhalée de leurs ventres blets, horriblement honteux de se faire ainsi entuber en public.

On les garda en observation. Mais rien, sinon la nuit, ne se passa. Le lendemain à dix heures, on les autorisa prudemment à réintégrer leurs pénates à condition de n'en pas bouger, et de se tenir à la disposition des médecins à la moindre alerte.

— Bonjour, madame Paletot. Bous j'avez dou avoir dé la peine pour lé pétit chat, no ? demanda la servante ibérique en prenant son service.

Et, devant la mine ahurie de sa patronne :

— Quand yé ou fini dé débarracher la couigine, lé pétit chat lui l'avait foutu lé camp. Yé bite bite fait lé tour dou yardin. Loui pas là. Yé bite bite régardé dans la route. Santa Maria ! lé pétit chat l'était écrajé par oune boitoure, qué l'avait complétamente écrabouillé. Ma, comme l'était pas abîmé, yé lé rapporté lé pétit chat dans la couigine. Et pouis, moi yé pas boulou déranyé la madame, alors yé chouis retournée dans ma maichon.

Quant à ces féroces soldats, je le dis, c'est pas pour cafter, mais y font rien qu'à mugir dans nos campagnes.

Les sept erreurs

25 avril 1986

M. Raymond Lepetit est journaliste. C'est un obscur. Dans aucun journal, on ne saurait être plus obscur que M. Raymond Lepetit.

M. Raymond Lepetit est encore plus obscur que Mlle Geneviève Portafaux qui est responsable de la rubrique « erratum » au *Réveil du Pas-de-Calais,* et qui connut un quart d'heure de gloire dont elle se serait bien passée, en écrivant un jour, dans un moment d'égarement, « erratum » avec un seul *r*.

M. Raymond Lepetit, pour sa part, est à l'abri de la moindre notoriété. Il restera dans l'ombre la plus opaque jusqu'à l'âge de la retraite, bien qu'il s'occupe d'une rubrique assez cousine au demeurant de celle de Mlle Geneviève Portafaux. En effet, M. Raymond Lepetit est rédacteur de la « Solution du jeu des sept erreurs », de *l'Écho de la Fouillouse* qui est encore assez lu entre Le Chambon-Feugerolles et Andrézieux-Bouthéon. Pour dire la vraie vérité, bien qu'elle soit fort cruelle, M. Raymond Lepetit est encore moins célèbre que M. Christian Bouchabais. M. Christian Bouchabais est également rédacteur de la « Solution du jeu des sept erreurs », mais à *France-Soir*. Il paraît même qu'un soir, M. Christian Bouchabais aurait rencontré M. Philippe Bouvard dans l'ascenseur, qu'il lui aurait dit : « Bonjour, monsieur Philippe Bouvard », et que M. Philippe Bouvard lui aurait répondu : « Bonjour, monsieur Bouchabais. » Ce sont des bruits, mais tout de même.

Alors que M. Raymond Lepetit, non. C'est tout juste si M. Raymond Lepetit est connu à Andrézieux-Bouthéon. Il ne sort jamais. Il envoie son article par téléphone à Mme Chabert, la vieille sténographe bigote antisémite de *l'Écho de la Fouillouse.*

— Madame Chabert ? C'est Lepetit... Bon, alors j'y vais.

En 1 comme l'unité : le donjon est plus large.

En 2 : le massif de lys est caché par le pont-levis. Non pas lévy : levis.

En 3 : la lance du troisième chevalier en partant de la droite est plus pointue.

En 4 : au fond, le parc est différent. Il ne reste plus que six chevaux blancs et deux marquises dans la sarabande. Non pas Sarah. En un seul mot : sarabande.

En 5 : le blason a été modifié.

En 6 : la salamandre est moins bien dessinée, la queue s'est effacée de l'image.

En 7 : il n'y a plus que trois boulets de canon au fond du ravin. Non. Pas du rabbin. Oui, c'est ça... Oui, ce sera tout pour aujourd'hui, madame Chabert. A demain, madame Chabert. Bonjour à Chabert.

M. Raymond Lepetit est malheureux. Pour arrondir ses fins de mois, il fait aussi la « Solution du jeu des sept erreurs » de *Sexy-Fouillouse,* une revue pornographique locale très sinistre et très grise. M. Raymond Lepetit a honte.

— Allô ? Monsieur Bernard Henri ? C'est Lepetit. Bon, alors j'y vais.

En 1 comme l'unité : la langue du barbu est plus large à la base.

En 2 : les genoux de la troisième personne de couleur sont plus pointus.

En 3 : le fouet est moins bien dessiné.

En 4 : la personne forte a lâché sa chaussure droite.

En 5 : le vieux monsieur ne sourit plus.

En 6 : la bougie a disparu.

En 7 : la queue-de-pie a été modifiée.

M. Raymond Lepetit raccroche son vieux téléphone noir. Il se sent vieux. Il est vieux. Il trottine, les mains dans le dos, fragile et voûté, jusqu'à la fenêtre qui donne sur le jardin. Il ne voit plus le massif de marguerites. Il est caché aux regards par les mauvaises herbes.

La pointe du troisième barreau de la grille en partant de la droite est tombée.

Au fond, le petit verger est différent.

Il ne reste plus que six choux verts et deux poireaux dans les plates-bandes.

Le bonnet du nain en plâtre a été modifié par l'érosion des pluies et l'écureuil en stuc, à côté, a la queue moins bien dessinée.

M. Raymond Lepetit ne se sent pas bien.

Ses espoirs sont plus flous. Partant de la gauche ils se sont déplacés vers la droite.

Il a un rhumatisme de plus du côté du cœur.

Sa femme a disparu.

Il ne lui reste que six cheveux bleus.

Son sourire s'est effacé de l'image.

Quant à ces féroces soldats, je le dis, c'est pas pour cafter, mais y font rien qu'à mugir dans nos campagnes.

Maso

6 mai 1986

La première manifestation de la nature profondément masochiste de Christian Le Martrois remonte à l'instant même de sa naissance.

Quand le médecin accoucheur l'eut extirpé du ventre maternel, le bébé retint sa respiration afin de retarder le plus longtemps possible le premier cri libérateur. Il ressentit alors une indescriptible souffrance qui lui mit des frissons partout. Par la suite, sa vie tout entière resta marquée par le souvenir brûlant et l'insatiable recherche de cette douleur exquise qu'une infirmière trop zélée avait étouffée dans l'œuf en lui tapotant le dos.

Il eut bien une seconde joie à l'âge de trois mois, quand son grand frère eut l'idée inespérée d'enduire de piment rouge la tétine de son biberon. Mais, par la suite, il comprit qu'il devait lui-même prendre en main son douloureux destin, sans plus compter sur le hasard.

A l'école, il occupa toujours la place du fond. Près du poêle. Non pas qu'il fût cancre. Mais il ne résistait pas à la dévorante morsure des chaleurs intenables qui traversaient ses maillots de corps barbelés avant d'embraser et cloquer sa peau fragile en lui tirant des larmes de sang.

La puberté de Christian Le Martrois restera comme un chef-d'œuvre dans l'art secret des supplices volontaires et des souffrances de l'âme autoconsenties. A quinze ans, il avait mis au point une technique dite de l'« *onanismus interrup-*

tus » génératrice de frustrations violentes telles qu'elles le poussaient à se taper la tête contre les murs de sa chambre qu'il avait tendus de papier de verre n° 5 sur les conseils d'un vendeur du BHV ex-marcheur sur braises à l'académie des derviches émasculés volontaires de La Bourboule.

Cependant, rien d'insolite dans l'attitude sociale de Christian Le Martrois ne permit jamais à ses contemporains de soupçonner l'effroyable singularité de son comportement privé. Après de brillantes études, il ouvrit un cabinet de chirurgien-dentiste à Fouille, dans la Creuse. Une clientèle douillette et huppée se pressa bientôt à son cabinet, car le dentiste Christian Le Martrois ne faisait pas mal. Il travaillait douze ou treize heures par jour dans la joie : masochiste voyeur, il aimait à regarder souffrir les autres, c'était pour lui une indicible source de plaisir. Sa technique d'arrachage de dents sans douleur aucune le privait de ce plaisir, ce qui déclenchait en lui sept à huit frustrations par jour qui le laissaient repu de souffrance à la nuit tombée.

A trente-trois ans, un Vendredi saint, Christian Le Martrois épousa une virago bavaroise dresseuse de bergers allemands au chenil « la Schlag » d'Oradour-sur-Glane. Dans l'intimité, elle appelait son mari Kiki, lui faisait rapporter la baballe, et l'obligeait à manger de la merde et à lire *Jours de France,* en écoutant le groupe Indochine.

C'était le bonheur.

Jusqu'à ce jour funeste du 10 mai 1981 où Christian Le Martrois, qui était de droite, vint applaudir l'arrivée de la gauche au pouvoir sur la place de la Bastille. Alors qu'il s'était allongé devant le podium des vainqueurs pour bien être piétiné dans la boue, un animateur de radio corpulent lui tomba distraitement sur le dos. Il en eut les reins brisés à tout jamais et, surtout, il ne ressentit, de ce jour, plus aucune douleur au-dessous de la ceinture. Il avait beau s'asseoir sur les nouvelles plaques de cuisson Arthur Martin à brûleurs néothermiques X23 supercrame, les pieds baignant dans la friteuse Hiroshima maxi-gril : rien, pas le moindre picotis, pas le plus petit agacement médullaire.

— Ma vie n'a plus de sens, se dit-il. Autant en finir.

Christian Le Martrois ne voulut pas manquer sa sortie. Masochiste pratiquant, il partirait dans les tourments de son culte. Pour ce faire, il s'adjoignit les services de deux tortionnaires épisodiques, défonceurs de colleurs d'affiches de gauche et de droite aux temps chauds, dépeceurs de petites vieilles à la morte-saison. Des tueurs à petits coups, à petit feu, à la petite semaine. Qui torturaient sans plaisir. Pour l'argent.

Christian Le Martrois, qui n'avait plus rien à perdre dans ce monde sans souffrance, leur proposa 500 000 francs à chacun pour qu'ils acceptassent de le frapper, griffer, boxer, déchiqueter, cisailler, perforer, stranguler et écrabouiller à fond, jusqu'à ce que mort s'ensuivît, et que son âme maudite s'envolât aux enfers pour y trouver enfin la délectable brûlure éternelle.

Ces deux saligauds, qui n'avaient décidément aucune moralité, lui mirent à peine deux baffes avant de s'enfuir avec l'argent.

Christian Le Martrois a porté plainte, pour indélicatesse.

Quant à ces féroces soldats, je le dis, c'est pas pour cafter, mais y font rien qu'à mugir dans nos campagnes.

Les trous fumants

12 mai 1986

M. Haroun Tazieff offre un premier abord bien sympathique. Il déambule une silhouette carrée et nonchalante d'ours repu, surmontée d'une belle et bonne tête de pionnier hygiénique, un peu Mermoz, un peu Kessel, avec des yeux perçants et doux, aussi clairs que les eaux du Dniepr le mois dernier.

Quand M. Haroun Tazieff parle, cette aura de paix tranquille qui émane de lui se fait encore plus rassurante. La voix de cet homme charrie des cailloux ronds bien polis. On ne sait pas très bien si c'est Boris Godounov qui ronronne ou un vieux maître de chai des hospices de Beaune qui psalmodie la gloire d'un romanée-conti.

M. Haroun Tazieff est inoffensif. Il passe le plus clair de son temps à mettre son nez dans les trous qui fument. Parfois, un volcan facétieux, profitant de ce que M. Haroun Tazieff n'est pas là, se met à péter aux quatre vents. M. Haroun Tazieff apparaît à la télévision et dit : « Ça ne m'étonne pas. Je l'avais prédit. » Puis il retourne s'enfumer plus loin avec une caméra parce qu'il faut bien vivre, comme dirait M. Jacques-Yves Cousteau. (M. Cousteau est un ami de M. Tazieff. Il met son nez dans des trous qui mouillent.)

MM. Haroun Tazieff et Jacques-Yves Cousteau sont d'éminents scientifiques. Les scientifiques sont éminents ou ne sont pas. Avec M. Paul-Émile Victor, qui met son nez dans les trous qui gèlent, ils forment en France un exceptionnel triumvirat, peu connu sous son nom d'apparat des « pifs nickelés », qui détient seul et sans partage, depuis un demi-siècle, le secret divin de la connaissance géophysique.

Des trois « pifs nickelés », M. Haroun Tazieff passe pour le plus sage et le plus éclairé. Jusqu'à un passé récent, que nous situerons aux alentours de l'éclosion des roses en 1981, il n'avait de cesse de chanter aux lucarnes la pureté de la nature et de mettre en garde les apprentis sorciers et les politiciens contre les périls de Vulcain et les dangers sournois de l'extension nucléaire. Les architectes fourbes et les requins de l'atome tremblaient à son seul nom.

Et puis, hélas, il y a un peu plus de trois ans, pendant que M. Haroun Tazieff avait le nez baissé sur quelque braise, une tuile lui est tombée sur la gueule : on l'a nommé ministre des Trous qui fument et des Noyaux qui pètent.

De ce jour, M. Haroun Tazieff ne fut plus le même. Ceux qui l'avaient connu vindicatif et parlant haut sur son vélo, fustigeant les rapaces, en culotte de velours et les sourcils cramés, n'en crurent pas leurs yeux. Il ne se déplaça plus qu'en limousine aseptisée, dans des trois-pièces Cardin lave-anthracite, avec une cocarde à l'avant et un pouet-pouet pour arriver plus vite au palais du Président où on le vit courbé en frileuses révérences devant les continuateurs zélés de la force de frappe. Pire. Un jour que le Président et ses chefs de guerre s'en étaient allés aux îles lointaines pour essayer leurs bombes de mort atomique, M. Haroun Tazieff n'eut rien de plus pressé que de se joindre à eux. Il se montra aux gazettes, auprès d'un ministre-clown de gauche qui n'avait pas craint de se mettre le cul dans l'eau pour en vanter la propreté féerique après la salubre explosion. Ce jour-là, M. Haroun Tazieff dit en substance que, la bombe atomique, on n'avait pas trouvé mieux pour la santé des nuages.

Et puis la rose a gardé sa tige mais lâché ses pétales, et M. Haroun Tazieff est retourné aux trous des volcans sur son vélocipède.

Là-dessus, voilà-t-il pas qu'une usine thermonucléaire ukrainienne s'embrase et nous dispense ses volutes assassines par-dessus le rideau de fer que l'on croyait infranchissable. Chez nous, les cuistres officiels sont rassurants. On dirait autant de petits Tazieff revenant bronzés de Mururoa. Les journalistes et le public sont des cons, pensent-ils. C'est nous, les cuistres, qui détenons à la fois le pouvoir économique du nucléaire et le pouvoir d'en informer les gens. Y a qu'à rien leur dire et les veaux iront au pré.

C'est alors que M. Haroun Tazieff relève le nez. Frétillant, il retourne aux gazettes et dit que les responsables de la protection civile sont des rigolos et des tyranneaux bureaucratiques qui empêchent la France d'être informée sur la réalité du péril et qui seraient bien incapables de nous épurer si nous avalions des noyaux de travers.

Pourtant, quand M. Haroun Tazieff était haut responsable aux Trous qui fument et aux Noyaux qui pètent, ces mêmes responsables étaient déjà en place. M. Tazieff n'eut alors jamais un mot d'opprobre à leur endroit. Il leur faisait coucou depuis sa limousine. Il était bien. Il n'avait pas de raison de s'en faire, l'atome d'alors était en sucre.

Cette histoire nous prouve qu'il ne faut jamais donner une auto à un vulcanologue cycliste si c'est pour la lui reprendre après. De retour au vélo, il perdrait les pédales.

Quant à ces féroces soldats, je le dis, c'est pas pour cafter, mais y font rien qu'à mugir dans nos campagnes.

Bâfrons

13 mai 1986

En passant devant une publicité « Gévéor » dégoulinant ses lettres rouille à l'huis oublié d'une épicerie close, il m'est revenu le souvenir de ripailles solitaires d'une telle vulgarité que le père Dodu, M. Olida, et même le directeur des Ruralies s'en fussent aperçus, pour peu que je les y eusse conviés, ce qu'à Dieu ne plût.

Par parenthèse, je signale aux rétifs de la gastronomie autoroutière que les Ruralies sont une manière d'auberge campagnarde prétendument rustique, sise au bord de l'autoroute Aquitaine entre Paris et Poitiers, où l'on sert, contre beaucoup d'argent, un brouet que Jacob et Delafon ne confieraient qu'avec réticence à leurs chasses d'eau.

C'était deux ou trois hivers plus tôt. Ayant laissé mes familles ordinaires à leurs ébats neigeux, je rentrais seul à Paris, par un soir gris semblable. Le frigo vide béait sur rien. Le placard aux victuailles exhibait un bocal de graisse d'oie, deux boîtes de Ronron et une de corned-beef. J'avais oublié la clé de la cave dans le sac à main de ma femme, ce qui m'interdisait l'accès au congélateur et — ô rage, ô désespoir, ô Contrex ennemie — à mes vins chéris.

Un voisin pauvre mais compatissant me fit le prêt d'une demi-baguette de pain mou et d'un litron sobrement capsulé dont l'étiquette, en gothiques lamentables, chantait avec outrecuidance les vertus du gros rouge ci-inclus. Était-ce bien Gévéor, ou plutôt Kiravi, voire Préfontaines ? Je ne sais plus.

mais qu'importe, puisqu'il paraît qu'ils pompent tous les trois à la même citerne, chez Total ou Esso. A moins que ce ne fût un vin des Rochers de chez Soupline, le velours de l'estomac, ou « le taffetas du duodénum », selon Francis Blanche. Bref, c'était un de ces bons gros pinards bien de chez nous dont l'acidité est telle qu'elle neutralise le méthanol et les effluves de Tchernobyl.

Or donc, la rage au cœur et la faim au ventre, je me retrouvai seul à la minuit dans ma cuisine avec ce pain flasque, ce litron violacé et la boîte de corned-beef que je venais de gagner à pile ou face avec le chat, le sort souvent ingrat m'ôtant le Ronron de la bouche au bénéfice de ce connard griffu.

Avec des grâces de soudard pithécanthropique, je décapsulai la bouteille d'un coup de dent tellement viril qu'on aurait dit Rock Hudson sans le sida dégoupillant sa grenade offensive dans *Les marines attaquent à l'aube*. Puis j'entrepris d'étaler largement l'inqualifiable pâté rosâtre sur la mie leucémique de l'ersatz farineux du voisin. Ainsi nanti, les pieds sur la table et la chaise en arrière, je me mis à glouglouter et bâfrer bruyamment, l'œil vide au plafond comme le broutard abruti s'écoutant ruminer.

Or, à mon grand étonnement, j'y pris quelque plaisir, et même pire, j'en jouis pleinement jusqu'à atteindre la torpeur béate des fins de soupers grandioses, et m'endormis en toute sérénité.

Cette pauvre anecdote, dont la fadeur n'a d'égale que celle du sandwich, me rappela un très beau texte de Cavanna décrivant sa jouissance infâme à gober une boîte de cassoulet froid à peine entrouverte, par un soir esseulé comme le mien.

Ce qui tendrait à prouver qu'on n'est pas faits pour le raffinement, en tout cas pas tous les jours, et que le cochon qui somnole en nous, tandis que nous bouche-en-cul-de-poulons des mets exquis et des vins nobles en nos tavernes choisies, ne demande qu'à se réveiller pour engloutir dégueulassement des rations militaires qu'un Éthiopien affamé repousserait du pied.

Un qui ne me contredira pas, s'il m'écoute, c'est cet ami photographe de mode, dont l'hyperséduction anglo-saxonne draine en son lit les plus beaux mannequins du monde. Pendant ses week-ends, le bougre s'occupe à draguer le boudin charolais celluliteux entre la République et la porte Saint-Denis.

Que les plus fins mozartiens qui n'ont jamais vibré aux musiques militaires lui jettent la première pierre.

Quant à ces féroces soldats, je le dis, c'est pas pour cafter, mais y font rien qu'à mugir dans nos campagnes.

Sur la grève

16 mai 1986

Les syndicats et les personnels de l'audiovisuel, justement inquiets de l'avenir du service public, annoncent une grève des professionnels de la radio et de la télévision pour le 21 mai prochain, dernier délai. J'opine.

Mais pourquoi ce « dernier délai », que soulignaient hier des commentateurs du journal de huit heures sur France-Inter ?

Tout simplement parce que, après cette date, commenceront sur les antennes les retransmissions du tournoi de tennis de Roland-Garros et de la coupe du monde de football de Mexico, et qu'il n'est pas question, dans l'esprit des dirigeants syndicaux ni dans celui des militants de base, de perturber un tant soit peu ces événements sportifs éminemment passionnants. La sainte et légitime colère des populations ainsi frustrées pourrait être terrible.

En revanche, si la grève a lieu avant le début tant attendu de ces parties de baballes, on n'emmerdera que les cons saugrenus qui ne regardent ni n'écoutent les exhibitions sportives à la télé ou à la radio. On ne punira que ces demeurés globaux-là qui s'intéressent essentiellement aux créations, aux films, à la musique, aux débats, aux grands reportages ou à l'information. Les goûts et les couleurs de ceux-là, de ces fêlés qui fonctionnent plus du neurone cérébral que de la fibre musculaire, ne préoccupent guère les leaders courroucés des mouvements ouvriers.

Mais alors, Dieu m'entraîne, si possible pas au parc des Princes ça me ferait gerber, que réclament les personnels de l'audiovisuel concernés, pour ne pas dire cernés par les cons ? Ils s'insurgent, et j'en suis, à mon humble niveau de pitre son-et-lumière, contre le démantèlement du service public et son inévitable corollaire : l'extension anarchique du privé par le biais de marchands de son et d'images peu scrupuleux et beaucoup plus préoccupés de faire grimper les taux d'écoute que de se risquer dans des programmes de qualité.

Or, je vous le donne en cent car en mille c'est trop cher, qu'est-ce qui fait grimper les taux d'écoute chez les masses popu, les masses popu, les masses populaires ? Le tennis et le foot.

Donc, Dieu me shoote, si possible pas dans la gueule ça me décoiffe, la présente grève, destinée à préserver la qualité au mépris du taux d'écoute, aura lieu le 21 mai pour préserver les taux d'écoute au mépris de la qualité.

Il vaut mieux entendre ça que tomber sur un clip de la Stéphanie du Rocher.

Pouf, pouf.

En relisant hier soir *les Nourritures terrestres* — c'est nul, mais y avait pas de foot à la télé —, il me revenait en mémoire une anecdote journalistique infiniment savoureuse à propos de ce vieux pédé de Nobel à béret basque que fut André Gide. C'est une historiette authentique, qui remonte à trente-cinq ans. On me l'a racontée dès mon arrivée dans le service des informations générales du premier journal où j'ai mis la plume et les pieds, et il serait salutaire, pour le respect du folklore, que la tradition orale ne s'en perdît point dans les couloirs enfumés des écoles de journalisme.

Par un beau jour du printemps 1951, le rédacteur en chef des faits divers d'un grand journal de France et du Soir, dont je tairai le nom en hommage à Pierre Lazareff, reçoit une dépêche urgente de l'AFP qui annonce que la France des lettres et de l'esprit est en deuil : André Gide vient de mourir à son domicile parisien à l'âge de quatre-vingt-deux ans, à la suite d'une longue et cruelle schwartzenbergite, mais là n'est pas le sujet : le sujet est couché dans une boîte en bois en attendant qu'on l'inhume en terre laïque plutôt que dans les caves du Vatican.

A cette nouvelle fracassante, le rédacteur en chef dépêche en urgence son meilleur limier sur les lieux de l'extinction de l'honorable immoraliste.

Trois heures plus tard, sur le point de boucler sa première édition, le rédac-chef s'inquiète. Il a remanié complètement sa « une » afin d'y ménager la large place que suscite la lourde perte. Or le papier, à l'instar de la marée de Vatel, n'arrive toujours pas. Cet homme, anxieux à juste titre, se précipite alors dans le bureau du limier... et le trouve le cul sur la chaise et les pieds sur le buvard occupé à lire *Paris-Flirt*.

— Ben, et votre papier, mon vieux ?

— Quel papier, chef ?

— Enfin quoi, je vous ai bien envoyé en reportage tout à l'heure ?

— Hein ? Ah oui, bien sûr. J'y suis allé, chef. Mais j'ai pas fait de papier.

— Comment ça, vous n'avez pas fait de papier ???!!

— Mais non, chef, ça valait pas un clou. J'ai vu le toubib du vieux. Il a été formel : mort naturelle.

Pouf, pouf.

Quant à ces féroces soldats, je le dis, c'est pas pour cafter, mais y font rien qu'à mugir dans nos campagnes.

Ça déménage

26 mai 1986

Il se peut que cette chronique soit la dernière.

Considérez-la comme mon testament.

Ce matin, à six heures trente, à l'heure où Phœbus darde encore ses rayons dans sa poche, on a sonné à ma porte.

Ce ne pouvait pas être le laitier. Je ne bois pas de lait le matin, ça fait cailler la tequila de la veille au soir.

Ce ne pouvait pas être le KGB. Je suis au mieux avec Moscou. J'ai rencontré l'autre jour un ingénieur de Tchernobyl qui se désirradiait dans la piscine Molitor, je lui ai dit : « J'aime beaucoup ce que vous faites. » On ne sait jamais. On n'est jamais trop prudent.

Ce ne pouvait pas être les miliciens de Pasqua. J'aime beaucoup Pasqua. Ce look « Don Camillo uber alles », je ne résiste pas. Hier encore, je lui ai téléphoné pour lui cafter les agissements de ce connard de Jean-Claude Bourret qui veut entrer dans la résistance avec Polac et Denise Fabre pour la sauvegarde du service public.

Alors que fut-ce ? Qu'ouissai-je ? Qui donc ébranlait mon huis ?

Enfer et boule de bitte : c'étaient les déménageurs.

Tout à mon sommeil dans les bras de Morphée et sous les genoux de la mère de mes enfants présumés, j'avais oublié que je quittais ce matin mon somptueux gourbi parisien pour aller vivre désormais dans un minable manoir de banlieue extrêmement surfait, c'est pas la peine de m'emmerder avec l'impôt sur les grandes fortunes, je fais rien qu'à rétrograder dans l'aisance.

On est bien peu de chose, mes frères, en pyjama rayé façon Auschwitz, face à six gros bras velus, pétants de santé et armés de sangles de cuir, qui vous soufflent à la gueule, par les naseaux béants de leurs mufles ouvriers, l'air encore frais du matin, frémissants de leur impatience à vous casser la baraque.

Ils se sont engouffrés dans mes murs comme six minotaures assoiffés de vengeance mobilière et affamés de commodes Louis XV, pardonnez l'anachronisme, j'aurais dû dire « de bahuts Hercule », mais on n'a pas la sérénité d'André Castelot devant son Malet-Isaac quand on est piétiné à l'aube par une horde d'hommes des bois de lit.

« Par où qu'on commence ? » a mugi le plus féroce qui paraissait être le chef (les touffes de poils échappées de son poitrail à la Fichet-Bauche étouffaient le crocodile de son débardeur Lacoste, signe distinctif du chef de meute chez les tribus porteuses de piano à queue sur la tête).

« Commencez par où vous voulez, mais ne me frappez pas, monsieur, s'il vous plaît », ai-je supplié, en lui baisant les doigts à tout hasard, pour apaiser son courroux.

En moins de temps qu'il n'en faut à l'éjaculateur précoce pour prendre congé d'Ornella Mutti, ils s'étaient répandus dans les étages en rugissant les ahanements gutturaux des terribles écumeurs de l'habitat urbain (Urbain VI, le saint patron des balanceurs d'armoires par la fenêtre du troisième).

Je me précipitai, en rampant sous la moquette pour ne pas être reconnu, vers la chambre conjugale, pour prévenir ma bien-aimée, qui a le sommeil plus lourd que le cul, afin qu'elle trouve le temps de s'échapper avant qu'ils ne l'affolent avec leurs gros bras de grizzlis banlieusards. Hélas, ils l'avaient déjà roulée dans le dessus-de-lit et jetée dans le monstrueux camion noir de leurs forfaits impunis. Je suis allé me réfugier dans mon bureau en gravissant l'escalier sur la pointe des pieds pour ne pas éveiller l'attention de l'ennemi. A vrai dire, je gravissais sur place : pas étonnant. Ces maudits salauds avaient déménagé l'escalier. Il me restait les chiottes. La seule pièce de la maison qui fermait à clé. Ils n'iraient pas me chercher là.

A l'heure où j'écris ces lignes, il n'y a plus un bruit dans la maison. Il est près de dix-neuf heures à ma montre. Je ne pense pas qu'ils reviendront ce soir, mais je n'ose pas sortir. Avant que le silence ne se rabattît sur la maison, j'en ai entendu un pousser, à travers les murs de pierre taillée, un son bestial qui m'a semblé reproduire le ricanement typique de l'ichtyosaure haineux de la section Le Pen du préquaternaire.

« On le finira demain matin », m'a-t-il semblé comprendre. Je n'étais évidemment pas en mesure de savoir s'il parlait du déménagement ou de moi-même. Aussi bien, dans le doute, m'abstins-je.

C'est pourquoi, chers amis de France-Inter, au lieu d'enregistrer cette émission, comme à l'accoutumée, dans un chaleureux studio de Radio-France, j'émets aujourd'hui de ce réduit obscur aux murs recouverts des graffitis obscènes, scabreux, anodins ou poétiques que j'ai moi-même gravés au feutre quand c'était le bon temps, le temps de l'insouciance, le temps d'avant les déménageurs.

Demain, je quitterai la maison pour toujours. Il ne m'en restera que ces quelques pensées-là, scribouillées à la hâte sur la laque ocre-blanc de ce cabinet, dont je reste le chef. Et, tandis que le crépuscule attend la nuit pour étendre son grand manteau de velours mauve beaujolais sur la ville et sur les gens, je relis à n'en plus finir le mot terrible de Talleyrand sur son lit de mort. A moins que ce ne soit un mot de Talleyrand sur le lit de mort de la duchesse de Montorgueil, mais qu'importe, c'est un mot terrible qui nous dit que l'éternité c'est long, surtout vers la fin.

Quant à ces féroces déménageurs, je le dis, c'est pas pour cafter, mais y font rien qu'à mugir dans nos armoires.

La belle histoire du crapaud-boudin

28 mai 1986

A trente ans, Ophélie Labourette supplantait dans la hideur et la disgrâce les culs de cynocéphales les plus tourmentés. Elle était intensément laide de visage et de corps, et le plus naturellement du monde, c'est-à-dire sans que jamais le moindre camion ne l'eût emboutie, ni qu'un seul virus à séquelles déformantes n'y creusât jamais ses ravages. Elle était vilaine par la grâce de Dieu, marquée à vie au saut de l'utérus.

Jaillissant de sa tête en poire cloutée de deux globules aux paupières à peine ouvrables, elle imposait un pif grumeleux, patatoïde et rouge vomi, qu'un duvet noir d'adolescent ingrat séparait d'une fente imprécise qui pouvait faire illusion et passer pour une bouche aux moments de clapoter.

Autour de ce masque immettable, elle entretenait toute une chignonnerie de poils à balai de crin qui se hérissaient sur les tempes au temps chaud pour cacher en vain les pavillons de détresse de ses oreilles boursouflées dont seule la couleur, identique à celle du nez, apportait un semblant d'harmonie, au demeurant regrettable, à cette informité.

Le corps était, si l'on peut dire, à l'avenant. Court et trapu, sottement cylindrique, sans hanches ni taille, ni seins, ni fesses. Une histoire ratée, sans aucun rebondissement. De ce tronc morne s'étiraient quatre branches maigrelettes, précocement parcheminées et flasques, endeuillées par endroits d'un pelage incertain. Les membres inférieurs, plus particulièrement, insultaient le regard. N'était leur position dans l'espace (l'une au-dessus de l'autre) rien ne permettait de discerner la jambe de la cuisse. L'une et l'autre, affûtées dans le même moule à bâtons, s'articulaient au milieu par la protubérance insolite d'un galet rotulien trop saillant. Un trait, un point, un trait, c'étaient des jambes de morse. Moins affriolantes que bien des prothèses. Avec, pour seul point commun avec les jambes des femmes, une certaine aptitude à la marche.

La Providence, dans un de ces élans sournois de sa méchanceté gratuite qui l'incite à faire éclore les plus belles roses sur les plus écœurants fumiers, avait cru bon d'égarer, au milieu de toute cette bassesse, une perle rare d'une éclatante beauté. Ophélie Labourette avait une voix magnifique. Déjà, quand elle parlait, il s'en évadait des sons surprenants, veloutés dans l'aigu, claquant dans les graves, une voix qui portait loin sans qu'elle eût jamais à la pousser et qui, même assourdie pour les confidences, écrasait superbement alentour les plus égosillés caquetages, réduisant les plus amples tonitruances viriles en braiments aphones. Quand elle chantait, le rossignol, confus, s'éteignait. Son chant brisait les autres chants. Près de lui, les chœurs de basses devenaient aboiements polyphoniques, et les voix cristallines, filets de vinaigre.

Si Ophélie Labourette était née très sotte, ou aveugle, un jury particulièrement doué de mansuétude aurait pu accorder à Dieu des circonstances atténuantes que Lui-même, dans l'arrogant égocentrisme de son infinie sagesse, refusa naguère au docteur Frankenstein. Mais Dieu est un salaud. Fignoleur dans le sadisme comme peu de bourreaux des camps, il avait imaginé de doter sa créature d'une âme d'artiste sensible et raffinée que soutenait un esprit vif et brillant. Enfin, content de lui comme un grand chef pâtissier au moment de poser l'ultime cerise rouge au sommet de la pièce montée, Dieu avait mis au cœur d'Ophélie Labourette une petite perle, brillante et noire, indestructible, irradiant sans fin, de ce corps grotesque, la douleur crissante et pointue d'une inextinguible jalousie.

Bref, et pour tout dire, cette immondice sur pattes, comme peu de poètes sensible à la beauté des choses et à l'harmonie des formes, se mourait de haine pour tout ce qu'elle aimait, et vivait dans l'espoir exécrable du pourrissement des anges.

Un jour de rouge automne, alors qu'elle cachait ses détresses au fond d'une forêt noire, Ophélie Labourette rencontra dans un sentier caillouteux un gros crapaud dégueulasse qui coassait par là.

— Vous semblez bien triste, mademoiselle, lui dit-il.

— C'est que je suis épouvantable, monsieur le crapaud. Je donnerais tout au monde pour quitter ce corps contrefait et cette tête repoussante et me changer de peau.

— Je peux quelque chose pour vous, dit encore le crapaud. Figurez-vous que je suis une fée ravissante victime du mauvais sort sur moi jeté par la fée Ladurasse. Seul un baiser sur mon dos pustuleux pourra me rendre mon apparence première. Si vous me donnez ce baiser, mademoiselle, j'exaucerai votre vœu.

Aguerrie à tous les écœurements — elle se voyait dans la glace tous les jours —, Ophélie Labourette n'hésita pas un instant. Elle porta le crapaud à sa bouche et lui baisa le dos.

Aussitôt, le batracien se fit fée, superbe, avec des traits diaphanes, des grâces de ballerine et une baguette étoilée dont elle toucha l'épaule d'Ophélie Labourette en disant :

— Abracadabra. J'ordonne que cette femme quitte ce corps contrefait et cette tête repoussante et qu'elle change de peau.

C'est ainsi qu'Ophélie Labourette se retrouva d'un coup métamorphosée en crapaud.

Quant à ces féroces soldats, je le dis, c'est pas pour cafter, mais y font rien qu'à mugir dans nos campagnes.

Le duc

29 mai 1986

La femme que j'aime n'est pas celle que je croyais. Ou bien elle ne l'est plus. Quelque chose a changé dans son comportement.

Par exemple, elle prend du plaisir à jouer au golf alors que je n'y joue pas moi-même. (Je trouve extrêmement vulgaire cette façon brutale de lancer le cochonnet avec un bâton.) Eh bien, elle, elle aime ça.

Il me semble qu'elle fait preuve d'un certain manque d'élégance de cœur en étant heureuse sans moi.

J'ai malheureusement eu la confirmation fulgurante de son égoïsme pas plus tard que la nuit dernière.

Nous nous sommes couchés tard. Elle dort profondément. Vers quatre heures du matin, je me sens étreint par une sourde angoisse. Sueur aux tempes. Gorge sèche. Je bondis hors du lit. J'ouvre à la volée la porte de la chambre. Et je me retrouve au cœur d'une mer de sable en un pays brûlant. Près d'un cactus mort, je vois un homme en tenue militaire de parade s'enfoncer dans les sables mouvants. Et de cet homme, seuls la tête et les bras galonnés émergent encore de la boue sèche. Je le reconnais. Je revois sa silhouette immense qui les dépassait toutes aux marches des palais des rois du monde où l'on écoutait sa parole éclairée. J'essaie en vain de crier son nom : je suis muet. Pire, à trois pas de lui qui sombre, et je ne l'aide pas. Comme si des liens invisibles me rivaient les bras au corps. Qu'est-ce que je fais dans ce cauchemar ? J'essaie de bouger mes doigts engourdis. Ce qu'ils touchent est joyeux. C'est le drap de satin du lit conjugal. J'ai rêvé.

L'instant d'après, assis dans le lit, la tête dans les mains, j'essaie d'interpréter ce songe étrange, alors que la boule d'angoisse est toujours là, malgré la rassurante certitude de l'armoire à glace trapue où j'entrevois mes regards affolés sous ma tignasse hirsute. Ces sables mouvants ne symbolisaient-ils pas l'oubli ? Cet homme, qu'on exhibait naguère encore à la une des gazettes, n'était-il pas en train de sombrer dans les insondables profondeurs de l'oubli, aspiré dans le noir *no man's land* des mémoires mortes où l'ingratitude des peuples enfouit à jamais les héros d'hier quand d'autres héros se lèvent et les ensevelissent à l'ombre formidable de leurs gloires nouvelles...

Ainsi m'expliquai-je ce rêve pesant. C'était cela. J'en étais sûr. Mais elle, qui dormait là, près de moi, elle avec qui, depuis si longtemps, je partageais sans compter mes moindres émotions, elle qui connaissait tout des parties de moi que je ne lui cachais pas, elle que je savais faire profiter de mes moindres souffrances, au point que ses joues enflaient quand j'avais mal aux dents, elle qui, en somme, était si proche de moi, comment allait-elle interpréter mon rêve ?

Pour l'heure, elle continuait de dormir près de moi d'un profond sommeil d'enfant. Je la réveillai d'un léger coup de genou dans les seins.

— Ne trouves-tu pas, lui dis-je, que depuis quelque temps on ne parle plus beaucoup du duc d'Edimbourg ?

Sa réaction m'a déplu :

— Mais ça m'est égal, j'ai sommeil, s'il te plaît, laisse-moi dormir.

On n'est pas plus égoïste.

Il y a comme ça des gens qu'on aime depuis vingt ans, et que l'on croit bien connaître, et puis un beau jour, une triste nuit, c'est la déception. Brutalement, à la lumière d'un drame humain pas nécessairement lié directement au couple, comme cet étrange silence qui pèse autour de la personne du duc d'Edimbourg, on s'aperçoit qu'on a vécu tout ce temps auprès d'une étrangère...

Quant à ces féroces soldats, je le dis, c'est pas pour cafter, mais y font rien qu'à mugir dans nos campagnes.

Aurore

6 juin 1986

La nostalgie, c'est comme les coups de soleil. Ça fait pas mal pendant. Ça fait mal le soir.

J'ai attrapé un gros coup de nostalgie vespérale après m'être promené l'autre jour dans la rue Saint-Marc, derrière les grands boulevards. C'est une petite rue perpendiculaire à la rue de Richelieu, tout près d'un immeuble m'as-tu-vu où siégeait naguère un journal du matin qui avait un nom de l'aube, et où j'ai appris à raconter des choses en barattant des mots sur du papier. Le journal du matin a été phagocyté depuis par un célèbre épurateur d'opinions. Il reste la façade et les murs derrière lesquels s'agitent désormais des assureurs lustrés et des enfoirés de banque. Et rien, plus rien de la volaille de plume et de flash qui y menait grands bruissements et picaresques éclats et qui s'est égaillée depuis au hasard des excroissances de Médiapolis.

L'imprimerie du journal s'ouvrait par un grand porche noir qui repoussait dans cette rue Saint-Marc ses effluves chargés de l'air lourd des machines et de la sueur des hommes qui sentaient l'encre et le papier chaud.

A la tombée de chacune des trois éditions de la nuit, c'était la ruée des journalistes et des ouvriers du marbre sur les trois bistrots qui ne fermaient jamais, car les gens de presse d'alors faisaient les trois huit : huit au lit, huit au turf et huit à boire. Les journalistes boivent beaucoup. C'est une constante de leur métier qu'ils partagent avec les chômeurs et les militaires qui, eux aussi, distillent le plus clair de leur temps à rentrer les épaules dans l'attente angoissée de ce qui va leur tomber sur la gueule.

Un triste jour et pour de bon, la rue Saint-Marc a bouclé la dernière édition de ses éclats de nuit. Alors, comme le pique-bœuf s'enfuit du cuir du buffle mort, l'Auvergnat de bistrot, sentant venir la fin prochaine du quartier comateux, replie son grand tablier bleu. Il met son tonneau de bordeaux supérieur sur son dos, et s'envole en pleurant sur les copains d'ivresse vers des lendemains plus clinquants dans des snack-beurk américains où l'on n'est pas tenu, pour qu'on vous serve à boire, de dire bonjour en s'offusquant du retour des frimas.

Par miracle, merci mon Dieu, vous méritez la une, l'un des trois troquets de la rue Saint-Marc a survécu. Celui où nous traînions le moins, parce qu'il était, à vingt mètres près, le plus loin des trois, je veux dire le plus reculé par rapport à cette impalpable mais très précise frontière qui marque aussi bien le territoire du loup que le bout de quartier des hommes.

Comme l'autre en sa galère, qu'allais-je faire dans cet antre enfumé tout agité de travailleurs éclectiques et de matamores de la fripe échappés du Sentier ?

Je n'avais même pas soif. Je revenais de quelque rendez-vous affairé, et ce n'était même pas mon chemin pour aller aux taxis. J'avais mille soucis grandioses en tête qui m'abritaient de l'écume des jours anciens et des souvenirs des copains d'enquêtes et filatures en tous genres.

Pourquoi a-t-il fallu, comme un vieux con de cheval qui retourne au picotin, que je poussasse la porte à battants pour aller réclamer un demi et me poser sur un tabouret de bar auprès d'un vieux cassé sur un ballon d'Alsace ?

C'était un ancien photographe pigiste qui n'avait pas eu la force d'émigrer avec le gros du troupeau. Parce qu'il était déjà trop usé au moment de la fermeture du journal. Au fur et à mesure qu'on avait démoli les deux autres bistrots pour en faire une boutique putassière d'herbes sèches à la Zaraï et un atelier de tissage pour baba-cool exténué, on l'avait repoussé dehors, en même temps que les gravats, jusqu'à ce qu'il tombât du caniveau dans la débauche obscure des petits naufragés éthyliques. Il m'a gratifié d'un hochement de tête amical appuyé d'un sourire fatigué mais entendu, qui voulait dire qu'il n'avait pas oublié toutes ces choses de nos petites vies frétillantes de ce temps-là. Et puis il s'est péniblement repoussé du bar en s'appuyant des deux mains et il a tapoté gentiment l'étui du Rolleiflex qui lui pendait au cou, en m'honorant d'un coup d'œil complice. Ensuite il a dit : « René, tu nous remets ça », et j'ai dit : « Non, non, c'est moi », comme l'exige le protocole. Et il a dit : « Qu'est-ce que tu deviens ? », et j'ai dit que je devenais tour à tour papa, presbyte et plutôt bien dans mes chaussures. « Et toi, toujours dans la photo ? »

Il a exhalé un soupir bizarre, comme un sanglot pas fini. Il a posé son verre. Il a brandi le Rollei vers moi d'une main et appuyé de l'autre sur le poussoir de l'étui. Il était vide.

Le soir même, il y avait une petite fête à la maison où l'on a ri de bon goût en avançant des idées positives au-dessus d'un confit pas trop ferme. Ce fut fort gai. C'est seulement à l'heure de nuit où j'ai tiré la porte après le départ du dernier convive, quand je me suis retrouvé seul dans le séjour enfumé, un petit peu ivre, et raisonnablement fatigué, que l'imprécise bouffée d'un chagrin léger m'est remontée aux yeux, agaçante et fugace comme ces envies d'éternuer qui restent en suspens.

La nostalgie, Simone, la nostalgie...

Quant à ces féroces soldats, je le dis, c'est pas pour cafter, mais y font rien qu'à mugir dans nos campagnes.

Plaidoyer pour un berger

10 juin 1986

Je possède un berger allemand.

Pouf, pouf.

Je suis possédé par un berger allemand.

Depuis que cet animal partage ma vie, j'ai entendu proférer tant de sottises racistes à son endroit que je me sens tenu aujourd'hui de faire une mise au point.

Parmi les retombées calamiteuses des ridicules événements estudiantins de mai 1968, un certain nombre de lieux communs écologiques ou animaliers, qui sont autant de contre-vérités aisément démontables sans cric, continuent néanmoins de circuler parmi les anciens combattants de ces monômes qui les répandent encore en chevrotant leurs béatitudes dans les sinistres couloirs en béton des maisons de la cucu moribondes.

Idées toutes faites qui ont la vie dure. Selon lesquelles, par exemple, tout individu qui tond sa pelouse ou qui désherbe ses sous-bois est une brute herbicide. Alors que, crétins chlorophyllés, nous n'aurions plus la moindre forêt si des générations de nettoyeurs sylvestres n'en avaient régulièrement et systématiquement extirpé les ronces et les orties.

Nous n'aurions plus le moindre jardin pour vos orgies végétariennes, si des lignées de sabreurs de glèbe n'avaient jamais martyrisé la terre. Ce sont, hélas, les mêmes débilécolos, confits d'amour tremblant pour les bébés phoques et les punaises des bois, qui ont décidé une fois pour toutes que les bergers allemands étaient des bêtes féroces.

Ineptie. La seule bête féroce qui existe au monde s'appelle Marcel. Au lieu de se contenter de pisser autour de son territoire pour en signaler les frontières, elle préfère défendre les siennes avec des rapières et des armes à feu.

Éperdus de dévotion pour ces prédateurs bipèdes à béret bas qui leur jettent leurs épluchures à la gueule depuis des millénaires, les chiens ne savent que les lécher, les papouiller et leur faire la fête. Le berger allemand, qu'on a surnommé chien-loup pour foutre la trouille aux agneaux, est le plus désespérément dévoué à l'homme. Lequel en profite parfois pour le dénaturer et en faire son complice de guerre, son flic privé ou son bourreau personnel. Les hordes vert-de-gris de naguère, notamment, se sont montrées expertes en l'art de dévoyer l'énergie mordante des bergers allemands vers les fonds de culotte de leurs maigres victimes.

Des SS, il en subsiste encore aujourd'hui. Il y en a plein les pavillons de banlieue. Nostalgique des ordres noirs, affolé par tout ce qui bouge et qui n'a pas de certificat de baptême, ça voit des bandits et des impies partout, ça vit barricadé derrière des huisseries blindées, ça cotise à la milice communale des serreurs de fesses effarés.

Souvent, c'est nanti d'une femelle à moustache à sensibilité de catcheuse, insaisissable au lit et castratrice à table. Alors, pour se venger, pour avoir l'air plus grand et moins ratatiné, ça s'abrite derrière un berger allemand. Le soir, à l'heure où les employés de banque normaux se mettent des porte-jarretelles pour épater leur femme de ménage et sa belle-sœur Thérèse, ça descend dans sa cave en tirant le gros chien au bout d'une corde raide. Ça s'ennoblit d'une schlague, ça s'enfile dans des bottes de cuir et dans des blousons rembourrés, et ça dresse le bon gros chien concon à la tuerie sécuritaire. Mais, un jour, le bon gros chien concon en a ras la truffe de sauter à la carotide d'un mannequin de son qui ne lui a rien fait. Le fouet finit par lui cuire le sous-poil. Ses vieux instincts de fauve, enfouis sous des siècles de servitude aux droits de l'homme, lui remontent soudain aux babines. La vue brouillée par la fureur, il se trompe de gorge à saigner. Alors, la bouture de nazi que le chien-loup assaille pousse des cris stridents de cochon qu'on abat.

Le lendemain, le journal local annonce : « Encore un paisible retraité dévoré par un berger allemand. »

C'est très très mauvais pour l'image de marque de Rintintin.

Bien sûr, il existe en quantité infime des bergers allemands qui naissent aussi féroces que des fachos français. De même qu'on a vu des maquerelles wallonnes aussi plates que des morues flamandes. Mais c'est extrêmement rare, et souvent le fruit de triturations génétiques de marchands d'animaux peu scrupuleux qui ne craignent pas de provoquer des dégénérescences de fin de race en accouplant, à couilles rabattues, des cousins encore plus germains que Dédé de Bavière et Josette de Prusse.

Et puis merde, quand, par malheur, un berger allemand se farcit un bébé-tartare dans un berceau, qui nous dit que ce n'est pas le bébé qui a commencé ?

Cessons de calomnier cet animal qui est, à l'instar de l'infirmière de nuit de l'hôpital Marthe-Richard, le meilleur ami de l'homme. Aucune bête au monde, si ce n'est, peut-être, le morpion pubien, n'est aussi profondément attachée à l'homme que le berger allemand. Aucune n'est plus dévouée, attentive et patiente avec les petits enfants qui peuvent sans danger lui tirer la queue, lui tordre la truffe, lui bourrer les oreilles de miettes de petit-beurre et lui enfoncer du white-spirit dans le trou du cul à l'aide d'un tuyau de caoutchouc, pour jouer aux 24 heures du Mans, catégorie clébards.

Et puis, il faut le savoir, le berger allemand est le plus intelligent de tous les chiens. Le mien, par exemple, refuse absolument de faire ses besoins ailleurs que sur la pelouse. Les coins-gravier lui désobligent le dessous de queue. Que voulez-vous, c'est une bête délicate. Il sait cependant à quel point je désapprouve ce laisser-aller défécatoire. Alors, à l'aide de sa queue trempée dans la peinture, il a rédigé des petits panonceaux : « Attention caca » qu'il plante à côté de chacun de ses oublis. Le jardin ressemble à un golf miniature. C'est très chic.

Je sais bien que de nombreux auditeurs ne vont pas me croire. Mais je pose la question, parmi ces incrédules, combien vont à Lourdes sans rigoler ?

Quant à ces féroces soldats, je le dis, c'est pas pour cafter, mais y font rien qu'à aboyer dans nos campagnes.

Non compris

12 juin 1986

Je me heurte parfois à une telle incompréhension de la part de mes contemporains qu'un épouvantable doute m'étreint : suis-je bien de cette planète ? Et si oui, cela ne prouve-t-il pas qu'eux sont d'ailleurs ? Et quand je dis « qu'eux », je pense à Fernande, certes, mais pas seulement à elle. Tous et toutes me sont étrangers. Mon crémier, mes enfants, Bernard Tapie, Platinouille ou Mac Enrotte, la speakerine d'Antenne 3 ou Paul Bocuse ne sont pas de mon univers. Je n'arrive qu'au prix d'efforts surhumains à m'intéresser aux faits et gestes de la grande-duchesse de Luxembourg. Même Marguerite Duras, la papesse gâteuse des caniveaux bouchés, m'ennuie. Ce n'est pourtant pas la moitié d'une conne puisqu'elle fait le même métier que Max Gallo. Mais j'ai beau me plonger et me replonger dans les feuilletons de cul à l'alcool de rose de cette apologiste sénile de l'infanticide, ça m'emmerde autant que l'annuaire du Lot-et-Garonne. (Surtout, évitez l'annuaire du Lot-et-Garonne : c'est nul.)

Si encore cette incompréhension jouait à sens unique. Mais, hélas, je soupçonne Mme Duras de ne pas lire mes livres, et Paul Bocuse de ne pas écouter ces chroniques. Il n'est pourtant pas sourd de se trop masturber, un grand maître queux de cet acabit, ça ne branle que du chef. Ou du batteur à œufs. Encore que celui-ci fasse battre ses œufs par ses poules : s'il était aussi souvent à ses fourneaux qu'à la télé, on ne l'appellerait pas « le Schwartzenberg des queues de poêle ».

Ce matin encore, j'ai été frappé par cette incompréhension réciproque entre les humains et moi. J'étais allé avec ma femme acheter quelques bouteilles de vin au cœur du vieux Bercy, chez un petit négociant qui vous fait goûter ses crus avec un quignon de pain et une rondelle de saucisson. D'ailleurs, je ne comprends pas qu'on achète du vin sans l'avoir goûté au préalable. Il ne viendrait à personne l'idée d'acheter un pantalon sans l'essayer avant. Alors, Dieu me tire-bouchonne, ne refusez pas à votre bouche ce que vous accordez à vos fesses.

Le marchand habituel était absent. Je ne connaissais pas son remplaçant. J'ai deviné d'emblée que nous ne nous comprendrions pas : il portait un béret et je ne comprends pas qu'on porte un béret.

— Bonjour messieurs-dames ! nous a-t-il lancé.

Je ne comprends pas qu'on dise « bonjour messieurs-dames ». Je lui ai demandé, le plus poliment, le plus délicatement possible, de retirer ces paroles et d'ôter son béret, mais c'est alors que j'ai compris, une fois de plus, que l'incompréhension jouait dans les deux sens. Je l'ai deviné au ton légèrement agacé qu'il a pris pour me dire : « Et pour monsieur, qu'est-ce que ce sera ? »

Pourquoi n'avait-il pas dit : « Qu'est-ce que c'est ? »

Pourquoi employait-il le futur ?

Pourquoi nous projeter ainsi dans l'avenir, en pleine science-fiction ?

Je suis d'une autre planète, vous dis-je.

— Je voudrais du vin, finis-je par avouer.

— Du vin pour tous les jours ?

Pourquoi avait-il dit « du vin pour tous les jours ? ».

Pourquoi ? Pourquoi ? Pourquoi ? Voulait-il exprimer qu'il avait également en stock des vins pour un jour sur deux ? Des vins pour toutes les nuits ? N'avais-je pas décelé un soupçon d'animosité dans le ton de cet homme ? Si je lui avouais que je buvais du vin tous les jours, n'allait-il pas appeler la police ? J'essayais de rester calme, pour ne pas affoler Syphillos qui s'agrippait à mon bras. (Ma femme s'appelle Syphillos. Je le souligne à l'intention du tourneur-fraiseur qui tourne autour. Pourquoi les fraiseurs tournent-ils ? Pourquoi les tourneurs fraisent-ils ? Pourquoi ?)

— Oui, monsieur, je voudrais du vin pour tous les jours.

J'en profitai pour lui expliquer, avec ménagement, que j'avais pris l'habitude de consommer du vin même le mardi.

— Tenez, c'est comme cette dame, pour vous donner un exemple : c'est ma femme pour tous les jours, n'est-ce pas ?

Alors, lui :

— Ah mais, y fait ce qu'y veut. Tiens, pour tous les jours y n'avons une petite côte de Duras qu'a de la cuisse. Y sera pas déçu. Et pour dimanche y veut rien ?

Cet après-midi, j'ai voulu m'offrir un bouquet de fleurs pour tenter de me consoler de ce perpétuel fiasco dans mes rapports affectifs avec ce qu'il me faut bien appeler mes semblables, car enfin nous avons le même nombre de jambes, le même nombre de bras, le même nombre d'oreilles, le même nombre d'yeux (vous avez vu : j'ai pas dit couilles).

La fleuriste était du genre noiraude et trapue, courte-cuisse et velue du mollet. Sur ses jeans était écrit : *I love the Lot-et-Garonne*. J'aurais dû me méfier.

— J'ai faim. Je suis d'Agen, me dit-elle. Le patron s'appelle Bruno, mais il est pas là. Qu'est-ce que vous voulez ?

— Une douzaine de tulipes, s'il vous plaît.

— C'est pour offrir ?

« Qu'est-ce que ça peut te foutre, boudin », pensai-je avec une certaine retenue dans l'élégance du verbe. Pourquoi ? Pourquoi cette femme tentait-elle de s'immiscer dans ma vie privée ?

— Non, non, mademoiselle, c'est pour moi.

Elle enroba les fleurs dans une feuille de journal et dit :

— C'est trente-deux francs.

— Oui. Bon. Voilà. Mais, vous ne pourriez pas me les envelopper un peu plus joliment, ces tulipes ?

— Y m'a dit que c'était pas pour offrir...

— Non, en effet, mademoiselle. Ces fleurs sont pour moi. Je... je pensais cependant mériter de votre part les mêmes égards que vous eussiez montrés pour ma marraine. Mais, bon, tant pis. Adieu, mademoiselle. Nous ne sommes pas faits pour nous comprendre.

Pourquoi ? Pourquoi ? Le seul être qui m'ait un peu rasséréné fut le boucher. Je lui ai pris un steak haché. Il m'a demandé si c'était pour offrir. J'ai dit que non, que c'était pour moi. Il m'a quand même mis deux très jolis papiers autour.

Quant à ces féroces soldats, je le dis, c'est pas pour mugir, mais y font rien qu'à nous déflorer les entrecôtes.

A mort le foot

16 juin 1986

Voici bientôt quatre longues semaines que les gens normaux, j'entends les gens issus de la norme, avec deux bras et deux jambes pour signifier qu'ils existent, subissent à longueur d'antenne les dégradantes contorsions manchotes des hordes encaleçonnées sudoripares qui se disputent sur gazon l'honneur minuscule d'être champions de la balle au pied.

Voilà bien la différence entre le singe et le footballeur. Le premier a trop de mains ou pas assez de pieds pour s'abaisser à jouer au football.

Le football. Quel sport est plus laid, plus balourd et moins gracieux que le football ? Quelle harmonie, quelle élégance l'esthète de base pourrait-il bien découvrir dans les trottinements pataudis de vingt-deux handicapés velus qui poussent des balles comme on pousse un étron, en ahanant des râles vulgaires de bœufs éteints.

Quel bâtard en rut de quel corniaud branlé oserait manifester publiquement sa libido en s'enlaçant frénétiquement comme ils le font par paquets de huit, à grands coups de pattes grasses et mouillées, en ululant des gutturalités simiesques à choquer un rocker d'usine ? Quelle brute glacée, quel monstre décérébré de quel ordre noir oserait rire sur des cadavres comme nous le vîmes en vérité, certain soir du Heysel où vos idoles, calamiteux goalistes extatiques, ont exulté de joie folle au milieu de quarante morts piétinés, tout ça parce que la baballe était dans les bois ?

Je vous hais, footballeurs. Vous ne m'avez fait vibrer qu'une fois : le jour où j'ai appris que vous aviez attrapé la chiasse mexicaine en suçant des frites aztèques. J'eusse aimé que les amibes vous coupassent les pattes jusqu'à la fin du tournoi. Mais Dieu n'a pas voulu. Ça ne m'a pas surpris de sa part. Il est des vôtres. Il est comme vous. Il est partout, tout le temps, quoi qu'on fasse et où qu'on se planque, on ne peut y échapper.

Quand j'étais petit garçon, je me suis cru longtemps anormal parce que je vous repoussais déjà. Je refusais systématiquement de jouer au foot, à l'école ou dans la rue. On me disait : « Ah, la fille ! » ou bien : « Tiens, il est malade », tellement l'idée d'anormalité est solidement solidaire de la non-footballité.

Je vous emmerde. Je n'ai jamais été malade. Quant à la féminité que vous subodoriez, elle est toujours en moi. Et me pousse aux temps chauds à rechercher la compagnie des femmes. Y compris celle des vôtres que je ne rechigne pas à culbuter quand vous vibrez aux stades.

Pouf, pouf.

A part ça, je suis très content car les enfants m'écrivent. Une auditrice de neuf ans, qui a malheureusement oublié de me communiquer son adresse, me dit : « Non mais ça va pas la tête de dire des choses pareilles sur le bon Dieu. Crétin, va. Imbécile. » Signé Anne, neuf ans.

Tu as raison, Anne, ça va pas la tête.

Je ne le ferai plus, je te le promets.

N'empêche que c'est pas moi, c'est le bon Dieu qui a commencé.

Demande à ta mère de t'expliquer le comportement du bon Dieu avec les petites filles de neuf ans en Éthiopie ou au Liban. Moi, j'ai pas tout compris. Je t'embrasse, petite Anne.

Pouf, pouf.

D'Alexandre Laumonier, dix ans : « J'écoute les *Chroni-*

ques de la haine ordinaire. Je comprends pas tout. Quand j'entends rire les autres, ça m'énerve, je me dis : c'est pas juste. »

C'est normal, Alexandre. A dix ans, on a l'esprit éveillé à d'autres altitudes que celles où plafonnent les vieux de trente ans et plus.

A l'inverse, quand vous jouez à Zorro, nous ne comprenons pas tout. Par exemple, quand il y en a un qui dit « Pan t'es mort », on comprend pas pourquoi celui qui vient d'être touché se relève en disant : « Ça fait rien, on dirait que j'en serais un autre. »

Chez les grands, quand on joue à la guerre, on n'en est jamais un autre. Je crois que c'est parce qu'on n'a pas l'intelligence. On comprend pas tout. Moi aussi, ça m'énerve.

Salut, Alexandre.

Pouf, pouf.

Pour en finir avec ce douloureux problème de l'incommunicabilité entre les générations, une anecdote familiale.

Un crétin mutin — j'en ai plein mes salons — m'a offert un gadget imbécile : une petite boîte en bois dont une face vitrée abrite un préservatif. Sur le côté, il y a un petit marteau pointu et une mise en garde tout à fait consternante : « En cas d'urgence, brisez la vitre. » J'en ris encore.

— Maman, c'est quoi le truc dans la boîte ? demande une petite fille de onze ans qui m'est proche, à sa mère.

Laquelle, ayant dépassé depuis longtemps le stade superbranché-Pernoud, bonjour la p'tite graine, est ce qu'on appelle une maman moderne. Un peu gênée tout de même (elle a fait huit ans chez les sœurs avant de voir le loup), elle se lance dans un cours sommaire de contraception élastique que l'enfant suit d'une oreille distraite sans le moindre ébahissement.

— C'est super, commente-t-elle poliment. Mais enfin, bon, papa et toi, c'est pas votre problème.

— Comment ça ?

— Vous voulez plus d'enfant.

— Et alors ?

— Et alors, de toute façon, quand on veut plus d'enfant, on fait plus l'amour.

— Mais si. Mais si.

— Pourquoi ?

— Pour... le plaisir.

— Ah ben alors, là, vous êtes vraiment des cochons tous les deux !

Quant à ces féroces verrats, je le dis, c'est pas pour cafter, mais y font rien qu'à baiser dans nos campagnes.

Rupture

18 juin 1986

Je viens de rompre avec Dieu.

Je ne l'aime plus.

En amour, on est toujours deux. Un qui s'emmerde et un qui est malheureux.

Depuis quelque temps, Dieu me semblait malheureux.

Alors, j'ai rompu.

Lent et sournois, le feu de la rupture couvait depuis longtemps.

J'ai tout fait pour l'étouffer.

Mais j'étouffais.

Je sentais sans cesse sa présence oppressante au-dessus de moi. Comme un vieux paparazzi collaborateur à *Je suis partout,* il était perpétuellement là à m'observer, surgissant dans ma vie à n'importe quelle heure du jour ou de la nuit.

« Toc toc. – C'est le laitier ? – Non, c'est Dieu. »

Allais-je tolérer plus longtemps de Dieu ce que je supportais si mal de la part du KGB ?

Et puis, je m'entendais mal avec sa famille. Je trouvais que le fils, surtout, avait mauvais genre. Je ne pense pas être bégueule mais ce côté « m'as-tu vu sur ma jolie croix dans mes nouveaux pampers », j'ai toujours pensé que cela avait desservi le prestige de l'Église. Et contribué, pour une large part, à l'abandon de l'habit sacerdotal traditionnel au profit de la soutane rase-bonbon chez les prêtres intégristes bisexuels.

Moins omniprésent, mais d'une suffisance dans ses envolées surprises, le dernier du trio, le Saint-Esprit, m'horripilait presque autant. Cette façon de vous tomber dessus à l'improviste, en plein gueuleton de Pentecôte chez mon beau-frère, quelle grossièreté !

« Coucou, courroucou, hello you happy taxpayers ! L'ai-je bien descendu ? »

De grâce, ma colombe, fous-nous la paix.

J'ai posté hier soir ma lettre de rupture.

PARIS, le ...
PD/PD (j'étais seul)

Cher Dieu,

Ne m'attends pas dimanche. Je ne viendrai pas. Je ne viendrai plus jamais le dimanche. Ni les autres jours, ni les autres nuits.

Dieu, mon grand, mon très grand, mon très haut, je ne t'aime plus.

Ce qu'il m'en coûte de te faire cet aveu, toi seul le sais. Mais tu dois bien admettre que nous ne pouvons plus continuer ainsi à nous faire du mal, toi m'espérant en vain, et moi n'y croyant plus.

J'ai tous les torts. Depuis le début de notre liaison, je t'ai trompé cent fois en cent lieux de bassesse peuplés de salopes en cuir et d'intorchables marins rouges qui me collaient à leur sueur en salissant ton nom.

A la source du mal, j'ai bu des alcools effroyables, et aspiré à gueule ouverte les volutes interdites des paradis où tu n'es pas.

Mon Dieu, mon Dieu,

Tu te souviens de ce soir de mai brûlant où nous regardions ensemble un soleil angevin mourir doucement sur la Loire. J'étais bouleversé par tant de beauté tranquille, et toi, tu m'as cru plus près de toi, mon Dieu, plus près de toi que jamais, alors même que, dévoré par un désir éperdu de mort païenne, je jouissais gravement dans les bras mêmes du diable.

Dieu, tout est fini entre nous.

Pourtant, je t'ai aimé. Dès le premier jour.

Rappelle-toi. Je n'avais pas treize ans. C'était dans ta maison. Il y avait de l'or trouble aux vitraux, et cette musique de fer profonde, et la magie de ce parfum d'Orient qui n'appartient qu'à toi. Je me suis agenouillé. Tu es venu. Je t'ai reçu tout entier. Tu es entré en moi et j'ai pleuré.

Ce sont des choses qui marquent une vie. Elles sont ineffaçables.

Mais, aujourd'hui, mon Dieu, je ne t'aime plus. Je t'en prie, oublie-moi. Je suis grain de sable, et d'autres hommes t'aimeront que tu sauras aimer aux quatre coins du monde, de Beyrouth à Moscou et de Gdansk à Santiago.

Ah ! Dieu. Pardonne-moi mes offenses, mais laisse-moi succomber à la tentation, donne-moi aujourd'hui mon péché quotidien, et délivre-moi du bien. Ainsi soit-il.

Veuillez croire, moi pas.

Pierre.

Les hommes en blanc

20 juin 1986

C'est hier après-midi que j'ai pris la nouvelle en pleine gueule. Chez l'opticien. Je n'avais pas de raison de me méfier de cet homme. C'était un opticien moyen, avec une tête d'opticien moyen. Vous savez, une de ces têtes d'une banalité hors du commun, une tête oubliable au-delà du raisonnable, une tête outrageusement ordinaire, et pour tout dire plus courante que l'eau du robinet. Bref, une tête d'une telle platitude que l'honnête homme qui la croise se demande si c'est Isabelle Huppert ou Michel d'Ornano.

Je ne me doutais pas que cette insignifiance en blouse allait gâcher ma vie. J'étais entré là sur une impulsion, pour m'acheter des lunettes noires destinées à cacher mon intrépide regard de cancéreux sursitaire buriné à la cohorte enfiévrée des mille et une groupies inassouvies que la rue jette pantelantes à mes trousses quand Phébus, attardant ses rayons sur leur cou juvénile pour d'impossibles ruts où je ne serai pas, leur met les fesses en feu et la fièvre au nombril, et pousse vers mon corps leurs quelconques appas.

— Bonjour, docteur, est-ce que vous avez des lunettes ?

Peut-être mon entrée en matière a-t-elle heurté l'amour-propre de ce plat imbécile. A l'instar du vieux Prévert qui disait « tu » à tous ceux qu'il aimait, je dis « docteur » à tous les hommes en blanc... J'ai déjà remarqué que ça énervait les boulangers. Faites l'expérience. Au lieu de vous emmerder l'après-midi dans vos bureaux insipides, à vendre des moissonneuses-batteuses hydrauliques par correspondance à des ploucs illettrés, ou à apprendre par cœur la Constitution de la IVe dans les chiottes de Sciences-pot, sortez dans la rue pomper le bon air hydrocarbotchernobylesque. Gorgez-en vos poumons fripés saturés de jus de Camel. Entrez dans une boulangerie, entre deux fournées, à l'heure où cet artisan blême et farineux s'exhume de son pétrin pour venir expectorer ses calembours rassis d'ex-mitron sous le nez des ménagères. (J'en ai subi un, pendant dix ans, qui ne savait pas vendre un bâtard sans hennir : « Et un enfant sans père, pour la p'tite dame. » Quelle dérision !)

Bon. Quand votre tour arrive, regardez le boulanger au fond des yeux, et lancez-lui gaiement : « Bonjour, docteur. Est-ce que vous avez du pain ? » Le mien, la première fois, ça l'a tellement troublé qu'il s'est mis à ranger ses miches en serrant les baguettes au lieu de faire le contraire.

— Bonjour, docteur. Est-ce que vous avez des lunettes ?

— Des lunettes de quoi ?

— Des lunettes pour les yeux.

— Quel genre ?

— Marron. Des lunettes pour les yeux marron.

— J'y demande pas ça. J'y demande quel genre de lunettes.

— Noires.

— La monture ?

— Non. Les verres.

— Donc. Y veut des lunettes noires pour des yeux marron. Il a qu'à essayer ceci.

— Faites voir... C'est pas pour me vanter, mais c'est vulgaire.

— Nous en faisons beaucoup actuellement.

— Oui. C'est ce que je voulais dire.

Je l'énervais. Je sentais bien que je l'énervais.

— Il a qu'à essayer ceci, alors.

— Ah ! oui. C'est mieux, docteur. C'est combien ?

— Celles-ci nous font trente-quatre francs.

— Dites trente-trois.

— Non. Trente-quatre. Sinon, je fais pas ma marge.

— Et celles-ci ?

— Celles-ci nous font dans les deux cent cinquante francs.

— Je m'en fous. Je suis riche.

— Y sera pas déçu. Il y a plusieurs écartements, c'est pas pareil. C'est un autre produit. Y sera pas déçu : on n'en vend pratiquement jamais.

— Mettez-m'en deux paires.

Je l'énervais vraiment. C'est à ce moment qu'il s'est vengé en me gâchant la vie.

— Il a pas besoin d'autre chose ?

— Non merci.

— Quel âge ça lui fait, là, maintenant ?

— Ça vous regarde pas.

— Ça dépend. Il a dépassé les quarante-cinq ans, hein ?

— Pas vraiment. Enfin si. Qu'est-ce que ça peut vous faire ?

— Rien. C'est juste pour voir. Tiens. Il a qu'à s'asseoir là. Il a qu'à fermer l'œil droit. Il a qu'à lire le tableau qu'est là.

— Si vous y tenez... « Ah je voudrais tant que tu te souviennes... Des jours heureux où nous étions amis... En ce temps-là la vie était plus belle... Et le soleil plus brûlant qu'aujourd'hui. »

— Ah ! non. Là, il a triché. Il a pas pu lire ça. Il a qu'à essayer avec ces verres-là. Pour voir...

— Bon. Je recommence. « Ah je voudrais tant que tu te souviennes... Des jours heureux où nous étions amis... En ce temps-là la vie était plus belle... Et le soleil plus brûlant qu'à Roubaix... »

— Ah ! Y voit bien qu'y voit mieux. L'autre œil maintenant.

— Et le soleil plus brûlant qu'à Roubaix. Les... les feuilles... mortes ? se ramassent à la pelle.

— Ah ! non. Il a qu'à essayer avec ces verres-là.

— Les feuilles d'impôt se rappellent à la masse.

— Eh ben oui, eh ben oui. Il est presbyte.

— C'est grave, docteur ?

— Hin, hin, hin, sardoniqua-t-il.

Ainsi donc, j'étais handicapé physique, et je l'apprenais sans aucun ménagement de la bouche de cette brute.

Ça m'a gâché la vie, vous dis-je.

Car enfin, Dieu m'enfourche à Longchamp dans la quatrième, qu'est-ce que l'avènement de la presbytie chez l'homme, sinon le premier signe avant-coureur de l'inexorable sénilité qui finira tôt ou tard par l'acculer au tombeau sous les regards soulagés de ses enfants chéris ?

Après la presbytie, voici que les cheveux de l'homme, de plus en plus clairsemés, se mettent à grisonner aux tempes, cependant que ses muscles s'affaissent et que sa femme a molli. Il se voûte, il se plie, se ratatine et trotte menu. Puis il se met à chevroter. Ses pensées se fixent et son dentier s'en va.

De la vie, il n'attend plus rien que son *Télé 7 Jours.* C'est le délabrement final.

Tout ça à cause de ce connard d'opticien. Je lui jette ses deux cent cinquante francs à la gueule. Je le salue, du bout de mes lèvres encore gourmandes, mais pour combien de jours encore ? Et je sors dignement, abritant, sous mes nouveaux verres noirs, mon incognito de la curiosité malsaine des femmes disponibles que les beaux jours excitent. Je tombe nez à nez avec deux bigotes infâmes. La plus vieille dit à sa copine :

— Ah ! vous avez vu, chère amie ? C'est Jean-Pierre Déborge. Il a pris un sacré coup de vieux !

Quant à ces féroces soldats, je le dis, c'est pas pour cafter, mais y font rien qu'à mugir dans nos campagnes.

Les aventures du mois de juin

23 juin 1986

Dimanche de la mi-juin.

De l'été, c'est le plus beau jour. Le vrai premier jour.

Après cinq cents kilomètres, Alexandre descend de l'automobile pour forcer le portail de bois vert sombre. Anne gare la voiture sous l'abri de chaume. A l'arrière, l'ivresse désordonnée des joies folles fait trépigner les deux petites filles énervées.

Dans l'allée de sable, hérissée des herbes incongrues du printemps, un lapin stupéfait s'éclipse cul en l'air. Il a l'air con des lapins stupéfaits. Aussi peu concerné qu'un croquemort à la noce, le chat sombre du voisin fou s'en va à peine.

Au bout de l'allée est la maison, sobrement tarabiscotée balnéaire 1910, toit d'ardoise, murs blanc et brique, cernée de vigne vierge.

Quand il ouvre la porte, la chaleur enfermée fait monter du parquet nu, nourri d'huile de pin, la senteur exotique des ponts des vieux navires.

De l'autre côté des volets blancs, la terrasse aux pierres bleues.

En contrebas, immense comme une éternité tranquille, frémissante à l'infini, inéluctable comme la mort et plus crédible que Dieu, la mer considérable s'en fout intensément.

La vraie mer. Atlantique. Pas la mer sans marée, stagnante

et soupe aux moules, qui lèche le Sud à petits clapotis mièvres, où l'Anglaise dorée finissante fait frémir ses varices. Je vous parle de la mer venue d'Ouest qui claque aux sables vierges, et va et vient, monte et descend comme un amant formidable. La mer tour à tour miroir de plomb mort ou furie galopante. La mer.

Au pied de l'escalier de pierre où la plage n'en finit plus de s'étaler, les eaux sont basses et leur rumeur feutrée comme une confidence où chuinte un peu d'écume, unique frisson de bruit dans cette splendeur inconcevable du crépuscule de juin.

Alors, les enfants, saturées d'autoroute, avides d'air marin, cassent la paix du soir à coups de rires claquants. Elles se vautrent sur le sable et l'étreignent et s'y couchent à plat ventre avec des ferveurs de pape embrassant la Terre sainte.

Trois goélands choqués s'envolent infiniment. « C'est un temps contre nature, comme le ciel bleu des peintures, comme l'oubli des tortures. »

Anne arrive doucement sur ses pieds nus. Bermuda Montparnasse et tee-shirt diaphane, elle pétille, rassurante, sous le grand chapeau de paille tressée noir, pose sa main sur l'épaule de l'homme pour regarder la mer ensemble.

— Tu devrais écrire un roman balnéaire.

Elle dit cela comme on dit « Tu devrais mettre une laine » ou « Il faudrait téléphoner à ta mère », sur le ton léger qui nous vient pour émettre des insignifiances si peu fondamentales que, l'instant d'après, on ne sait plus si on les a dites à haute voix ou simplement pensées. Mais c'est aussi le ton qu'on prend pour exprimer des évidences si fortement assises qu'elles n'appellent même pas de réponse.

Toujours est-il qu'elle a dit : « Tu devrais écrire un roman balnéaire. » Pour l'heure, elle regarde intensément la mer plissée de petits éclats blancs. Il lui dit qu'elle est folle, qu'on ne fait pas les romans balnéaires comme on fait les foins, qu'il faut l'idée, les idées, et l'échafaudage, et la plume sereine et lente et, peut-être, le talent d'écrivain. Elle reçoit le couchant de plein fouet et fronce le museau pour compter sa progéniture qui fait le dauphin débutant à la frange de l'écume.

— Vues d'ici, on dirait des fourmis déconnant sur un ourlet.

Elle rit :

— C'est un joli début pour le livre : Les enfants jouaient dans la mer à marée basse. Vus de la terrasse, on aurait dit des fourmis déconnant sur un ourlet.

— Et après ? Il faut une histoire. Je ne sais pas, moi... La mer est plate et rassurante, mais le vent souffle de la terre, et le plus petit enfant, dans sa bouée de plastique, disparaît à jamais vers les Amériques. La douleur des parents fait peine à voir. Le malheur se lève et le soleil se couche. Racontez.

— Non. Ce serait encore de l'humour de cimetière. Ça va comme ça. Tu as déjà donné. Trouve autre chose.

— Je sais pas, moi... les Russes débarquent ?

— Par l'Atlantique ? C'est original...

Le jour continue rouge de ne pas mourir. Alexandre se dit qu'il est résolument contre l'abolition du mois de juin. Août est vulgaire. Transparents et mous, les méduses et les banlieusards échoués s'y racornissent sur le sable dans un brouhaha glapissant de congés payés agglutinés. Août pue la frite et l'aisselle grasses. En août, le pauvre en caleçon laid, mains sur les hanches face à la mer, l'œil vide et désemparé, n'ose pas penser qu'il s'emmerde. De peur que l'omniprésence de sa femelle indélébile, de sa bouée-canard grotesque et de son chien approximatif ne lui fasse douter de l'opportunité posthume du Front populaire.

Le mois de juin est autrement gracieux. En juin, les jours sont longs et blonds comme les nubiles scandinaves aux seins mouillés qui rient dans la vague jusqu'à la minuit. En juin, au marché des pêcheurs, on ne se piétine pas encore : on flâne. Derrière le port, la tomate-cerise est pour rien à l'étalage de la maraîchine. On la croque au sel sur le sable avec une branche de basilic et un verre de vin blanc de Brem glacé.

Vivre la ville en août, vivre la mer en juin, c'est l'ultime aristocratie et la rare élégance de l'estivant hexagonal.

Ce soir, ils ont sorti la grande table de chêne sur la terrasse, face à l'océan. Le mur blanc surchauffé renvoie la chaleur accumulée du jour. Pourpre et lent comme un prélat, le soleil descend religieusement sur l'horizon paisible, comme une hostie rouge avalée par la mer, et Alexandre se demande combien de phrases aussi bigrement poétiques il faut caser dans un roman balnéaire pour que ce soit aussi beau qu'une chronique de sous-bois solognot avec des senteurs de mousse et des écureuils hystériques qui viennent manger dans la main de Maurice Genevoix...

— Tu n'as pas vu les filles ? demande Anne.

Pourquoi Anne demande-t-elle : « Tu n'as pas vu les filles ? »

Les enfants auraient-elles disparu ? Si oui : Où ? Quand ? Comment ? Pourquoi ? Qu'est-ce que ça peut foutre ?

Vous le saurez en écoutant demain à la même heure sur cette antenne « les Aventures du mois de juin », une bouleversante saga en deux, trois ou douze épisodes, ça dépend.

Quant à ce féroce noroît, je le dis, c'est pas pour cafter, mais y fait rien qu'à mugir dans nos haubans.

Les aventures du mois de juin *(suite)*

24 juin 1986

Résumé du chapitre précédent :

Anne et Alexandre profitent du mois de juin pour ne pas partir en août. Ils glandent dans leur maison, au bord d'une plage atlantique, avec leurs deux enfants, probablement des petites filles, j'ai pas bien suivi le début. Soudain, alors qu'Alexandre, sur la terrasse face au couchant, fait rien qu'à se poser des questions fondamentales de type romantiques de bains, Anne s'écrie :

— Tu n'as pas vu les filles ?

C'est bien ce que je disais. C'est des filles.

Non, il n'a pas vu les filles.

Tous les étés, il perdait les filles. Dix, vingt fois. La maison, le jardin, la plage sont vastes, et les enfants, au sortir du bas âge, puissamment volatiles.

Pessimiste sans nuance, dix, vingt fois, il nourrit goulûment son angoisse maladive de ces escapades dont il entrevoit toujours l'issue la plus tragique. « Ma fille, ma petite, ma porcelaine, toujours je t'imagine brisée. » Du jour où ses enfants sont nées, il n'a cessé, au creux de ses nuits blanches et de ses jours noirs, de les entrevoir courant nues sous les bombes, éclatées sous des camions distraits, torturées jusqu'au cœur par les fureurs immondes d'irréfutables monstres, ou roulées sous les vagues, happant les algues à mort en suppliant des yeux pour rattraper la vie.

Avec une minutie de flic obtus, il fouille et contrefouille le garage, la voiture, la haie de fusains, la maison pièce à pièce, où il hurle leurs deux noms, pendant qu'insidieusement le froid blanc d'une horreur innommable lui monte aux tripes, étouffant peu à peu l'autre lui-même qui s'épuise à trouver que tout va bien les gars, rien à dire, c'est tout bon, pour un beau mois de juin, c'est un beau mois de juin.

Au bout de vingt minutes, on sort la voiture, le vélo, les voisins, la police et les chiens.

— Je suis formel, on n'a rien vu sur l'eau, affirme le pimpant CRS balnéaire.

— Sur l'eau, je m'en fous. Mais SOUS l'eau ? risque-t-il, exhibant sans vergogne son humour clés en main avec vue imprenable sur le cimetière.

C'est plus fort que lui : plus la situation est sombre, plus il en rit. Juif aux années sombres, il aurait sans doute contrepété aux portes des chambres à gaz, n'eussent été les menaces du fouet. (Il a horreur qu'on le fouette quand il contrepète.)

Ses petites ne sont pas noyées. C'est donc un coup du sadique des plages. Encore qu'on cite peu de cas de sexualité de groupe chez les assassins pédophiles.

Il pense à solder sa planche à voile et le magnétoscope portable pour réunir le montant de la rançon. Peut-être faudra-t-il aussi songer à vendre la maison, la collection de tire-bouchons et les bordeaux 75 qu'il ne comptait pas ouvrir avant le printemps 89, pas après non plus, à cause de la chimiothérapie, parce que, bien sûr, il attend son cancer incessamment, mais, de toute façon, dès les premiers symptômes, il finira sa cave à la carabine.

Après l'heure du chien, après l'heure du loup, on n'a toujours rien trouvé. La mère est folle et toute blanche. Elle tord ses doigts, et ses yeux souvent doux dessinent dans ceux d'Alexandre la même horreur sans mesure où ils vont sombrer, c'est sûr.

Pourquoi l'idée que ses enfants souffrent lui est-elle si complètement insupportable, alors qu'il dort, dîne et baise en paix quand ceux des autres s'écrasent en autocar, se cloquent au napalm, ou crèvent de faim sur le sein flapi d'une négresse efflanquée ?

— On s'a endormi, dit la plus petite hébétée qu'un voisin découvre à la nuit, assise au milieu du jardin, échevelée, bouffie de torpeur, ronronnante.

Elles avaient joué au sous-marin noir dans le grand placard de leur chambre. Saturées d'air du large et de soleil lourd, elles avaient succombé au sommeil sur un tapis roulé, de l'autre côté de la porte close.

— Mais où étiez-vous ? hurle-t-il dans un cri métallique de colère brisée.

— Où étiez-vous, suffoque la mère, vacillante sous la violence intolérable du soulagement qui la submerge, comme un scaphandrier d'apocalypse trop brutalement remonté des enfers.

— On s'a endormi.

— Nous nous sommes endormies, rectifie-t-il, un dixième de seconde avant de concevoir assez honteusement l'ampleur, l'incongruité et la sottise pédagogique de sa remarque.

C'est congénital. Il a toujours eu un respect profond, presque craintif, pour la langue, la grammaire, la syntaxe, le vocabulaire et toutes ces conneries. A la maternelle, déjà, il ne disait plus « cacaboudin la maîtresse en maillot de bain », mais « la chair est triste, hélas, et j'ai lu tous les livres ».

— Papa, on s'a fait violer.

— On s'est fait violer.

Enfin, bon, elles s'avaient endormi, elles s'avaient réveillé, et les voici qui torturent en piaillant des langoustines défuntes qu'elles écartèlent pour s'en gaver sous la lune que la mer endormie réfléchit brillamment.

— Au secours, docteur, je ressens comme un point, là.

— Faites voir... Ah oui, je vois ce que c'est ; c'est un bonheur insupportable.
— Ah ! bon.

Quant à ce sang impur, je le dis, c'est pas pour cafter, mais y fait rien qu'à abreuver nos sillons.

Table

Manuel du savoir-vivre

Chroniques de la haine ordinaire

ACHEVÉ D'IMPRIMER LE
2 SEPTEMBRE 1988
SUR LES PRESSES DE
L'IMPRIMERIE HÉRISSEY
À ÉVREUX (EURE)
POUR LE COMPTE DE FRANCE LOISIRS
123, BOULEVARD DE GRENELLE, PARIS

N° d'imprimeur : 46180
N° d'éditeur : 14304
Dépôt légal : septembre 1988
Imprimé en France